Katrin Hummel
ENTSORGTE
VÄTER

Weitere Titel der Autorin:
Gute Nacht, Liebster

KATRIN HUMMEL

ENTSORGTE VÄTER

DER KAMPF UM DIE KINDER:
WARUM MÄNNER WENIGER RECHT
BEKOMMEN

LÜBBE EHRENWIRTH

Für die deutschsprachige Ausgabe:
Copyright © 2010 by Bastei Lübbe GmbH & Co. KG, Köln
Textredaktion: Josefine Janert, Berlin
Umschlaggestaltung: Kirstin Osenau
Umschlagmotive: © shutterstock/Stefan, © shutterstock/Telnor Oleksii
Satz: Dörlemann Satz, Lemförde
Gesetzt aus der Weiss
Druck und Einband: Friedrich Pustet, Regensburg

Printed in Germany
ISBN 978-3-431-03816-3

5 4 3 2 1

Sie finden uns im Internet unter: www.luebbe.de
Bitte beachten Sie auch: www.lesejury.de

»Ich bin zunehmend schockiert über die gedankenlose Abwertung von Männern, die so sehr Teil unserer Kultur geworden ist, dass sie kaum noch wahrgenommen wird. Die dümmsten, ungebildetsten und scheußlichsten Frauen können die herzlichsten, freundlichsten und intelligentesten Männer kritisieren, und niemand sagt etwas dagegen.«

Doris Lessing

INHALT

Einleitung	9
1. WENN DIE LIEBE VERGEHT	15
2. ENTSORGTE VÄTER	33
3. ENTFREMDETE KINDER	125
4. VÄTER ALS TÄTER?	159
5. DIE SICHT EINER ENTSORGEN-DEN MUTTER	187
6. ES GEHT JA DOCH, ODER: DAS COCHEMER MODELL	231
7. WARUM MÄNNER WENIGER RECHT BEKOMMEN	259
Danksagung	268
Anmerkungen	270
Literatur	279
Vereine	282
Links	284

EINLEITUNG

Dieses Buch handelt von Vätern, die ihre Kinder nicht mehr sehen dürfen, weil die Mütter dieser Kinder es so wollen. Vätern, wohlgemerkt, die sich nichts haben zu Schulden kommen lassen.

Die häufigste Frage, die meine Gesprächspartner mir im Laufe meiner Recherche gestellt haben, lautet: »Warum schreiben Sie als Frau über das Thema? Haben Sie etwa eigene Erfahrungen damit?«

Diese Reaktion ist verständlich. Das sogenannte »Entsorgen« eines Elternteils – also das systematische Entfremden des gemeinsamen Kindes, bis dieses von sich aus den Kontakt verweigert – ist kein typisches Frauenthema. Vor allem Männer werden entsorgt. Und bis jetzt waren es vor allem Männer, die damit aus ihrer Betroffenheit heraus an die Öffentlichkeit getreten sind.

Die Reaktion ist aber auch bezeichnend. Denn warum sollten nur Betroffene über das Thema schreiben? Es geht dabei nicht nur um die persönliche Tragik, die immer dabei ist, wenn Paare mit Kindern sich trennen. Es geht auch um einen sozialen und rechtlichen Missstand. Wenn die herrschende Rechtspraxis zu seelischer Grausamkeit führt, sollte das von öffentlichem Interesse sein.

Ich schreibe nicht als Betroffene. Ich habe auch kein persönliches Verhältnis zu den Männern und Frauen, die in diesem

Buch zu Wort kommen. In meiner journalistischen Arbeit ging es mir schon oft darum, denen eine Stimme zu geben, die niemand hören wollte. Meist waren das Frauen. Und nun berichte ich über Männer, die nicht gehört werden. Ich will damit nicht Partei ergreifen, schon gar nicht gegen mein Geschlecht, das oft genug im Nachteil ist. Geschlechtersolidarität darf aber nicht zur Komplizenschaft werden. Und so ist dieses Buch eine Bestandsaufnahme, eine Beschreibung der bestehenden Verhältnisse in Deutschland, wo es Männern passieren kann, dass sie gegen ihren Willen geschieden werden, dass ihnen ohne jeden Grund vorgeworfen wird, sie hätten ihre Kinder sexuell missbraucht, dass sie ihre Kinder nicht mehr sehen dürfen und dass sie so viel Ehegattenunterhalt zahlen müssen, dass sie selbst am Existenzminimum leben. Es ist die Beschreibung eines Landes, in dem das Recht der Mütter mehr gilt als das der Väter.

Für dieses Buch bin ich quer durch Deutschland gereist, habe mit Vätern, Kindern und Richtern gesprochen, Aktenberge studiert und Hintergrundmaterial, Zahlen und Daten zusammengetragen. Die Männer, die hier zu Wort kommen, haben ihre Exfrauen geliebt und ihre Kinder seit Jahren nicht gesehen, obwohl sie ihnen nichts angetan haben. Sie haben sie nicht misshandelt, nicht missbraucht, im Gegenteil, sie waren sogar gute Väter, das haben ihnen die Gerichte und psychologischen Gutachter bestätigt. Im Laufe meiner Recherche haben mir alle Richter und Richterinnen, mit denen ich gesprochen habe, erklärt: Natürlich geschieht diesen Vätern Unrecht. Aber wir haben nicht die Mittel, ihnen zu helfen.

Für einige deutsche Väter war dieser Zustand inzwischen Anlass, vor den Europäischen Gerichtshof für Menschenrechte zu ziehen, wo sie Recht bekamen.

Nur in einem einzigen Fall ist es mir gelungen, die innersten Motive einer Mutter zu ergründen, die ihrem Exfreund das gemeinsame Kind dauerhaft entfremdet hat. Obwohl mir in diesem Fall auch die Version des Vaters bekannt ist, beschränke ich mich in Kapitel 5 darauf, weitestgehend nur die Sicht der Mutter darzulegen. Sie spricht für sich.

Sämtliche Ex-Frauen der Männer, die in diesem Buch zu Wort kommen, haben sich allerdings geweigert, mir ihre Sicht der Dinge zu schildern. Stattdessen drohten sie beinahe reflexhaft damit, mich zu verklagen. Die erste Frau, die ich anrief, fand zwar zunächst Gefallen an der Idee, mir ein Interview zu geben. Sie sagte: »Gut, dass Sie mich fragen, dann kommt endlich mal die Wahrheit ans Licht. Ich überlege es mir und melde mich bei Ihnen.«

Vier Wochen später aber rief mich ihr Anwalt an und erklärte mir: »Meine Mandantin möchte nicht mit Ihnen reden. Aber wenn Sie nun einseitig über den Fall berichten, verklagen wir Sie.«

Die zweite Frau, die ich anrief, sagte, kaum dass ich ausgeredet hatte: »Sie geben mir jetzt mal Ihren vollen Namen und Ihre Adresse, und sollten Sie über den Fall berichten, verklage ich Sie.«

Und die dritte Frau erklärte mir, sie wolle wegen ihres Kindes nichts sagen, auch nicht anonym.

So kommt es, dass wir von den Ex-Partnerinnen der Männer in diesem Buch nur das erfahren, was aktenkundig ist oder in psychologischen Gutachten festgehalten wurde.

Das zeigt, wie verfahren die Situation ist. Das Drohen, Klagen, sich sein Recht nehmen ist manchen Müttern dermaßen in Fleisch und Blut übergegangen, dass sie die Väter mit allen Mitteln bekämpfen und auch noch meinen, sie täten es für das Wohl ihrer Kinder.

Alle Geschichten, die in diesem Buch erzählt werden, sind wahr. Es wurden lediglich Namen, Berufe und Wohnorte verändert. Nicht weil die Männer nicht erkannt werden wollten – im Gegenteil, fast alle wollten ihren Namen sehr gern gedruckt sehen, um so viel Öffentlichkeit wie möglich herzustellen. Sondern weil sonst die Identität ihrer Expartnerinnen und Kinder sichtbar geworden wäre und ich deren Persönlichkeitsrechte verletzt hätte. Die Veränderung der Wohnorte bedeutet auch, dass die im Text erwähnten Gerichte und Jugendämter nicht diejenigen sind, die in Wirklichkeit mit den Fällen beschäftigt waren.

Nicht alle Männer, die ich im Zuge meiner Recherche kennengelernt habe, waren ehrlich. Einige haben mich angelogen, andere haben Dinge hinzuerfunden oder weggelassen, so dass ich den Eindruck bekommen musste, es sei ungerecht, dass sie ihre Kinder nicht mehr sehen dürfen. In Wirklichkeit war das Verhalten der Mütter und die Entscheidung der Gerichte in diesen Fällen aber nachvollziehbar. Das hat das Studium der Akten ergeben, die ich mir in jedem einzelnen Fall habe aushändigen lassen. Die unwahren Geschichten dieser Männer habe ich nicht in meinen Bericht aufgenommen. Doch zeigen sie, dass Gerichte, Gutachter und Jugendämter sehr genau hingucken müssen, wenn sie gerecht sein wollen. Dass dabei Fehler gemacht werden und unschuldige Männer zu Unrecht unter dem Verlust ihrer Kinder leiden müssen, ist schlimm. Aber es wird dadurch vielleicht ein ganz klein wenig verständlicher.

Aufgrund einschlägiger Erfahrungen bei der Recherche für dieses Buch scheint mir an dieser Stelle noch folgender Hinweis angebracht: Ich möchte vermeiden, dass das Erscheinen dieses Buches den bestehenden Konflikt zwischen Männern und Frauen verschärft. Denn letzten Endes würden die Kinder darunter leiden. Daher weise ich sehr deutlich darauf hin, dass zunehmend auch Frauen entsorgt werden. Entsorgte Frauen erleiden die gleiche Traumatisierung wie entsorgte Männer, ihre Expartner haben eine vergleichbare narzisstische Persönlichkeit und machen die gleichen Fehler wie entsorgende Mütter. Es geht mir also nicht darum, aus politischen oder sonstigen Gründen einseitig über Männer zu berichten. Dass dies ein Buch über entsorgte Männer ist, liegt einzig und allein daran, dass es viel mehr davon gibt.

Ich habe die Hoffnung, dass Sie mir als Journalistin abnehmen, dass ich mich dem Thema so unvoreingenommen und objektiv wie nur möglich genähert habe. Und ich wünsche mir, dass Sie glauben, was Sie lesen. Auch wenn es unglaublich klingt.

Katrin Hummel

1. WENN DIE LIEBE VERGEHT

Hallo Julian, wie soll ich anfangen? Wie alt wirst du sein, wenn du diese Zeilen liest? Was für ein Verhältnis wirst du zu deinem Vater haben? Wen hältst du für deinen Vater? Wie heißt du wirklich? Sind wir uns schon begegnet? Es ist jetzt ungefähr einen Monat vor deiner Geburt. Ich bin dein Vater. Dein leiblicher Vater. Wen du heute, jetzt, beim Lesen dieser Zeilen, Papa nennst, weiß ich nicht. Ich hoffe, er ist ein guter Vater. Glaube mir, ich wünsche mir nichts mehr, als selbst dein richtiger, dein einziger Vater zu sein. Aber alles, was ich von dir weiß, ist, dass du wohl ein Junge wirst. Ich weiß nicht, wie du heißt. Ich hätte mir »Julian« gewünscht. Ich wurde nie gefragt. Es war auch aussichtslos, meinen Wunsch zu äußern. Ich bin mir sicher, du heißt nicht Julian.

So beginnt Volker Bodes Tagebuch an seinen inzwischen sechs-jährigen Sohn, den er seit dessen Geburt nicht öfter als zwei Dutzend Mal gesehen hat.

Seine Geschichte beginnt vor sieben Jahren in Hamburg. Bode ist Single und gerade in die Stadt gezogen, als er Kerstin Prinz in seiner ersten Arbeitswoche in der Firma kennenlernt. Er ist Ingenieur, sie arbeitet im Marketing. Nach drei Monaten sind Bode und Prinz ein Paar, und zunächst sieht alles rosig aus: Beide sind 30, wohnen nur zwanzig Kilometer voneinander ent-fernt, und die Beziehung entwickelt sich locker und zwanglos Nach fünf Monaten reisen sie zusammen nach Neuseeland, bald schon hat er das Gefühl, sie sei seine große Liebe. In die-sem Urlaub entscheiden sie sich dafür, ein gemeinsames Kind zu bekommen. »Im Nachhinein betrachtet war es natürlich Blödsinn«, weiß er inzwischen, »viel zu früh. Aber wir waren so überschwänglich, so verliebt.«

Kerstin Prinz wird schwanger, nachdem sie sich die Spirale hat entfernen lassen. Kurze Zeit darauf fallen Bode ihre Stim-mungsschwankungen auf, die ehemals fröhliche und umgäng-liche Kerstin wird zusehends unleidlicher. Volker Bode erklärt sich ihre schlechte Stimmung zunächst mit einer Veränderung in ihrem Arbeitsumfeld. »Sie hat einen neuen Chef, mit dem es nicht gut läuft«, denkt er.» Es wird schon wieder besser werden.« Auch Hormonschwankungen könnten eine Ursache sein, überlegt er.

Doch es wird nicht besser, sondern immer schlimmer. Eines Abends fährt er nach der Arbeit wie so oft zu ihr – beide suchen damals schon nach einer gemeinsamen Wohnung, wohnen aber noch getrennt. Sie liegt auf dem Sofa, sieht fern, und als er sich über sie beugt, um sie zu küssen, fährt sie ihn an: »Wie stinkst du denn aus dem Maul!«

Außerdem steht er ihr im Fernsehbild.

Er denkt: »Eigentlich bin ich nicht die dreißig Kilometer gefahren, um mir so eine Bemerkung verpassen zu lassen, aber man kann sich eben nicht immer alles aussuchen.«

So schweigt er und geht in die Küche, um sich etwas zu essen zu holen. Dann setzt er sich neben sie in den Sessel und isst. Sie regt sich nicht, sagt nichts, stiert nur in den Fernseher. Als er sein Brot gegessen hat, holt er seine Schuhe und zieht sie an.

»Möchtest du noch spazieren gehen?«, fragt sie unsicher.

»Nein, aber hier ist wohl einer zu viel im Raum«, erwidert er und zieht seine Jacke an.

Sie schreit ihm nach: »Willst du mich jetzt schwanger hier sitzen lassen?«

»Guck deinen Scheiß im Fernsehen alleine an«, antwortet er, und dann fährt er nach Hause.

Am nächsten Tag wirft sie ihm am Telefon vor: »Du bist total unsolide, du kannst doch keine Familie ernähren.« Dabei ist er eher gut situiert.

Das alles geschieht von einem Tag auf den anderen. In den folgenden Wochen behandelt Prinz Bode »wie den letzten Dreck« – so kommt es ihm vor. Sie ignoriert ihn weitestgehend. Dennoch ruft er sie immer wieder an und bittet sie: »Komm, wollen wir uns nicht mal zusammensetzen? Ich mache mir Sorgen um dich, wie geht's dir?«

Doch sie erwidert nur: »Was bist du überhaupt für ein unmöglicher Typ, du nervst.«

Sie lässt ihn »vor die Mauer rennen und an ihr kleben« – so kommt es ihm vor. Er bekommt ihren ganzen Hass zu spüren, ihre Unzufriedenheit mit sich und der Welt, ihre Wut darüber, dass jemand nicht nach ihrer Pfeife tanzt, und ihren Frust über ihr Unvermögen, sich Fehler eingestehen zu können. Es kommt ihm erniedrigend, peinlich und dumm vor. Sie sagt ihm voraus, er könne der Verantwortung seinem Kind gegenüber nicht gerecht werden, er sei der Rolle des Familienvaters nicht gewachsen, ein Muttersöhnchen, nicht konfliktfähig, er verhalte sich pubertär – und außerdem sei in der Garage ihrer Eltern kein Platz mehr für seine Sommerreifen.

Ihre Worte treffen ihn wie Messerstiche, denn er hat sie geliebt und hätte vor nicht allzu langer Zeit noch alles für sie getan. Er empfindet ihr Verhalten als Kriegserklärung, und dabei trägt sie doch sein eigen Fleisch und Blut in ihrem Körper. Es sind unsagbar schreckliche Tage.

Eines Nachmittags stehen sich Prinz und Bode schließlich auf dem Firmenparkplatz gegenüber, Auto an Auto, und übergeben sich in aller Öffentlichkeit die Dinge, die sie noch in der Wohnung des jeweils anderen zurückgelassen haben: Fernseher gegen Anzüge, Badetasche gegen Schuhe, Strumpfhosen gegen dreckige Wäsche. Zwei erwachsene Menschen, die eigentlich das Wohl ihres gemeinsamen Kindes im Blickfeld haben sollten. Er fühlt sich wie ein Verbrecher bei der Drogenübergabe.

Als sie fertig sind, sagt sie: »Ich hätte eigentlich schon erwartet, dass du um mich kämpfst.«

Ihm fällt die Kinnlade herunter, er weiß nicht, was er darauf entgegnen soll, denkt: »Da macht sie mich wochenlang nach allen Regeln der Kunst herunter, dichtet mir alle schlechten Charaktereigenschaften an, die man sich nur vorstellen kann, behandelt mich wie einen Verbrecher, dem man erst Sachen herausgibt, wenn man selber alles zurückhat – und dann wunderte sie sich noch, dass ich nicht um sie kämpfe?«

Dennoch ist er so blauäugig, sie zu fragen: »Soll ich heute Abend vorbeikommen?«

»Nein, das ist nicht mehr nötig«, sagt sie nur.

Doch er gibt nicht auf, denn Trennungen sind nie schön, so sagt er sich. Um seines ungeborenen Kindes willen möchte er die Beziehung zu Kerstin Prinz wenigstens so weit aufrechterhalten, dass eine normale Kommunikation möglich ist. In regelmäßigen Abständen ruft er sie daher an, kassiert aber stets nur Beschimpfungen und Vorhaltungen und wird von Enttäuschung, Wut, Ohnmacht und Schuldgefühlen übermannt, nachdem er aufgelegt hat. Er denkt an sein werdendes Kind und daran, dass es bei einer Person aufwachsen wird, die er inzwischen verachtet. Bode glaubt nicht einmal, dass Prinz eine schlechte Mutter sein wird. Aber er wünscht sich, seinem Kind auch etwas von seinen eigenen Wertvorstellungen vermitteln zu können.

Einige Monate später unternimmt er einen allerletzten Versuch. Falls er abermals scheitern sollte, so sagt er sich, wird er resignieren – auch aus Selbstschutz. So schreibt er Prinz, dass er für sie da ist und sie immer noch liebt. Er fährt zu ihr, legt den Brief vor ihre Tür, stellt ein Blümchen dazu und fährt wieder nach Hause.

Sie reagiert überhaupt nicht, und so ist die Beziehung für ihn fünf Monate vor dem geplanten Entbindungstermin erledigt. Das Kind in Prinz' Bauch ist ein Trennungskind, bevor es das Licht der Welt erblickt, und von Geburt an Teil einer erschreckend großen Gruppe: Insgesamt werden in Deutschland jedes Jahr etwa 350000 Kinder neu von Trennung oder Scheidung betroffen. Das entspricht ungefähr der Einwohnerzahl von Wuppertal, Bochum oder Bielefeld. In zehn Jahren sind das also 3,5 Millionen Kinder – so viele, wie Menschen in Berlin leben. Diese Zahlen setzen sich wie folgt zusammen: Jede zweite Ehe wird geschieden[1], das sind fast 200000 Ehen im Jahr[2], aus denen 150000 Kinder hervorgehen[3]. Hinzu kommen die Trennungskinder, deren Eltern nicht verheiratet waren. Im Jahr 2008 lebten 2,5 Millionen Paare in Deutschland ohne Trauschein zusammen, ein Drittel von ihnen hatte mindestens ein Kind unter achtzehn Jahren[4]. Niemand weiß, wie häufig sich diese Paare trennen, daher kann man nicht sagen, wie viele Trennungskinder aus diesen Beziehungen hervorgehen. Doch selbst wenn man sehr vorsichtig schätzt und eine Trennungsquote zugrunde legt, die nur halb so hoch ist wie die von Ehepaaren, kommt man, selbst wenn von jeder dieser gescheiterten Beziehungen, in denen Kinder lebten, nur ein einziges Kind betroffen wäre, immer noch auf 200000 Trennungskinder aus nichtehelichen Lebensgemeinschaften.

Und es scheint so, als liege das nicht unbedingt an den Männern: Wenn auch unstrittig ist, dass meistens beide Partner schuld sind am Scheitern einer Beziehung, so lässt sich doch beobachten, dass es meistens die Frauen sind, die gehen. Am besten dokumentiert ist dies bei Ehepaaren. Hier reichen Frauen beinahe doppelt so oft die Scheidung ein wie ihre Partner. Doppelt so oft pfeifen sie dabei auch auf die Zustimmung ihres Noch-Gatten. Das heißt, sie lassen ihn sitzen, obwohl er noch an ihr hängt[5].

Über eine Freundin von Prinz erfährt Bode nach der Trennung vom Fortgang der Schwangerschaft – Prinz selbst hüllt sich in Schweigen. Er bekommt kein Ultraschallbild zu sehen, keine Nachricht von ihr. Das Einzige, was er weiß, ist, dass das Baby ein Junge wird. Immer wieder fragt er sich: »Wie geht's dem Kleinen? Wie wird er wohl heißen?«

Ein ungutes Gefühl macht sich in ihm breit: Wird er seinen Sohn zu sehen bekommen, wenn er erst geboren ist? Oder wird Prinz ihren harten Kurs weiterfahren und ihm den Umgang verweigern?

Julian, warum schreibe ich dir diese Zeilen? Ich glaube, es ist dieses Gefühl der Beklemmung, der Hilflosigkeit, der Ohnmacht und der Angst – aber auch der ganz vagen Hoffnung. Es ist so beklemmend, zu wissen: Ich werde Vater. Eine Person, die ich einmal tief geliebt habe, bekommt ein Kind von mir. Wir wollten dich beide. Wir haben uns so auf dich gefreut. Du bist kein »Unfallkind«. Ich freue mich immer noch auf dich, auf die wahrscheinlich nicht sehr zahlreichen Momente mit dir. Ich schreibe dir diese Zeilen, damit du dir irgendwann selbst ein Bild machen kannst von dem, was geschah. Warum du ohne Vater – zumindest ohne deinen leiblichen Vater – aufgewachsen bist. Ob ich nichts von dir wissen wollte. Wer ich bin. Wie viel Zeit wir miteinander verbringen konnten, was ich dir gerne vermittelt hätte. Wer deine andere Oma, Opa und Tante sind, die du wahrscheinlich genauso wenig kennst wie mich.

Ich möchte hier nicht in eine große Anklage verfallen. Ich bin mir sicher, dass deine Mutter dich lieben wird und alles für dich tun wird. Ich möchte aber nicht, dass du ihr charakterlich ähnlich wirst. Doch diese Gefahr zeichnet sich für mich sehr deutlich ab.

Ich habe Angst, dass du eine unumstößliche, schlechte Meinung von mir haben wirst und mich nie kennenlernen wirst. Ich habe Angst, dass du so verschlossen wirst wie deine Mutter.

Bitte bleib offen für mich, bleib offen für so viele Dinge im Leben. Bleib offen für dich! Bitte höre dir an, was ich dir sagen möchte. Ob du das, was ich sage, akzeptierst oder nicht, ist allein deine Entscheidung. Ich werde dich zu nichts zwingen. Doch es ist in mir eben diese Angst. Die Angst, dass es gar nicht so weit zwischen uns kommt.

Julian, ich warte auf dich. Ich hoffe, mit diesem Tagebuch einen Weg zu dir zu finden. Ich möchte ein richtiger, ein guter Vater für dich sein. Du kannst dich immer auf mich verlassen. Ich bin immer für dich da. Ich liebe dich.

Als der Geburtstermin näher rückt, erhält Bode keine Informationen mehr von Prinz' Freundin, da sie sich loyal gegenüber Prinz verhalten möchte. Er geht zum Jugendamt und sagt: »Ich möchte meine Vaterschaft anerkennen lassen.« Doch die Mitarbeiterin wimmelt ihn ab und erklärt ihm: »Solange das Kind noch nicht geboren ist, kann auch kein Elternteil festgelegt werden. Wir nehmen lediglich zur Kenntnis, dass Sie angegeben haben, Sie seien der Vater des Kindes.«

Als er das Amt verlässt, kommt ihm ein kleiner Junge entgegen. Er grinst ihn an, Bode lächelt zurück. Würde er selbst einmal mit seinem Sohn werkeln? Würden sie gemeinsam etwas für sein Kinderzimmer bauen? Würde er eine Spielecke bei ihm zu Hause haben, in der er sich austoben könnte? Oder würde sich sein Beitrag zum Großwerden seines Sohnes auf die künftige Abbuchung des monatlichen Dauerauftrags beschränken?

Heute weiß er mehr: Bis seine juristische Vaterschaft anerkannt wurde, hat es zwei Monate gedauert, das Sorgerecht für Dominik hat er immer noch nicht, weil Prinz dem nicht zugestimmt hat. Bode ist bloß »biologischer« Vater. Das bedeutet, dass er für seinen Sohn zahlt, aber weniger Rechte hat als die Mutter.

Es geht vielen Männern wie ihm: Trennungsväter, die im Streit mit ihrer Ex leben, haben nur selten das Sorgerecht für ihre Kinder, selbst wenn sie verheiratet waren: In jedem zweiten strittigen Fall, der vor Gericht landet, wird der Frau das alleinige Sorgerecht zugesprochen. Das bedeutet zwar nicht, dass sie ihrem geschiedenen Mann den Umgang mit dem gemeinsamen Kind verbieten kann. Aber sie entscheidet dann allein über alle anderen das Kind betreffende Dinge, zum Beispiel den Wohnort, die Ausbildung und die Verwaltung des Vermögens. Geschiedene Väter bekommen das alleinige Sorgerecht hingegen nur in jedem siebten bis achten Fall. In jedem sechsten Fall wird das Sorgerecht in strittigen Fällen auf beide Eltern verteilt. Und in jedem fünften strittigen Fall bekommt es weder Vater noch Mutter, sondern ein vom Gericht bestimmter Vormund: Er bringt das Kind bei Verwandten, im Heim, in einer Wohngruppe oder in einer Pflegefamilie unter. Im Klartext bedeutet das: Dass ein geschiedener Vater in einem Sorgerechtsstreit vom Gericht das alleinige Sorgerecht zugesprochen bekommt, ist noch unwahrscheinlicher, als dass das Kind außerhalb seiner Kernfamilie untergebracht wird.[6] In diesem Buch wird daher meistens die Bezeichnung »Mutter« verwendet, wenn von denjenigen die Rede ist, die das alleinige Sorgerecht haben oder Umgangsboykott betreiben. Das bedeutet ausdrücklich nicht, dass es nicht auch Väter gibt, die die Mutter ihres Kindes entsorgen. Nur eben deutlich seltener: »Im Grunde hat man als Mann nur eine Chance, das alleinige Sorgerecht zu bekommen, wenn die Frau sich prostituiert, geistig krank ist oder trinkt«, sagt ein Amtsgerichtspräsident aus Nordrhein-Westfalen, der nicht genannt werden möchte.

Jeder Mann kann sich also das mit dem Zeugungsakt eingegangene Risiko ausrechnen, später selbst zur Kategorie entrechteter Väter zu gehören.

Auch Volker Bode ahnt, dass es schwer für ihn werden könnte, seinen Sohn kennenzulernen:

Es ist ein wunderschöner Novembertag. Der vierte November 2003. Heute ist dein Geburtstermin. Kerstins Freundin sagt, gestern Abend warst du noch nicht da. Mit deiner Mutter kann ich nicht mehr sprechen. Kommst du heute? Mit meinen Gedanken bin ich ganz nah bei dir. Deine Oma und dein Opa haben mich so erzogen, dass man in schwierigen Situationen hart zu sich selbst sein muss. Wenn es schlecht läuft, muss man alles tun, um dafür zu kämpfen, dass es wieder besser wird. Dann wird es auch wieder besser.

Es ist bitter. Diese Tage sind die schwersten, die ich bisher erlebt habe. Ich wünsche niemandem, in eine solche Situation zu kommen. Ich freue mich so auf dich. Ich möchte für dich da sein. Ich möchte dich lieben. Lieben wie ein Vater seinen Sohn liebt. Es tut so unendlich weh, sein eigenes Kind nicht zu kennen. Nicht für sein eigenes Kind da sein zu dürfen.

Alles, was ich von dir kenne, ist der Streifen auf dem Schwangerschaftstest.

Ich weiß nicht, ob du mir verzeihen kannst. Ich fühle mich schuldig dir gegenüber. Du bist der Leidtragende und kannst dich am wenigsten wehren.

Ich wünsche mir so sehr, dass du diese Zeilen bald liest. Hoffentlich ist es dann noch nicht zu spät. Bist du offen für meine Worte? Möchtest du noch, dass ich dein Vater bin, dass wir zusammen sind? Bist du noch offen für meine Liebe? Bitte gib mir eine Chance.

In Liebe
Dein Vater

Am Wochenende nach dem errechneten Geburtstermin ruft Bode bei mehreren Krankenhäusern in der Region an. Er erzählt überall das Gleiche: »Meine beste Freundin liegt im Krankenhaus, sie heißt Kerstin Prinz, und ich weiß nicht, ob das Kind schon gekommen ist. Können Sie bitte mal nachsehen? Ich wollte sie besuchen.«

Obwohl solche Informationen normalerweise nicht herausgegeben werden dürfen, erfährt er auf diese Weise, in welchem Krankenhaus Prinz gelegen hat und dass sein Sohn kurz nach der Geburt in eine andere Klinik gebracht worden ist. Man darf ihm allerdings nicht sagen, warum und wohin. Er lässt sich von der Pforte in die Fachabteilung verbinden, doch auch dort erhält er keine Auskunft. Also versucht er es anders: Er erkundigt sich nach den häufigsten Gründen für die Verlegung Neugeborener und wohin man in diesen Fällen überweise. Alle diese Kliniken telefoniert er anschließend mit dem bereits bewährten Trick ab und findet schließlich heraus, dass er Vater eines Jungen namens Dominik geworden ist.

Noch am gleichen Tag fährt er in das betreffende Krankenhaus, fragt sich zu ihm durch und findet ihn. Es ist ein sehr schöner, glücklicher Moment. In diesem Augenblick vollzieht sich sein Vaterwerden. Ihm wird bewusst: Dort, in diesem

Brutkasten, liegt seine »Leibesfrucht« – ein Teil von ihm. Nun weiß er, wie sein Sohn aussieht und dass sein Leben offensichtlich trotz der Überweisung in diese Klinik nicht in Gefahr ist. Welche gesundheitlichen Probleme er hat, erfährt er allerdings nicht. Ihm geht durch den Kopf, dass Prinz und er sich dieses Kind gewünscht haben. Sie haben es geplant und sich darauf gefreut. Er steckt seinen Finger zu ihm hinein, und Dominik greift danach und drückt ihn. Seine Augen sind geschlossen, aber er sieht gesund aus.

»Hallo Junior, ich bin dein Papa«, sagt er. »Wie geht es dir?«

Die Gedanken überschlagen sich in seinem Kopf, die ganze Last der vergangenen Monate scheint von ihm abzufallen. Die Odyssee der Suche ist nun zu Ende. Und auch um die Gesundheit seines Sohnes scheint er sich keine größeren Sorgen machen zu müssen. Noch bevor er sich seinem Vater-Sein hingeben kann, eilt jedoch eine Schwester herbei und ruft: »Gehen Sie weg von dem Baby! Ich habe hier eine Verfügung von der Mutter, keiner darf das Kind sehen!«

Keine dreißig Sekunden hat er am Bett seines Sohnes gesessen, da soll er den Raum wieder verlassen! Und das tut er, denn vor dem Neugeborenen will er keinen Lärm machen. Auf dem Flur verlangt er, einen Arzt zu sprechen, was ihm auch gestattet wird.

Dieser bittet ihn in sein Zimmer und erklärt ihm: »Ich kann Ihnen keine Auskunft geben. Sie können sich in keiner Weise legitimieren. Ich sehe ein, dass es für Sie eine ausgesprochen blöde Situation ist, ich glaube Ihnen auch, dass Sie der Vater sind, aber was soll ich machen?«

Bode kann ihn sogar verstehen. Er hat ja nicht einmal den gleichen Nachnamen wie sein Sohn.

So wartet er auf dem Flur, bis Prinz kommt. Vielleicht, so seine Hoffnung, würde sie ihm ja erlauben, noch etwas länger bei Dominik zu bleiben. Angeblich hat sie die Station nur kurz verlassen, um in die Kantine zu gehen. Nach etwa zehn Minuten taucht sie tatsächlich auf – in Begleitung ihrer Eltern. Als er sie sieht, ahnt er schon, dass es eine schlechte Idee gewesen ist, auf sie zu warten – so wütend sieht sie aus. Sie eilt an ihm vorbei, aber ihr Vater macht eine Szene, er beschimpft Bode als »Schwein«, schreit »verpiss dich« und wird sehr laut. Bode bleibt ruhig.

Der Arzt taucht wieder auf und fordert Bode kurzerhand auf: »Bitte verlassen Sie die Station. Die Mutter will nicht, dass Sie das Kind sehen. Und wenn sie jetzt den Sicherheitsdienst ruft, dann schafft der Sie raus.«

So geht er. Er hat keine Wahl. Er hat sich ordentlich verhalten und alles richtig gemacht, aber über Dominik weiß er trotzdem nichts. Was hat sein Sohn? Ist er krank? Er denkt zurück an die kurze Berührung, den allzu flüchtigen Moment, und ihm wird klar, dass die Sehnsucht nach seinem Sohn jetzt, wo er ihn gesehen hat, nur noch größer geworden ist. Und die Verzweiflung über seine Situation ebenfalls: Er als sein Vater weiß noch nicht einmal, warum Dominik in dieser Klinik liegt. Es ist eine furchtbare Situation.

In einem Schreiben von Prinz' Rechtsanwältin, das ihm kurz darauf ins Haus flattert, unterstellt sie ihm, er habe im Krankenhaus randaliert. Dominik habe an einen unbekannten Ort verlegt werden müssen, weil die Gefahr bestanden habe, dass er das Kind bedrohe, entführe, und dass sein Leib und Leben Schaden nähmen. Bode ist hilflos, wütend und verzweifelt darüber, dass die Mutter seines eigenen Kindes zu solchen Mitteln greift. Da er aber noch weiß, wie der Arzt hieß, der ihn des Hauses verwiesen hat, ruft er ihn an. »Können Sie sich noch an mich erinnern?«, fragt er ihn, »mir wird jetzt unterstellt, ich sei bei Ihnen auf der Station ausfällig geworden.«

Der Arzt bestätigt ihm, es sei zwar eine unschöne Szene gewesen, er habe sich jedoch ruhig und friedlich verhalten. Es könne in keiner Weise davon die Rede sein, dass er dem Kindeswohl geschadet habe. In einem späteren Gerichtsverfahren wird der Arzt als Zeuge benannt, allerdings kommt es nie zu seiner Vernehmung, weil Falschaussagen, selbst wenn sie von Anwälten stammen, in familiengerichtlichen Verfahren an der Tagesordnung sind und die Richter sie meist nicht weiterverfolgen.

Daniel Widmann hat ähnliche Erfahrungen gemacht wie Bode – und doch auch wieder ganz andere: Widmann und Anja Rohloff lernen sich an Rohloffs Arbeitsplatz kennen. Sie ist Mitarbeiterin bei einem Radiosender, bei dem Widmann zu Gast ist, um über ein Hörspielprojekt zu reden. Während er auf seinen Gesprächspartner wartet, fragt sie ihn: »Möchten Sie etwas trinken?«

Er findet es sympathisch, dass sie sich um sein Wohlergehen sorgt. Ihre Kollegen wuseln nämlich alle nur um ihn herum, ohne ihn richtig wahrzunehmen. Sie hingegen bringt ihm einen Kaffee, und als sein Gespräch beendet ist, lädt er sie ein, mit ihm auf eine Vernissage zu gehen. Dann geht alles sehr schnell: Beide verlieben sich ineinander, und ein Jahr später wird Rohloff schwanger.

»Soll ich das Kind abtreiben?«, fragt sie ihn, als sie ihm am Abend, nachdem sie den Test gemacht hat, bei einem Glas Mineralwasser davon erzählt – den Wein hat sie stehen lassen, da sie ja nun schwanger ist, und er hat seinen aus Solidarität auch nicht getrunken.

Er ist perplex: »Auf keinen Fall! Wir lieben uns doch. Das ist jetzt vielleicht ein bisschen schnell passiert – aber ich möchte der Vater dieses Kindes sein.«

Einige Monate später kündigt Rohloff der Mitbewohnerin ihrer Zweier-WG und erklärt ihr, sie wolle mit Widmann zusammenziehen. Als sie Widmann davon erzählt, fühlt der sich überrumpelt. Er hätte die Aktion gerne mit ihr abgesprochen.

»Es ging so schnell, und ich wurde gar nicht gefragt. Ich wusste zunächst nicht einmal, wie alle ihre Möbel in meiner Wohnung Platz finden sollten«, erinnert er sich.

Dennoch hat er Verständnis für sie. Er denkt: »In ihrer Situation ist das vermutlich normal. Sie will einfach mit dem Vater ihres Kindes zusammenleben.«

Bei der Geburt ist er dabei, danach lebt die kleine Familie zusammen. Er findet es gewöhnungsbedürftig, trauert vielen Gewohnheiten hinterher, die er in seinem vierzigjährigen Leben angenommen hat und die in seinem neuen Leben keinen Platz mehr haben. Es regiert plötzlich ein Kind in der Wohnung, die Nächte werden zum Tag, alles ist durcheinander und nicht mehr so, wie es einmal war.

Das Sorgerecht hat er nicht. Was das für ihn später einmal bedeuten könnte, weiß er nicht. Die Mitarbeiterin des Jugendamtes erklärt ihm nur: »Wenn man nicht verheiratet ist, hat nur die Mutter das Sorgerecht.« So kommt er nicht auf die Idee, es bei Gericht zu beantragen, und niemand sagt ihm, dass er es könnte. Doch selbst wenn er es beantragt hätte, hätte dies nicht automatisch dazu geführt, dass er es auch bekommen hätte. Das wäre nur geschehen, wenn Anja einverstanden gewesen wäre, denn in Deutschland gilt: Unverheiratete Väter bekommen das Sorgerecht nur dann, wenn die Mutter zustimmt. In diesem Fall kann eine gemeinsame Sorgeerklärung unterschrieben werden, etwa beim Jugendamt. Ist die Mutter dazu nicht bereit, ist der unverheiratete Vater vollkommen rechtlos – ein bloßer »Erzeuger« – und darauf angewiesen, dass die Mutter ihm gestattet, ihr Kind zu sehen[7]. Solange beide glücklich miteinander sind, funktioniert das natürlich. Doch wenn die Liebe schwindet, beginnt oft das Gezerre ums Kind. Wenn der Vater dann das Sorgerecht, welches auch das Aufenthaltsbestimmungsrecht beinhaltet, nicht besitzt, stehen seine Chancen schlecht, sein Kind zu sehen, sofern seine Exfreundin dagegen ist. Wenn sie das Kind nicht zu ihm lässt, bleibt ihm lediglich, vor Gericht ein

»Umgangsrecht« zu erwirken. Oft genug bedeutet das: Er kann sein Kind nur noch alle zwei Wochen von Samstag auf Sonntag sehen[8]. In die Erziehung einmischen darf er sich dann nicht mehr. Nur Unterhalt zahlen, das muss er.

Der Europäische Gerichtshof für Menschenrechte in Straßburg hat im Dezember 2009 entschieden, dass diese Benachteiligung bei der Vergabe des Sorgerechts eine Diskriminierung lediger Väter darstellt und die deutsche Regierung aufgefordert, das Sorgerecht möglichst schnell zu reformieren. Das Justizministerium hat daraufhin gesetzgeberische Änderungen angekündigt, die es ledigen Vätern künftig im Einzelfall ermöglichen könnten, das Sorgerecht gemeinsam mit der Mutter auch gegen deren Willen auszuüben – nämlich dann, wenn eine entsprechende Vater-Kind-Bindung vorliege. Ein automatisches gemeinsames Sorgerecht von der Geburt des Kindes an für ledige Väter komme aber nicht in Betracht (Stand Dezember 2009).

Genau ein Jahr später soll Widmann ein aufwendiges Hörspiel produzieren. Zu jenem Zeitpunkt ist die Beziehung schon brüchig. Rohloff und Widmann geraten immer wieder aneinander, weil der Alltag mit Johanna hektisch ist und er das Gefühl hat, sie beide als Eltern seien der Sache nicht gewachsen. »Wir waren nicht in der Lage, unsere Konflikte vernünftig zu lösen«, sagt er.

Er ist froh, dass er im Zuge der Produktion häufig verreisen muss und etwas Abstand zu Mutter und Kind gewinnt. Rohloff indessen fühlt sich im Stich gelassen. Widmann steht in ihren Augen als Vater so gut wie nicht mehr zur Verfügung, weil er ständig unterwegs ist. Außerdem zeigt er ihr zu selten, dass er an ihr und Johanna interessiert ist. Stattdessen trifft er sich öfter mit einer Exfreundin, die ihm berufsbedingt immer wieder über den Weg läuft. Die Beziehung zu ihr ist platonisch, aber Widmann empfindet die Begegnungen als schön und erholsam – als das Gegenteil von dem, was er zu Hause erlebt. Rohloff aber akzeptiert nicht, dass eine zweite Frau eine Rolle in seinem Leben spielt.

Heute weiß er: »Auf eine Art habe ich sie hängen lassen.« Seine Tochter aber habe er zu keinem Zeitpunkt im Stich lassen wollen – eine Trennung zwischen Paar- und Elternebene, die Rohloff bis zum heutigen Tag nicht verstehen kann oder will.

Noch während der Produktion, die im Ausland stattfindet, teilt Rohloff ihm mit, sie sei aus der gemeinsamen Wohnung ausgezogen. Als Widmann nach insgesamt drei Monaten Abwesenheit zurückkommt, besucht er sie und erklärt ihr, dass er als Vater für Johanna da sein möchte, auch wenn sie jetzt getrennt seien. Da ist Johanna anderthalb.

So weit Widmanns Sicht der Dinge.

Rohloff möchte sich – ebenso wie Kerstin Prinz – in diesem Buch nicht äußern. Einer Gutachterin im Verfahren erklärt sie allerdings, Widmann habe ihr von Anfang an signalisiert, ein eigenständiges Leben führen zu wollen. Zu seiner angeblich platonischen Exfreundin habe er eine »pathologische Beziehung« gehabt – er habe sie nicht loslassen können. Er habe sie, Rohloff, angelogen und sich nicht hinter sie gestellt. Er habe auch nicht mit ihr zusammenziehen wollen, sie habe Miete zahlen und ihm einen Teil des Erziehungsgeldes abgeben müssen. Weihnachten habe er bei seiner Mutter verbracht. Sie hätten nie ein glückliches Familienleben gehabt, bei der Geburt sei er allerdings dabei gewesen und habe sie danach auch oft im Krankenhaus besucht.

Während Widmann angibt, er sei drei Monate lang im Ausland gewesen, berichtet Rohloff der Gutachterin, er habe sich wegen der Hörspielproduktion sechs Monate lang im Ausland aufgehalten und in dieser Zeit nie nach Johanna gefragt oder etwas für sie geschickt. Als er nach Hause zurückgekehrt sei, sei sie schon ausgezogen gewesen. Er habe Johanna dann sofort mehrmals pro Woche sehen wollen und nicht eingesehen, dass man im Interesse des Kindes behutsam vorgehen müsse.

Widmann wiederum sagt, er habe Johanna einmal in der Woche sehen wollen – und so steht es auch in einem Schreiben des Jugendamtes an das Amtsgericht. Das sei Rohloff jedoch zu oft gewesen.

Rohloff führt der Gutachterin gegenüber weiter aus, Johanna habe gefremdelt und nicht sofort mit Widmann mitgehen wollen. »Durch eigenes Verschulden hatte er keine Beziehung zu ihr, er kam und wollte sofort geliebt und bewundert werden«, sagt sie. Als sie ihm Johanna aber nicht so ohne weiteres habe übergeben wollen, habe er die Tür so heftig ins Schloss geworfen, dass sie gesplittert sei. Johanna sei in dieser Zeit verschreckt gewesen und habe auf dem Spielplatz Angst vor Männern gehabt.

Nach Widmanns Sicht der Dinge gibt es indessen einen Unterschied zwischen »fremdeln« und »keine Beziehung zum Vater haben«. Er meint: »Natürlich kann ein Kind im ersten Moment vielleicht fremdeln, wenn es seinen Vater nur alle zwei Wochen für drei Stunden sehen darf.« Eines Tages innerhalb dieses ersten Trennungsjahres aber habe ihm Rohloff Johanna überhaupt nicht mitgeben wollen, obwohl der Umgang vereinbart gewesen sei. Da sei die Tür heftig ins Schloss gefallen. »Dass sie auch gesplittert, ist kann man glauben oder nicht.«

Das alles sind Widersprüche, die auf eine große Unfähigkeit der Expartner schließen lassen, miteinander zu kommunizieren. Daniel Widmann und Anja Rohloff, aber auch Kerstin Prinz und Volker Bode gelingt es nicht, ihre Konflikte auf der Paarebene beizulegen oder sich auf eine gemeinsame Sicht der Dinge zu einigen. Was folgt, ist eine Ausdehnung des Konflikts auf die Elternebene, unter der letztendlich nicht nur die Väter, sondern – schlimmer noch – die Kinder leiden.

2. ENTSORGTE VÄTER

Nachdem Volker Bode seinen Sohn im Krankenhaus gesehen hat, stellt sich für ihn die Frage, wie er es schaffen kann, Dominik regelmäßig zu sehen. Dem Tagebuch vertraut er den Fortgang der Dinge an:

Einen Tag, nachdem ich im Krankenhaus war, hat die Anwältin, die ich inzwischen beauftragt habe, mir geraten, einen Antrag auf Umgang mit dir und einen Antrag auf Auskunft darüber, wie es dir geht, zu stellen. Das habe ich sofort getan – es war das erste Mal in meinem Leben, dass ich ein Gericht von innen gesehen habe, das erste Mal, dass ich mit einem Rechtspfleger gesprochen habe und einen Antrag gestellt habe. Kerstin schickte im Gegenzug einen Brief, in dem sie mir mitteilte, dass du geboren worden seiest und ich dein »Erzeuger« sei. Außerdem hat sie ihr Testament gemacht und verfügt, dass ich dich nicht beerben darf und nach ihrem Tod nicht das Sorgerecht für dich erhalte.

Was für ein kranker Geist! Sie ist so wenig um dein Wohlergehen besorgt, dass sie dich lieber in die Hände des Waisenhauses oder die ihrer senilen Eltern geben würde als in die deines von ihr verhassten Vaters.

Außerdem erhob sie Unterhaltsforderungen. In dem Schreiben listete sie zuerst ihre eigenen Forderungen an mich auf und erst danach die deinen. Für mich war das ein Zeichen ihres schlechten, egoistischen Charakters. Ich hatte und habe solche Angst um dich! Du wirst in diesem Haushalt aufwachsen, durch diese Charaktere geprägt werden, dich an ihnen orientieren. Ich möchte dich davor bewahren, dich beschützen. Ich wünsche mir so sehr, dass du nicht so wirst wie Kerstin und ihre Eltern!

Das Standesamt braucht elf Arbeitstage, um Dominiks Geburtsurkunde auszustellen und in die interne Amtspost zu geben. Das Jugendamt erhält die Urkunde und schreibt Bode fünf Arbeitstage später.

Nehmen wir einmal an, dass der Brief einen Tag in der Post war, dann ist das Jugendamt im Vergleich zum Standesamt mit vier Arbeitstagen schon auf dem Niveau eines Boxenstopps bei Ferrari. Da ist es doch mehr als gerecht-

*fertigt, wenn die guten Jugendamtsbeamten sich daraufhin zehn Arbeits-
tage lang erholen wollten, bevor sie meine Anwesenheit ertragen konnten und
ich ihnen einen Besuch abstatten durfte, um mich zu Unterhaltszahlungen
für meinen Sohn bereit erklären zu können.*

Als das Gespräch im Jugendamt schließlich zustande kommt, einigt Bode sich mit der Mitarbeiterin, künftig regelmäßige Gespräche zwischen Prinz und ihm in Anwesenheit eben dieser Mitarbeiterin durchzuführen, um Bewegung in die verfahrene Situation zu bringen.

Nachdem sie einige Male in letzter Minute abgesagt hat, erscheint Prinz einige Wochen später tatsächlich zu einem dieser Elterngespräche – mit ihrem Vater im Schlepptau.

»Guten Tag«, sagt dieser zu Bode, Prinz hingegen schweigt zur Begrüßung.

Bodes Kehle ist trocken, sein Herz rast, am liebsten würde er auf die beiden losgehen. Aber er weiß, dass Prinz dann gewonnen hätte, daher bewahrt er die Contenance. Das Jugendamt und das Familiengericht sollen schließlich den Eindruck gewinnen, dass Prinz ganz mächtig einen an der Waffel hat.

»Wie stellen Sie beide sich denn nun Herrn Bodes Umgang mit seinem Sohn vor?«, fragt die Mitarbeiterin des Jugendamtes zu Beginn des Gesprächs.

Prinz geht gar nicht auf die Frage ein, sondern erklärt: »Herr Bode terrorisiert mich, er macht mich bei meinem Auftraggeber schlecht, er will Dominik entführen!«

»Das sind alles haltlose Phantastereien«, entgegnet Bode möglichst ruhig, und dann erklärt er, wie er sich den Umgang vorstellt.

Gegen Ende des Gesprächs erzählt Prinz ihm, wie Dominik inzwischen aussieht: »Er hat strohblonde Haare, leuchtend blaue Augen und ein Grübchen am Kinn, ganz die Mutter. Tja, das wird dir sicher nicht gefallen!«

»Vielen Dank für die Unterstellung«, antwortet er, und sowohl die Mitarbeiterin des Jugendamtes als auch er selbst rollen mit den Augen angesichts solcher Borniertheit.

Nach diesem ersten, von Prinz' Unvermögen gekennzeichneten Treffen in der Beratungsstelle ist auch der Mitarbeiterin klar, dass Bodes Aussichten, seinen Sohn wiederzusehen, gering sind. Zu verhärtet sind die Fronten, zu sehr hasst Prinz Dominiks Vater. Die Forschung stützt diese Beobachtung: Die größte Studie[9], die in Deutschland jemals zum Thema Umgangsrecht durchgeführt worden ist und in deren Rahmen im Auftrag des Bundesjustizministeriums mehr als 7000 Eltern befragt wurden, hat ein Aufsehen erregendes Ergebnis zutage gefördert, aus dem leider bis heute nichts gelernt worden ist. Es lautet: Wenn ein Vater oder eine Mutter »entsorgt« wird, dann liegt das fast immer daran, dass es einen Konflikt mit dem Partner gibt, der nicht bewältigt wurde. Ursache dafür ist ein Kommunikationsdefizit – manchmal auf sehr hohem Niveau. Statistisch beweisen lässt sich das zum Beispiel durch die Frage nach Streitigkeiten um Unterhaltszahlungen oder Umgangsrecht. Die kommen bei Paaren, die sich das Sorgerecht teilen, sehr viel seltener vor als bei Paaren, wo nur einer die Sorge für das Kind bekommt. Und zwar unabhängig von Einkommen und Schulbildung. Es kommt auch nicht auf die Anzahl und Heftigkeit der Konflikte an. Das Einzige, was zählt, ist, ob diese Konflikte lösbar sind. Je besser die Eltern darin sind, ihre Konflikte zu lösen, desto unwahrscheinlicher ist es, dass einer den anderen »entsorgt«[10].

Wenn sich Eltern aber in dieser Situation externe Hilfe suchen – zum Beispiel, weil sie mit der Umgangsregelung nicht zufrieden sind – dann wird es ungerecht. Hilfe bekommen nämlich nur die Mütter, die das alleinige Sorgerecht haben. Die Väter, die ohne Sorgerecht dastehen, gehen leer aus und können nur ohnmächtig zusehen, wie der Rechtsstaat mit ihnen umgeht. Das ist erstens nicht gut fürs Ego und trägt zweitens nicht unbedingt zur Deeskalation der Lage bei. Grob gesagt gibt es zwei Möglichkeiten, mit so einer Situation umzugehen: Resignation oder Wut[11].

Bode indessen ist noch nicht am Ende seiner Kräfte. Er zwingt sich dazu, einen kühlen Kopf zu bewahren und strategisch klug vorzugehen. Seine Anwältin rät ihm nach dem Gespräch, sich auf die erste Zusammenkunft mit Dominik vorzubereiten – etwa, indem er einen Säuglingskurs belege. Er folgt ihrem Rat und lässt sich von einer Hebamme unterweisen. Sie zeigt ihm, wie er seinen Sohn an- und ausziehen muss, was er zum Frühstück, Mittagessen und Abendbrot isst und wie er ihn anfassen und wickeln muss. Er ist einigermaßen zuversichtlich, dies meistern zu können.

Jetzt muss es nur noch so weit kommen, dass wir uns über den Weg laufen. Die Hebamme hat mir ein Buch empfohlen. Bezeichnenderweise heißt es »Unser Baby«. Na ja, auch wenn der Titel nicht so recht auf mich zutrifft, weil du ja nach dem Willen deiner Mutter nicht unser Baby sein sollst, sondern nur ihres, weiß ich jetzt, wie es so um deine Zähnchen, deinen Greifreflex und deine Vorsorgeuntersuchungen bestellt ist. Ich stelle es mir so schön vor, dich endlich auf dem Arm zu haben, dir das Fläschchen zu geben oder dich einfach nur ein bisschen strampeln zu sehen. Mal sehen, wann du mir dein erstes Bäuerchen den Rücken herunterschickst. Wann wirst du das erste Mal dein Kuscheldeckchen mit dem kleinen Bärenkopf in deinen kleinen Fingerchen halten? Hoffen wir einmal, dass mir das Buch eine Hilfe sein wird, wenn du endlich das erste Mal deinen Papa besuchst. Du musst dich bloß ein wenig beeilen, denn der Untertitel von »Unser Baby« lautet: »Das erste Jahr«.

Auch bei der Organisation eines Kinderfests des »Väteraufbruch für Kinder« hilft er mit. Es ist ein schöner Tag, das Wetter spielt mit, und Hamburg ist voller Kinder. Die Männer haben eine Hüpfburg, einen Kletterfelsen, eine Tombola und vieles mehr aufgebaut. Es ist schön, die Kleinen spielen zu sehen, aber an diesem Tag vermisst er Dominik noch stärker als sonst. Es ist bitter, einfach nur bitter – egal, wen er fragt, alle raten ihm, »dran« zu bleiben, aber die Hoffnung schwindet immer mehr. Was wird passieren, worauf soll er hinarbeiten? Alle erzählen ihm, dass sich die Kinder irgendwann selbst eine Meinung über ihre Eltern bilden. Aber wie soll Dominik sich eine objektive Meinung machen, wenn er vom ersten Tag seines Lebens an nichts Gutes über ihn gehört hat, fragt er sich? Und was wird aus ihm werden? Es gibt inzwischen so viele »Problemkinder«, die sich im Leben nicht mehr oder nur schwer zurechtfinden, weil sie ohne Vater aufgewachsen sind.

Am Montag nach dem Fest ruft er abermals bei Gericht an – doch das Jugendamt hat seinen Antrag auf Umgang mit Dominik immer noch nicht weitergeleitet. Was soll er tun? Sein Sohn ist inzwischen fast vier Monate alt, und er hat ihn erst einmal kurz im Krankenhaus gesehen.

Ich hoffe so sehr, dass sich noch alles früher oder später zum Guten wenden wird. Dass deine Kindheit ohne Vater oder deine Kindheit mit dem ewigen Streit zwischen deinen Eltern eine bittere, aber lehrreiche Erfahrung sein wird und du es einmal besser machen wirst. Ich weiß nicht mehr, was ich tun soll. Und was ist mit dir? Wenn es nach deiner Mutter geht, wirst du mich nie kennenlernen. Deine Familie besteht aus einer verirrten Mutter, einem senilen Opa und einer Oma, die sich geistig ins Ostpreußen der dreißiger Jahre verabschiedet hat. Es tut mir so leid für dich.

Ich möchte einfach nur bei dir sein, ich will nichts von deiner Mutter, ich will nur etwas Zeit mit dir.

Bitte glaube mir, dass ich immer ganz nah bei dir bin, auch wenn du mich nicht siehst, mich nicht fühlst, mich nicht hörst. Ich wünsche mir nichts sehnlicher, als das alles nachzuholen, was uns bis jetzt verwehrt wurde. Bitte halte durch, Kleiner, ich will dir ein guter Papa sein.

Zu einer Verhandlung in Sachen Umgang kommt es schließlich, als Dominik acht Monate alt ist. Es ist für Bode das erste Mal, dass er in einem Gerichtssaal sitzt. Alle Prozessbeteiligten müssen vor dem großen Tisch, an dem der Richter sitzt, Platz nehmen: die Anwälte in der Mitte, links und rechts von ihnen Prinz und er. Der Richter ist ein gemütlicher Typ, der zunächst mit Bodes Anwältin plaudert und dann einige Dinge über die Beziehung zwischen Bode und Prinz wissen möchte. Von dort aus kommt er recht zügig zum Thema Umgang. Bode stellt er nur wenige Fragen, aber Prinz nimmt er ganz schön auseinander. Mit keinem Wort geht er auf den Antrag ihrer Anwältin ein, die in der Woche zuvor durch schriftliche Niederlegung der Bode altbekannten Lügen noch beantragt hatte, das Verfahren ohne Anhörung zu beenden oder zumindest ruhen zu lassen. Stattdessen entscheidet er nach knapp dreißig Minuten: Bode soll ein begleitetes Umgangsrecht eingeräumt werden, damit sein Sohn sich an ihn gewöhnen kann. Das bedeutet, Vater und Sohn werden einander im Beisein einer für diesen Zweck ausgebildeten Person treffen, in der Regel einer Sozialarbeiterin. Nach fünf bis acht begleiteten Umgängen soll Bode Dominik alle zwei Wochen für zwei bis drei Stunden alleine sehen dürfen. Dies entspreche dem Kindeswohl im Augenblick am besten.

Prinz will daraufhin durchsetzen, dass sie bei dem Umgang dabei sein kann und dass Bode Dominik bei ihr zu Hause treffen soll, aber auch das lehnt der Richter ab.

Bode fällt nach diesem Beschluss ein Stein vom Herzen. Er hat das Gefühl, einen großen Schritt weitergekommen zu sein und seinen Sohn noch im gleichen Monat kennenlernen zu können. Doch so richtig von Herzen freuen kann er sich nicht. Die seit Monaten aufgestaute Bitterkeit und Sorge sind nicht so einfach verschwunden. Und insgeheim hat er gehofft, dass der Richter vielleicht zu Prinz sagen würde: »So geht das nicht. Der Vater hat das Kind acht Monate lang nicht gesehen, das ist ja ein absolutes Unding!«

Doch dazu war es nicht gekommen. Zumindest aber schien die Hoffnung nun realistischer, dass Dominik und er bald zueinander finden würden, dass sie sich gemeinsam würden freuen und das Leben würden genießen können.

Tja, Sohnemann, darauf würde ich jetzt gerne mit dir mit einem Gläschen Karottensaft anstoßen!

Heute findet Bode seinen damaligen Optimismus naiv – eine Erkenntnis, die von Fachleuten geteilt wird. So fühlen sich Mütter wie Kerstin Prinz, die das Kind gegen den Willen des Vaters einfach für sich beanspruchen, nach Beobachtungen von Wolfgang Klenner, psychologischer Gerichtssachverständiger in Familiensachen und Emeritus für Psychologie, noch nicht einmal schuldig. Vielmehr betrachten sie das Kind »als eine Art menschlichen Zugewinn aus der beendeten Beziehung«[12]. Manche wollen den Nachwuchs auch nicht gerade da zurücklassen, wo sie es selbst nicht mehr aushalten. Oder sie sagen sich: Wenn auch mein Kind die Trennung vom Vater auf sich nimmt, kann die Trennung an sich kein falscher Entschluss gewesen sein[13]. Dabei übersehen sie, dass sie – wie Prinz – dem Kind die Trennung aufgezwungen haben. Ihm sodann den Umgang mit dem Vater zu erschweren oder diesen ganz zu unterbinden – dazu bedarf es nach Ansicht von Klenner nicht mehr viel, wenn die Fronten erst einmal so verhärtet sind, dass eine Umkehr nur noch mit fremder Hilfe möglich ist. Klenner schlägt daher vor, den Eltern als eine Art Erste Hilfe zur Gewährleistung des Kindeswohls zur Überwindung ihrer Sprachlosigkeit zu verhelfen. Je früher diese Hilfe einsetzt, umso aussichtsreicher ist sie, wie man am Beispiel »Cochemer Modell« beobachten kann (siehe Kapitel 6). Sämtliche Vermittlungsversuche sind aber laut Klenner für die Katz, wenn »die eigenmächtige Kindesmitnahme der Frau nicht als das erste Glied einer daran anschließenden Handlungskette erkannt«, sondern – wie im Fall Prinz – acht Monate lang offiziell geduldet werde. Die Mitnahme des Kindes werde dann als Freibrief für weitere Eigenmächtigkeiten interpretiert, so dass kein Unrechtsbewusstsein aufkomme. Und so werde nicht nur die Mitnahme des Kindes, sondern auch das Verfügen darüber, ob es einen Umgang mit dem Vater haben solle, als Gewohnheitsrecht beansprucht. Mit der offiziellen Duldung der Kindesmitnahme sei ein Wendepunkt überschritten, dem weiteres Unrecht und mangelnder Respekt vor der Gerichtsbarkeit auf dem Fuße folgten: »Einen Menschen braucht man nicht erst zum unrechten Tun anzustiften; es genügt, ihn nicht davon abzuhalten.«

Bode indessen hofft zu jenem Zeitpunkt wirklich noch, der Gerichtsbeschluss werde alles zum Guten wenden. Und zunächst sieht es auch so aus. Die zuständige Beratungsstelle terminiert ein vorbereitendes Gespräch für den begleiteten Umgang, und das Leben erscheint Bode so rosig wie selten zuvor. Doch zwei Tage vor dem Termin holt Prinz ihn auf den Boden der Tatsachen zurück: Durch ihre Anwältin lässt sie das Treffen ohne Angabe von Gründen absagen und mitteilen, dass sie gegen den Gerichtsbeschluss in Berufung gehen wird. Dieses Verhalten ist nach Ansicht von Wolfgang Klenner typisch: Da Prinz bis jetzt nicht erfahren hat, dass ihr Verhalten irgendwelche für sie negativen Konsequenzen hat, wird sie immer dreister – vielleicht aus Rache, vielleicht aus purem Egoismus, vielleicht aber auch aus der Angst heraus, Dominik könne abtrünnig werden und sich dem Vater zuwenden, wenn er ihn nur erst einmal kennenlerne. Da sich ein Unrechtsbewusstsein mangels wirksamer Bestrafung ihres Handelns bei ihr aber gar nicht erst entwickelt hat, erscheint ihr eine totale Kontaktsperre als beste Möglichkeit, Herrin der Situation zu bleiben[14].

Bode ist fassungslos:

Was soll ich dazu sagen? Ich werde weiter um dich kämpfen, denn die Alternative wäre, dich abzuschreiben und zu denken: Die Sache ist eben dumm gelaufen, fertig!

Der Blitz soll vom Himmel fahren und mich erschlagen, wenn ich einmal zu so einer Haltung kommen sollte. Ich muss versuchen, zu halbwegs normalen Zuständen mit dir zu kommen, so lange du von alledem noch nichts mitbekommst. Diese Schlammschlacht auf deinem Rücken auszutragen wäre das Allerschlimmste. Stell dir einmal vor, ich käme irgendwann mit der Polizei, um dich abzuholen und Umgang mit dir zu haben. Oder deine Mutter zerrte dich irgendwann vor Gericht, weil sie mir unterstellen wollte, dass ich dich sexuell missbraucht hätte. Oder deine Spielkameraden fragten dich, warum das Jugendamt und ein Richter entscheiden, an welchem Wochenende du bei Mama oder Papa bist und warum es bei dir zu Hause nicht so zugeht wie bei den anderen Kindern auch.

Er meldet sich beim Jugendamt, bei der Sozialberatungsstelle, er tritt sogar dem Jugendhilfeausschuss der Stadt bei, was ihm als stellvertretendem Ortsvorsitzenden der CDU in seinem Stadtteil nicht schwerfällt. Er spricht bei verschiedenen Beratungsstellen vor – alles mit dem Ziel, dafür zu sorgen, dass der Umgangsbeschluss aus dem aktuellen Urteil durchgesetzt wird. Denn nur weil Prinz in Berufung gehen will, hat der Beschluss ja trotzdem seine Gültigkeit. Doch bald fühlt er sich wie der Hamster im Rad: Niemand fühlt sich für ihn zuständig, niemand kann ihm helfen.

Die zuständige Mitarbeiterin im Jugendamt ist jedes Mal froh, wenn die Gespräche mit ihm beendet sind, das spürt er ganz deutlich. Ihm kommt es so vor, als habe sie sich aus dem Fall schon verabschiedet, denn die Sache ist ja wieder vor Gericht, und da will sie sich keine Arbeit mehr damit machen. Es ist extrem unbefriedigend, er fühlt sich nie von ihr unterstützt.

Seine Anwältin verfasst also einen Schriftsatz, dass der Umgang trotz der Berufung stattfinden müsse. Dieser Antrag liegt eine Woche lang bei Gericht, dann soll die Gegenseite dazu Stellung nehmen, doch die ist im Urlaub. Nach dem Urlaub ist sie krank, und so geht es immer weiter. Mal nimmt Prinz einen

Termin zur Vorbereitung des Umgangs wahr, allerdings ohne Dominik, dann sagt sie die zwei darauf folgenden wieder ab. Nach drei Monaten ruft die Leiterin der Beratungsstelle, die den begleiteten Umgang koordinieren soll, bei Bode an und teilt ihm mit: »Wahrscheinlich geht es nächste Woche los, als ersten Termin haben wir den nächsten Mittwoch angesetzt.«

Er ist perplex. Wenn das klappen würde, würde er Dominik zwei Tage vor seinem ersten Geburtstag sehen!

Kleiner, ich freue mich auf dich! Es wäre wunderschön, wenn es jetzt endlich losginge, dann bekämest du zu deinem ersten Geburtstag einen Papa geschenkt, und ich hätte endlich einen Sohnemann zum Knuddeln! Ich drücke uns die Daumen!

Am Abend vor dem Termin hört er seinen Anrufbeantworter ab, darauf ist die Absage der Beratungsstelle: Prinz möchte den Termin am Mittwoch auf anwaltliches Anraten hin nicht wahrnehmen und auch keine Alternativtermine vereinbaren.

Ihm fehlen die Worte.

Den Abend von Dominiks Geburtstag verbringt er allein zu Hause. Um sich abzulenken, schreibt er Tagebuch:

Heute vor einem Jahr bist du auf die Welt gekommen. Ich wünsche dir zu deinem ersten Geburtstag alles, alles Gute. Wachse weiter kräftig, damit du deinem Papa in ein paar Jahren auf den Kopf spucken kannst, bleibe bei bester Gesundheit und habe eine Menge Spaß mit deinen Spielkameraden.

Papa hat für dich einen süßen Teddybär in Augsburg gefunden. Er sitzt hier bei mir und lächelt mich an. An den Füßen hat er große Pantoffeln mit Holzknöpfen drauf. Er trägt ein Holzfäller-Hemd, aus dem gleichen Stoff ist auch die Hose. Oben drüber ist ein brauner Filzmantel mit einer großen Kapuze, und um den Bauch hat er einen Gürtel – fest wie ein dickes Seil. Er würde dir sicher gefallen, er guckt ganz lieb mit seinen kleinen Augen und der dicken Stupsnase unter seiner Kapuze hervor, als ob er mit dir spielen wollte.

Von Oma hast du einen schönen bunten Holz-Brummi bekommen. Auf der Ladefläche sind ganz viele Klötzchen zum Spielen, und mit dem Laster kannst du sicher prima durch die Wohnung flitzen, wahrscheinlich kannst du ja jetzt schon laufen, und man muss immer höllisch aufpassen, wo du gerade hingesaust bist.

Ich hätte all dies liebend gerne miterlebt, hätte so gerne auch mit dir gespielt und dir auch einmal die Windel gewechselt. Wir können die Zeit nicht zurückdrehen. Ich wünsche dir, dass deine Kinder Vater und Mutter haben werden und dass du alles einmal viel besser machen wirst.

Kurz vor Weihnachten ruft er mal wieder bei Prinz an, um sich nach Dominiks Wohlergehen zu erkundigen. Sie sagt, es gehe ihm gut, und beschimpft ihn wieder: »Schlimm genug, dass du biologischer Vater von Dominik bist, als sozialen Vater braucht er dich jedenfalls nicht.«

Außerdem kündigt sie an, ihn ins Gefängnis bringen zu wollen – ihn kranken, psychisch gestörten Geist. Das ist die richtige Einstimmung auf Weihnachten, das er bei seinen Eltern verbringt. Sein Tagebuch für »Julian« umfasst inzwischen mehr als hundert Seiten, und er ist an diesem Abend entschlossener denn je, es weiterzuführen:

Merry Christmas, Kleiner! Unter dem Baum stapeln sich die Geschenke für dich. Ich hebe die Sachen für dich auf, bevor deine Mutter sie wegschmeißt. Und sollte es noch lange dauern, bis wir uns über den Weg laufen, habe ich noch ein paar andere Sachen in der Mache: Da ist die Geschichte mit den gediegenen Rotweinen aus deinem Geburtsjahrgang, die zwar schon bestellt, aber noch im Fass sind. Das Gute daran: Die Buddeln können wir locker bis 2025 aufheben – bis dahin sollte es doch wirklich einmal mit uns klappen! Und dann sind da noch die Anteile an der Bürgersolaranlage, die ich nicht auf deinen Namen laufen lassen kann, weil ich nicht erziehungsberechtigt bin, aber irgendwann bekommen wir auch das geregelt. Zumindest deinem Vater kannst du, wenn du groß bist, nicht vorwerfen, er hätte hemmungslos die endlichen Ressourcen der kommenden Generationen verbraten.

*Ja, dann wünsche ich dir ein frohes Fest. Dein Papa drückt dich ganz lieb
und fest. Ich hoffe, es geht dir gut. Hoffentlich ziehst du irgendwann aus
dieser unschönen Geschichte ein paar positive Konsequenzen. Vielleicht hast
du es meinen Sätzen entnommen, ich wäre jetzt natürlich am liebsten bei dir,
lieber als irgendwo anders auf diesem Planeten, aber das Leben geht vorwärts,
man muss das Beste daraus machen. Ein heulender, psychisch kaputter
Papa wäre das Letzte, was du brauchst, und natürlich kannst du dich auf
mich verlassen. Wenn du mich brauchst und ich endlich an dich heran-
komme, bin ich für dich da. Mach's gut, Kleiner.*

Zur Verhandlung vor dem Oberlandesgericht kommt es schließ-
lich im April 2005 – anderthalb Jahre nach Dominiks Geburt.
Die Richterin bestätigt im Wesentlichen den Beschluss des
Amtsgerichtes. In einem so genannten Zwischenvergleich –
also einer noch nicht endgültigen Entscheidung, die beiden
Seiten Gelegenheit gibt, die gefundene Lösung auszuprobie-
ren, bevor endgültig entschieden wird – einigen sich die Par-
teien darauf, dass der begleitete Umgang bei Prinz' Eltern, im
Beisein ihrer Mutter, stattfinden soll. Nach sechs begleiteten
Umgängen soll Bode Dominik alleine sehen dürfen.

Bode ist alles andere als wohl bei dem Gedanken daran, den
begleiteten Umgang bei Prinz' Mutter durchzuführen, und in
der Tat ist dies eine ungewöhnliche Entscheidung des Gerichts,
da normalerweise Fachpersonal mit einer solchen Umgangs-
begleitung betraut wird. Die ungewöhnliche Entscheidung ist
der Tatsache geschuldet, dass Prinz sich jeder anderen Form
des begleiteten Umgangs kategorisch verweigert hat und dies
dem Gericht als die einzige Möglichkeit erschien, Vater und
Sohn schnell zusammenzubringen. Bode vermutet allerdings,
dass Prinz' Mutter sich irgendwelche Lügen ausdenken wird,
um ihn zu verleumden. Immerhin hat die gesamte Familie ihm
nach seinem Besuch im Krankenhaus mittels frei erfundener
Vorwürfe unterstellt, er habe dort randaliert. Und nun soll er
sich zu diesen Menschen ins Wohnzimmer setzen, um in ent-

spannter Atmosphäre seinen Sohn zu treffen? Aber er weiß, dass er keine Wahl hat: Wenn er nicht zustimmt, wird es so wirken, als gehe es ihm nur um einen juristischen Sieg und nicht um ein Kennenlernen seines Sohnes.

Um sich auf das Treffen vorzubereiten, besucht er eine Krabbelgruppe. Gemeinsam mit einem anderen Vater vom »Väteraufbruch für Kinder« fährt er an einem Mittwoch nach der Arbeit zu einer örtlichen Krabbelgruppe, wo sich etwa fünfzehn Kinder mit ihren Müttern versammelt haben – zwei Väter sind auch da. Zuerst werden Bode und sein Begleiter argwöhnisch beguckt, aber sie setzen sich einfach dazu, und das Eis ist schnell gebrochen. Die meisten Kinder sind in Dominiks Alter und können sich gerade so auf den Beinen halten. Sie wollen alles erkunden, können erst ein paar Wörter sprechen, verstehen aber schon recht viel. Ihre Wahrnehmung ist noch nicht voll entwickelt, wenn man ihnen einen Ball zuwirft, können sie noch nicht erkennen, wo er landen wird, und fangen können sie ihn auch nicht. Und immer wieder plumpst einer um, steht aber gleich wieder. Am Ende der Stunde fragen die Mütter, wann die beiden Männer wiederkommen.

Als Bode danach zu Hause auf dem Sofa sitzt, merkt er, dass ihm die ganze Sache ziemlich an die Substanz geht. Er vermisst Dominik so sehr! Er schwört sich, weiter zu kämpfen und für ihn da zu sein, geschehe, was wolle. Denn wenn Dominik sich nicht einmal auf seine eigenen Eltern würde verlassen können, so denkt er, wäre das der denkbar schlechteste Start ins Leben. Und ganz allgemein: Wenn ein Kind seinem Vater nicht vertrauen könnte, könnte man doch gleich das Recht des Stärkeren und die Anarchie ausrufen – jeder machte dann nur noch das, was ihm passte und worauf er Lust hätte. Sich für seinen Sohn einzusetzen steht für Bode außer Frage, niemand kann ihn davon abbringen. Ihn im Stich zu lassen ließe sich nicht mit seinen Wertvorstellungen vereinbaren. Er denkt: »Vielleicht trennen sich die Wege zwischen Eltern und Kindern, oder es kommt zum Bruch, wenn die Kinder erwachsen sind, aber das ist dann bewusst und willentlich herbeigeführt.«

Aber im Fall von Dominik wurde ihm diese Entscheidung abgenommen von dessen Mutter, die ihn als Besitz ansieht und nicht als eigenständige Persönlichkeit. Das will Bode nicht zulassen, und deswegen wird er um ihn kämpfen. Was Dominik einmal daraus machen wird, bleibt ihm überlassen.

Daniel Widmann weiß, dass er Anja Rohloff durch sein Weggehen und sein Desinteresse verletzt hat. Aber er meint, da sei er nicht der Erste gewesen: »Das soll keine Entschuldigung sein, nur eine Feststellung.«

Rohloff sei eine verletzte Seele gewesen, schon bevor er sie kennengelernt habe. Sie sei von ihrem Vater verlassen worden, als sie dreizehn war. In dem Gutachten, das im Zusammenhang mit der Umgangsregelung erstellt wurde, sage sie: »Mein Vater ist eine Leerstelle in meinem Leben.«

Als erwachsene Frau, so Widmann, habe sie einige Beziehungen gehabt, in denen sie verletzt worden sei – Widmann hat sie als verletzte Seele kennengelernt. Durch ihn selbst sei sie wahrscheinlich nochmals verletzt worden. Er sei der Letzte in der Kette, und jetzt müsse er für alles geradestehen: für den Vater, der die Familie verlassen habe, für die anderen Beziehungen, sogar für das Unglück ihrer Mutter, die keinen Mann mehr kennengelernt habe, nachdem Rohloffs Vater sich davongemacht habe.

Ein Jahr, nachdem sie ausgezogen ist, heiratet Rohloff einen alten Freund, der schon immer in sie verliebt war. Als sie mit Johanna schwanger war, war dieser Mann am Boden zerstört. Er hatte sich immer gewünscht, eine Familie mit ihr zu gründen. Nun nähert er sich diesem Wunschtraum an: Durch die Hochzeit wird Rüdiger Weber Johannas sozialer Vater: Er sorgt an Widmanns Stelle für das Kind, und Johanna heißt fortan mit Nachnamen Weber. Daniel Widmann brauchte nicht einmal zuzustimmen. Es geschah, ohne dass er gefragt wurde.

Eine Woche, nachdem Rohloff ihn geheiratet hat, schlägt Rüdiger Weber Daniel Widmann vor: »Lass uns uns doch mal auf ein Bier treffen.«

Zunächst hat Widmann das Gefühl, es werde ein ganz netter Abend. Weber erscheint ihm harmlos.

Plötzlich aber sagt der: »Ich fände es ja besser, wenn die Johanna Papa zu mir sagt. Anja und ich wollen noch gemeinsame Kinder haben, und da fände ich es zweckmäßig, wenn auch die Johanna schon mal Papa zu mir sagt, damit es da nicht so ein Durcheinander gibt.«

»Wieso soll Johanna jetzt Papa zu dir sagen?«, fragt Widmann perplex. »Wieso soll ich jetzt Daniel genannt werden? Ich will einfach weiter der Papa meines Kindes sein.«

Er kann es gar nicht fassen. Doch von dem Moment an bezeichnet Johanna, die inzwischen drei ist, ihn nur noch als »Daniel«.

Heute weiß Widmann: »Anja und Rüdiger haben sich als neue Familie gesehen, und ich war der Störenfried.«

Weber hat mehr Rechte als Widmann, und er lässt es ihn spüren. Als Widmann das erste Mal in die neue Wohnung kommt, steht er mit Rohloff und Johanna in der Küche. Johanna steht neben ihm, und da kommt Rüdiger Weber herein und setzt sich ans Tischende, als Oberhaupt der neuen Familie. Dann steht er wieder auf, geht zu Johanna, hebt sie hoch und setzt sie sich auf den Schoß. Es ist ein Bild, das Widmann nie vergessen wird. Es kommt ihm so vor, als markiere Weber in diesem Moment sein Revier: »Ich bin jetzt hier der neue Mann.«

Anja Rohloff hingegen erzählt der Gutachterin, Johanna habe sich Weber zugewandt, als er die Küche betreten habe. Widmann sei aggressiv geworden und habe sich vor Weber aufgebaut. Sie habe gedacht, er werde Weber schlagen. Obwohl er eigentlich eine leise, warme Stimme habe, könne Widmann explosionsartig laut werden, schreien und brüllen und sich wie ein Hüne aufbauen.

Später an diesem Abend geht Widmann mit Johanna in ihr neues Zimmer. Dort hängen zwei Fotos im Posterformat, auf denen sie mit Weber am Strand zu sehen ist: Wie er sie in der Luft hält. Papa-Tochter-Fotos. Mit glücklichem Vater und glücklichem Kind. Widmann denkt: »Das ist kein Zufall. Diese Poster sind demonstrativ in ihrem Zimmer aufgehängt worden. Und von mir als biologischem Vater keine Spur.«

Er spürt eine unglaubliche Wut. »Was spielt sich denn hier ab?«, fragt er sich wieder und wieder. Er schiebt die Schuld für alles, was ihn stört, auf Weber. Und liegt damit nicht falsch: Wenn die Mutter einen neuen Mann hat, gilt der Vater schnell als Störenfried. Sie hat nun einen neuen Partner, mit dem alles besser werden soll als mit dem alten. Der Ex passt nicht mehr in ihr Leben, und eigentlich soll er auch im Leben seines Kindes keine Rolle mehr spielen, wo doch der Neue so viel besser ist für die Mutter. Was das Kind will, ist der Mutter nicht so wichtig – sie ignoriert seine emotionalen Bedürfnisse und sorgt sich nur um ihre eigenen. Egoismus pur[15].

Für Kinder ist das meist eine ausweglose Situation. Sie leiden darunter, dass sie ihren Vater nicht mehr sehen sollen, und fühlen sich als Verräter, geraten in Loyalitätskonflikte. Aus Angst, auch die Mutter zu verlieren, passen sie sich aber an ihre Wünsche an.

Was dabei herauskommt, ist schnell erklärt: In einer repräsentativen Langzeitstudie hat Anneke Napp-Peters 150 Scheidungsfamilien mit 269 Kindern aus ausgewählten Kommunen Norddeutschlands über zwölf Jahre hinweg begleitet und zunächst eine Reihe »scheidungsbedingter Störungen« definiert, die darin bestehen, dass diese Menschen als Kinder und (manche) auch später im Erwachsenenalter ein geringes Selbstwertgefühl haben, schwer Vertrautheit aufbauen können, häufiger depressiv sind und mit ihrem Leben unzufriedener sind als Menschen aus Familien, in denen in der Kindheit eine gute Beziehung zu beiden Eltern bestand.

Sodann hat Napp-Peters festgestellt, dass die Hälfte der Erwachsenen mit scheidungsbedingten Störungen in Familien mit Stiefvater oder -mutter aufwuchs, die um jeden Preis als »Normalfamilie« gelten wollten. Über den Bruch in der Familiengeschichte durfte nicht geredet werden, der Kontakt zum getrennten Elternteil wurde unterbunden. Dafür musste der neue Partner als Vater oder Mutter anerkannt werden.

Napp-Peters stellte andererseits fest: Wo die getrennten Eltern bei der Erziehung kooperierten, waren die meisten Kinder sehr stabil[16].

Im Laufe der Zeit wird Widmanns Wut immer größer. Er hat ursprünglich gesagt, er wolle die Wochenenden mit Johanna verbringen. Zunächst klappt das auch, aber mit der Zeit wird es zusehends schwieriger. Er kann sie nur noch alle zwei Wochen sehen, das wird vom Gericht so geregelt. Wenn er kommt, steht Weber in der Tür und übergibt sie ihm und erklärt ihm, wie er sich um sie kümmern muss. Widmann findet, dass er ihm mit einem unglaublichen Machtgefühl gegenübertritt.

Eines Tages fordert Weber ihn auf: »Nimm einen Kinderwagen mit!«

»Wir fahren aber Seilbahn über den Rhein, und da kann man keinen Kinderwagen brauchen«, antwortet Widmann genervt.

Seiner Meinung nach sollte Weber sich im Hintergrund halten und nicht noch Salz in seine Wunden streuen. Er denkt: »Selbst wenn er Johannas Stiefvater ist, muss er sich doch nicht immer an der Tür postieren und mir zeigen: ›So, guck mal, ich bin der Neue.‹«

Eines Tages macht er mit Johanna einen Ausflug in den Zoo. Es ist ein herrlicher Sommertag, die Stimmung zwischen ihm und seiner Tochter ist harmonisch, doch leider haben Rohloff und Weber sie ihm ohne Sonnencreme und ohne Hut übergeben, und er hat es versäumt, danach zu fragen. Als er sie zurückbringt, ist sie ein bisschen rot, und außerdem hat er sich um eine Stunde verspätet, weil die S-Bahn nicht gekommen ist. Rohloff und Weber werfen ihm vor: »Du hast das Kind nicht rechtzeitig zurückgebracht und bist nicht in der Lage, dich ordentlich um Johanna zu kümmern!«

Er versucht, es zu erklären, aber es ist, als spreche er gegen eine Wand.

Ein paar Wochen später, als er Johanna zu einem Umgangstermin abholen will, stehen Weber und sie vor der Tür, und Johanna klammert sich an Webers Bein fest. Widmann denkt: »Sie hat natürlich mit der Zeit Vertrauen zu ihm bekommen und teilt ihren Alltag mit ihm.«

Er fühlt sich schlecht. Und als sei das nicht schon schlimm genug, sagt Weber: »Du siehst doch, dass das Kind nichts von dir wissen will.«

»Johanna, wir gehen jetzt«, antwortet Widmann bloß und nimmt sie auf den Arm. Dann geht er los.

Weber brüllt: »Das ist Kindesentführung. So einfach das Kind schnappen und weggehen!« Er rennt hinter ihm her und hält Widmann fest.

Widmann denkt: »Ein Jahr lang habe ich mich mit diesem Typen herumgeschlagen, und immer saß ich am kürzeren Hebel.«

Er ist eigentlich ein friedfertiger Mensch, aber in dem Moment ist es plötzlich zu viel, er hat sich nicht mehr im Griff, weil er sich Weber völlig ohnmächtig ausgeliefert fühlt. Er kann sich nur noch wehren, indem er ausfällig wird: »Du Wichser, du blödes Arschloch, du Drecksau!«, brüllt er zurück.

Bis dahin wusste er nicht, dass diese Dinge in ihm stecken. Doch es soll noch schlimmer kommen: Er wird im Laufe der nächsten Jahre in Abgründe blicken, die er in seinem bisherigen

Leben noch nicht entdeckt hat, und darüber erschrecken. Dieser Teil seiner Persönlichkeit ist neu für ihn.

Rüdiger Weber folgt Johanna und Widmann immer noch, daher tritt Widmann im Gehen hinter sich. Heute ist er der Meinung, er habe Weber nicht einmal getroffen, und wenn, höchstens gestreift. Danach holt er sein Handy heraus und tut so, als ob er telefoniere, damit Weber den Eindruck bekommt, es gebe Zeugen für sein Verhalten. So schafft er es, ihn abzuwimmeln. Eine Woche später hat er eine Strafanzeige wegen Körperverletzung am Hals.

Sein Anwalt rät ihm, klein beizugeben: »Sie müssen Kreide fressen, akzeptieren Sie das, wenn Sie das nicht zugeben, dann wären Sie vorbestraft. Sie müssen sehen, dass Sie nicht vorbestraft werden, sonst wird es mit dem Umgang schwierig.«

Und so entschuldigt er sich vor Gericht bei Weber. Er muss 1500 Mark Geldstrafe zahlen, und dann wird das Verfahren eingestellt. Johanna bekommt er daraufhin fünf Monate lang nicht zu sehen: Rohloffs Anwältin setzt die Umgangstermine eigenmächtig aus und sorgt dafür, dass der anstehende Gerichtstermin zur Regelung des Umgangs immer wieder aufgeschoben wird. Als er endlich doch zustande kommt, beschließt das Gericht, er könne Johanna jeden zweiten Samstag drei Stunden lang sehen.

Widmann sieht die Schuld für die Eskalation des Konflikts bei Weber. Seiner Meinung nach ist Weber über die Maßen an seiner Vaterrolle interessiert. Ein Blick ins Internet bestätigt ihm, dass er richtigliegt. Er stößt dort auf Webers Homepage, auf der er schreibt: »Ich bin mit Anja verheiratet, und wir haben eine wunderbare Tochter.«

Widmann meint: »Er hat gewaltige Defizite, weil er Johannas Existenz auf diese Art und Weise hervorheben muss. Unser Konflikt beruht nicht auf übertriebener Eifersucht meinerseits, sondern Rüdiger fehlt die Verhältnismäßigkeit. Er hat das Gefühl: Jetzt habe ich die Frau und noch ein Kind dazu, das ist jetzt mein. Und so tritt er mir gegenüber. Insbesondere, da Anja und er keine eigenen Kinder bekommen haben. Nach der Hochzeit wollte er Johanna sogar adoptieren, aber das ging zum Glück ohne meine Zustimmung nicht. Obwohl das zum jetzigen Zeitpunkt eigentlich auch keinen Unterschied mehr machen würde. Von meiner Vaterrolle habe ich ohnehin nichts mehr, außer, dass ich Unterhalt zahle.«

Trennungsväter waren nicht immer bloße Zahlhansel. Früher galten uneheliche Kinder und ihre Väter zwar als nicht verwandt, und die Mütter mussten für die Kinder sorgen. Doch das Sorgerecht lag beim Jugendamt. 1946 bestimmte dann der Kontrollrat der Besatzungsmächte, dass der Elternteil, der die »Schuld« am Scheitern der Ehe trug, nach der Scheidung die »elterliche Gewalt« verlor. Seit der Abschaffung des Schuld- und Zerrüttungsprinzips bei Ehescheidungen im Jahr 1977 stand dem schuldlos geschiedenen Elternteil das Sorgerecht dann nicht mehr vorrangig zu. Drei Jahre später trat das Gesetz zur Neuregelung der elterlichen Sorge in Kraft, das ebenso wenig ein gemeinsames Sorgerecht vorsah. Die Reform des Kindschaftsrechts von 1998 machte dann ein gemeinsames Sorgerecht für Unverheiratete und die Fortdauer des gemeinsamen Sorgerechts für Geschiedene prinzipiell möglich und verankerte den Rechtsanspruch der Kinder auf beide Eltern, selbst nach deren Trennung, im Gesetz[17].

Das hört sich besser an, als es ist. Denn wegen der Zustimmungspflicht der Mutter zur gemeinsamen Sorge sind unverheiratete Väter ihren Partnerinnen heute wehrloser denn je ausgeliefert. Dieser Zustand, so hat der Europäische Gerichtshof für Menschenrechte im Dezember 2009 geurteilt, sei unhaltbar[18]. Väter dürften bei der Vergabe des Sorgerechts nicht diskriminiert werden. Doch an der Tatsache, dass sich eine deutsche Frau im Prinzip »ein Kind machen lassen« und den Vater dann in die Wüste schicken kann, wird das Straßburger Urteil nichts ändern. Denn ein generelles gemeinsames Sorgerecht für ledige Väter kommt für die Bundesregierung nicht in Betracht – insbesondere dann nicht, wenn die Eltern schon bei der Geburt des Kindes getrennt sind.

Das Bundesverfassungsgericht hat diese Haltung schon im Zuge der Reform des Kindschaftsrechts ausdrücklich gebilligt und betreibt eine geradezu madonnenhafte Mütterverehrung: In der Begründung für das Urteil von 2003 ist zu lesen, dass der Gesetzgeber »davon ausgehen« durfte, dass eine Mutter »die Möglichkeit der Verweigerung einer Sorgeerklärung nicht etwa als Machtposition gegenüber dem Vater missbraucht.«[19]

Was ist mit Müttern, die ihr Kind mit voller Absicht lieber alleine großziehen wollen? Diese Möglichkeit verschwindet im Nirwana der richterlichen Argumentation, die außerdem davon ausgeht, »dass eine gegen den Willen eines Elternteils erzwungene gemeinsame Sorge regelmäßig mit mehr Nachteilen als Vorteilen für das Kind verbunden ist[20]«. Wie kommen die Richter zu solchen Ansichten?

Vielleicht haben wir es ja Vereinen wie dem Verband Alleinerziehender Mütter und Väter (VAMV) zu verdanken, dass die Bundesverfassungsrichter von so vielen Dingen »ausgehen«, die mit der Realität nur bedingt etwas zu tun haben. Der VAMV wird zu vielen Gesetzgebungsverfahren gehört, so auch im Vorfeld der beschriebenen Entscheidung des Bundesverfassungsgerichts, in der es im Detail um die Frage ging, ob eine Mutter dem unverheirateten Vater das gemeinsame Sorgerecht auch dann verweigern kann, wenn beide mehrere Jahre lang mit dem Kind als Familie zusammengelebt haben. Der VAMV, der in der Vergangenheit zum Beispiel dadurch auf sich aufmerksam machte, dass er die Existenz des in Fachkreisen allgemein anerkannten Parental Alienation Syndroms (siehe Kapitel 3) leugnete[21], vertritt in der Regel sehr dezidiert allein die Seite der Mütter, obgleich er als neutraler »Familienverband« gilt und sich eigentlich parteipolitisch ungebunden bundesweit für die

Verbesserung der Rahmenbedingungen für Familien einsetzen sollte. Im vorliegenden Fall sprach sich der VAMV vorhersehbar dafür aus, die Verweigerung des gemeinsamen Sorgerechts auf jeden Fall beizubehalten, da ansonsten »die alleinerziehende Mutter massiver Einflußnahme des Kindesvaters auch auf ihre eigene persönliche Lebensgestaltung ausgesetzt« wäre. Zu denken sei dabei »insbesondere an das Streitpotential bezüglich des Aufenthaltsbestimmungsrechts«.[22]

Väterfeindliche Stellungnahmen wie diese lässt sich das Bundesministerium für Familie jährlich 276 000 Euro an Fördermitteln (allein für den VAMV) kosten[23]. Da klingt es fast schon wie ein Witz, dass die deutsche Gesetzgebung das Recht des Kindes auf beide Eltern unter besonderen Schutz gestellt hat und die Kinderrechtskonvention der Vereinten Nationen, die Deutschland, wenn auch unter Vorbehalt, ratifiziert hat, die Rechte des Kindes auf den Umgang mit beiden Eltern ausdrücklich schützt[24]. Die Realität hierzulande sieht anders aus: In Ostdeutschland haben inzwischen mehr als sechzig Prozent der Kinder Eltern, die nicht verheiratet sind. In Westdeutschland sind es um die 25 Prozent. Einelternfamilien sind auf dem Vormarsch. Im Vergleich zu 1996 gab es im Jahr 2008 ein Fünftel mehr Alleinerziehende – und entsprechend weniger verheiratete Paare[25]. Und von diesen nicht miteinander verheirateten Eltern entscheiden sich weniger als die Hälfte dafür, das Sorgerecht miteinander zu teilen[26]. Das bedeutet, dass in Deutschland jedes dritte (Osten) beziehungsweise jedes zehnte (Westen) Kind einen Elternteil hat, der das alleinige Sorgerecht besitzt.

Anja Rohloff selbst ist in Widmanns Augen auch nicht besser als Rüdiger Weber. Sie will mit ihm, Widmann, nichts mehr zu tun haben, sie hat ja jetzt ihren Rüdiger und träumt von einer neuen Familie mit ihm. Unter diesen Voraussetzungen wird ein Umgang mit Johanna für Widmann immer schwieriger. Es kommt ihm so vor, als wollten Rohloff und Weber ihn am liebsten gar nicht mehr sehen. Alles, was er tut, bis ins kleinste Detail, finden sie falsch. Er kann machen, was er will, es ist immer falsch.

Und es geht weiter: Rohloff, Johanna und Weber leben in der Nähe von Düsseldorf in einer Neubausiedlung. Dort gibt es ein Einkaufszentrum mit Eisdiele. Da Widmann Johanna nur besagte drei Stunden jeden zweiten Samstag sehen darf, muss er mit ihr in dieser unwirtlichen Gegend bleiben und setzt sich mit ihr in die Eisdiele. Dort füttern sich die beiden gegenseitig mit Eis, es ist ein Ritual, sie tun das jedes Mal. Doch eines Tages bekommt er einen Brief von Rohloffs Anwältin: Er soll Johanna »aus ärztlichen Gründen« kein Eis mehr kaufen, sie reagiere darauf »mit Übelkeit, Magenschmerzen und Erbrechen«.

Er konsultiert daraufhin verschiedene Ärzte, die ihm übereinstimmend bestätigen: »So etwas haben wir noch nie gehört.«

Aber er darf Johanna kein Eis mehr geben. Bis er herausbekommt, dass Rohloff Johanna gebeten hat: »Bitte iss kein Eis, bei der Oma gibt es heute noch Eis.«

Ein ärztliches Attest kann Rohloff ihm bis heute nicht vorlegen. Doch solche Halbwahrheiten und Banalitäten sind an der Tagesordnung. Widmann meint: »Da wird mit Schlamm geworfen ohne Ende, und als Exmann mache ich einfach grundsätzlich alles falsch. Ich bin dann emotional so geladen, dass ich irgendwann explodiere. Ich war ihr von Anfang an ausgeliefert, ich wurde richtig kleingerieben. Es gab ein Machtgefälle zwischen uns, sie konnte es mir richtig reindrücken. Ich konnte sagen und machen, was ich wollte, es hatte keinen Erfolg.«

Zusehends boykottiert Rohloff auch die gerichtliche Regelung für den Umgang. Folgen hat das zunächst nicht. Zum Beispiel sagt Rohloff Umgangstermine ab, weil sie einen Termin in der Autowerkstatt hat. Oder wegen eines nicht näher definierten »Planstaus«. Bis Widmann dann den Anwalt bemüht hat, bis es wieder einen Gerichtstermin gibt, vergehen Monate. Und in dieser Zeit werden Vater und Kind einander fremd.

Und so geht es jahrelang. Der Umgang wird reduziert, dann wieder aufgebaut, dann wieder abgebrochen, weil Rohloff und Weber irgendeinen neuen Vorwand finden. »Es war immer irgendwas«, sagt Widmann, »sie wollten einfach nicht, dass ich Johanna sehe. Wegen jeder Kleinigkeit haben sie versucht, den Umgang zu vereiteln.«

Rohloff hingegen hält Widmann für »privat und beruflich nicht konfliktfähig«. Er sei ein Egomane und suche nie bei sich selbst die Schuld. Aufgrund der feindseligen Atmosphäre, der Drohungen, Aggressionen und Tätlichkeiten sowie Widmanns »extremem Hass« gegen Weber habe sie Angst vor ihm, »und damit Johanna auch«, erklärt sie der Gutachterin. Laut Klenner ist solch ein Verhalten Teil einer immer gleich verlaufenden Argumentationslinie, wenn Umgangsboykott stattfindet. Typisches Kennzeichen dieser Argumentation sei es, dass der das Kind entziehende Elternteil sich zum Sprachrohr des Kindes mache, während das Kind dies entweder nicht mitbekomme oder schweigend über sich ergehen lasse. Was dahinterstehe, sei durchsichtig. Das Kind solle keinen persönlichen Umgang mit seinem anderen Elternteil haben. Um das sicherzustellen, trete der das Kind festhaltende Elternteil als Akteur auf und, weil er sich des Kindes nicht sicher sei, sehe er zu, dass es gar nicht erst in Erscheinung trete[27].

Rohloff führt im Gespräch mit der Gutachterin weiter aus, Widmann habe ihr und Johannas Vertrauen in ihn zerstört. Er sei ein Wolf im Schafspelz. Er habe sich nicht unter Kontrolle, bestreite aber, cholerisch zu sein. Es gelinge ihm nicht, normal mit ihr, Rohloff, zu sprechen und verbindliche, an Johannas Wohl orientierte Absprachen zu treffen und sie zuverlässig einzuhalten. Johanna habe so viele seiner Ausbrüche miterlebt, dass sie bei Übergaben häufig nicht mitgehen wolle. Sie, Rohloff, habe eine Liste angelegt, auf der auf fünf Seiten Widmanns Verfehlungen aufgelistet seien. Widmann zwinge Johanna zum Beispiel, ihn »Papa« zu nennen, und hetze sie gegen Weber auf. Darüber beschwere sich das Kind. Widmann habe Johanna sogar gesagt, dass sie mit Nachnamen nicht Weber heiße, was sie extrem verunsichert habe.

Ein Blick auf die aktuelle Trennungsforschung belegt allerdings eindrücklich, dass Rohloffs Argumente ins Leere laufen. Es ist erwiesen: Auch wenn Kinder negative Erfahrungen mit dem Vater machen – zum Beispiel immer wieder unpünktlich abgeholt werden oder versprochene Geschenke nicht gemacht werden –, ist das nicht so schlimm, wie viele Mütter meinen. Diese Erfahrungen sind ein Teil der Beziehung des Kindes zum Vater, und dabei ist die Beziehung an sich wichtiger als ihr konkreter Inhalt. Der Vater muss kein perfekter Pädagoge sein, wie dies auch die Mutter nicht ist. Was zählt, ist, dass er überhaupt da ist. Das Kind muss wissen, wer er ist, soll sich an ihm reiben und sich über ihn ärgern und dann wieder mit ihm lachen.[28]

Rohloff selbst behauptet, sie bezeichne Widmann in Johannas Gegenwart als »Papi«, Weber hingegen nicht. Das Kind nenne Weber aber trotzdem »Papi«. Rohloff findet außerdem, Widmann müsse telefonisch erreichbar sein, wenn er mit Johanna unterwegs sei. Sie habe schon »panisch versucht«, ihn zu erreichen, das Handy sei aber abgestellt gewesen. Gegenüber der Gutachterin kann sie dann nur zwei Situationen in vier Jahren benennen, wo das tatsächlich der Fall war. Rohloff gibt zu, es falle ihr schwer, zu sagen, dass es Johanna beim Vater gut gehe, da sie ihn nur noch als Erzeuger von Johanna akzeptiere.

Anfang 2003 erfährt Widmann, dass Rohloff und Johanna nach München gezogen sind – er selbst lebt der Liebe wegen schon seit Mitte 2002 dort. Rüdiger Weber wohnt weiterhin in Düsseldorf, Widmann wundert sich darüber.

Rohloff weiß zu dem Zeitpunkt nicht, dass Widmann in München wohnt, weil er in dieser Zeit gerade keinen Umgang mit Johanna hat, da Rohloff diesen abermals eigenmächtig ausgesetzt hat. Und sie lässt nach wie vor ständig Gerichtstermine platzen, die den Umgang regeln sollen.

Widmanns Anwältin freut sich über Rohloffs Umzug: »Wunderbar, wenn jetzt alle am selben Ort sind, muss sich ja der Umgang völlig neu regeln lassen.«

Tatsächlich findet Umgang nun wieder statt. Johanna und Widmann unternehmen Dinge mit Widmanns neuer Familie, zu der seine neue Frau, deren Tochter aus einer vorherigen Beziehung und die gemeinsame Tochter Manon gehören. Die drei Kinder verstehen sich gut, und es wird ein schöner Sommer. Doch je besser der Umgang funktioniert, desto weniger hält Rohloff die Umgangstermine ein. Und weil Rüdiger Weber seine Familie am Wochenende immer besucht und manchmal genau an dem Tag, an dem Widmann Johanna sehen darf, aus Düsseldorf anreist, gerät Johanna darüber in Konflikte. Sie ist den Tränen nahe, völlig zerrissen, will bei beiden Vätern sein. Einmal bringt Widmann sie viel zu früh zurück, weil sie mit der Situation nicht klarkommt. Er findet es unsensibel von Rohloff, ihm solche Termine anzubieten. Die Übergaben und der Umgang werden dadurch unnötig erschwert.

Im Herbst 2003 wird jene Gutachterin eingesetzt, aus deren Gutachten Rohloffs Äußerungen stammen. Ein Jahr später legt sie dieses Gutachten vor und beschreibt darin auch Hausbesuche, die sie bei Rohloff und Johanna gemacht hat. Sie beobachtet dabei, dass Rohloff in Johannas Beisein berichtet, »wie schwierig es sei, mit Herrn Widmann einen Ersatztermin für ein ausgefallenes Umgangswochenende zu vereinbaren. Der Vater habe sie ›bedrängt‹ und ihr durch seine Vorschläge keine Wahl gelassen.« An einem anderen Tag ist Weber in der neuen Münchner Wohnung von Rohloff und Johanna zu Besuch und kurz davor, wieder nach Düsseldorf aufzubrechen. Johanna hängt an ihm, ist voller Abschiedsschmerz, klammert sich an ihm fest. Die Gutachterin notiert: »Auf seinem Arm wurde Johanna von der Mutter gefragt, um wie viel Uhr sie beim nächsten Besuchstermin zum Vater wolle. Johanna hatte keine Lust, zum Vater zu gehen, und sagte, sie wolle an diesem Tag erst nachmittags um 15 Uhr zu ihm.« Weber habe Johanna überredet, schon um 13 Uhr zu gehen: »Dort macht ihr bestimmt etwas Schönes.«

Die Gutachterin bemerkt, es sei ungünstig, in der derzeitigen Verfassung Johannas über den in der Zukunft liegenden Umgang zu sprechen, zudem sei der nächste Umgangstermin unglücklich gewählt, da Weber just an diesem Tag das nächste Mal zu Besuch sei. Doch diese Hinweise »wurden nicht beachtet«.

Die Gutachterin besucht auch Widmann und beobachtet dort, wie sich Johanna beim Kaffeetrinken neben Widmann setzt. Als sie mit ihrer Halbschwester Manon im Kinderzimmer spielt und Widmann und die Gutachterin das Zimmer betreten, fordert Johanna: »Alle sollen rausgehen, nur Papa und Manon sollen dableiben.«

Das Spiel ist lebhaft, Johanna lacht häufig und berührt Widmann. Anders als bei ihrem Hausbesuch bei Rohloff beobachtet die Gutachterin bei diesem Hausbesuch »vielfältige, aufeinander bezogene Interaktionen und Gespräche aller Familienmitglieder«.

Während Johanna, als sie bei Rohloff gewesen sei, mit der Gutachterin habe spielen wollen und sie sogar gebeten habe, länger zu bleiben, bezog sie sie beim Vater nicht in das Spiel mit ein.

Schließlich findet Johanna im Schrank eine Kiste mit Sachen, die ihr gehören, darunter Fotos von verschiedenen Ausflügen. Sie sieht sich die Fotos gemeinsam mit Widmann und dessen neuer Frau an. Als die Gutachterin fragt, ob sie zu Hause auch Fotos von Widmann habe, verneint sie dies. Sie wünscht sich, einige Fotos mitnehmen zu dürfen, und der Vater erlaubt es ihr. Als Widmann sie bittet, sich anzuziehen, da sie bald nach Hause müsse, bittet Johanna darum, »ganz lange, bis acht Uhr« bleiben und auch dort schlafen zu dürfen – das Gericht hatte dem für die Zeit der Begutachtung zugestimmt. Das Fazit der Gutachterin: Die von Rohloff beschriebenen Verhaltensauffälligkeiten seien »mit Sicherheit keine Folge der Erlebnisse während der Umgänge«.

Eine interne Umfrage des Bundesjustizministeriums[29] bei mehr als 500 Rechtsanwälten und Jugendämtern hat ergeben, dass Rohloffs Verhalten geradezu klassisch ist: 80 bis 90 Prozent der Mütter, die die gemeinsame Sorge ablehnen, führen dafür Gründe an, die sich nicht am Kindeswohl, sondern an ihrem eigenen Wohl orientieren: Sie möchten allein entscheiden oder nichts mehr mit dem Vater zu tun haben. »Beide Motive orientieren sich vorrangig eher an den emotionalen Befindlichkeiten der Mutter, wie zum Beispiel ihrem Sicherheitsbedürfnis [...] oder verletzten Gefühlen«, heißt es in der Zusammenfassung. Deutlich seltener würden Motive genannt, die sich am Kindeswohl orientierten, sodass davon auszugehen sei, dass »die Entscheidung gegen die gemeinsame Sorge häufig auch emotional gesteuert ist und dabei unter anderem Verlustängste, Besitzansprüche oder Kontrollbedürfnisse oder auch der Einfluss dritter Personen eine Rolle spielen können«. Insbesondere die vom Ministerium befragten Rechtsanwälte hielten darüber hinaus die Motive der Mütter nur selten für plausibel, die Mehrheit gab an, »dass die Verweigerung der gemeinsamen Sorge durch die Mütter in weniger als der Hälfte der Fälle oder nur sehr selten plausibel sei«.

Eine praxisnah gewonnene Einschätzung, die zu spät kam, um ihren Weg zu den höchstrichterlichen Entscheidungsträgern finden zu können: In dem Urteil des Bundesverfassungsgerichts von 2003, das ein gemeinsames Sorgerecht für unverheiratete Väter nur unter der Bedingung möglich macht, dass die Mutter dem zustimmt, war nämlich zu lesen, dass der Gesetzgeber »davon ausgehen« durfte, dass eine Mutter »die Möglichkeit der Verweigerung einer Sorgeerklärung nicht etwa als Machtposition gegenüber dem Vater missbraucht.«[30] Woher die Richter ihre Gewissheit damals nahmen, bleibt im Dunkeln.

De facto jedenfalls, das ergibt sich aus der internen Umfrage des Justizministeriums, ist es heute so: Es gibt zwei Klassen von Eltern. Solche mit Sorgerecht – und solche ohne. Gewinner und Verlierer. Sieger und Besiegte. Sorgende und Entsorgte. Frauen und Männer. An das Kind denkt in diesen Fällen schon lange keiner mehr. Es geht nur noch um Rache – und um Macht. Dadurch wird der Kreis der Väter, die zwar ein Recht auf Umgang haben, ihre Kinder aber trotzdem nicht sehen, immer größer. Wenn es den die Kinder entziehenden Müttern indessen gelänge, sich wirklich in die Position dieser von ihnen zweifellos geliebten Kinder hineinzuversetzen, dann – und nur dann – würden sie verstehen, dass sie ihnen gar nichts Schlimmeres antun können.[31]

Johanna schläft in der Zeit, in der das Gutachten angefertigt wird, einige Male bei Widmann und dessen neuer Familie. Rohloff ist nach einer dieser Übernachtungen geradezu »entsetzt«, erzählt sie der Gutachterin: Johanna habe erzählt: »Papa hat gesagt, ich soll sechs Mal bei ihm übernachten.« Dabei habe sie gar nicht den Wunsch. Als die Gutachterin erzählt, sie habe selbst gehört, wie Johanna gefragt habe, ob sie bei Widmann übernachten könne, räumt Rohloff ein, Johanna habe »offensichtlich keine Angst mehr vor Widmann«. Sie ist aber »entsetzt, dass der Vater nicht selbst mit mir Kontakt aufnimmt, ich habe gute Gründe, ihm nicht mehr zu vertrauen. Er ist überhaupt nicht bereit, mich als Mutter zu akzeptieren.« Es sei für sie frustrierend, dass er gegenüber der Gutachterin seine »zahme-Lamm-Nummer« vorspiele. Dass Johanna sich bei ihm wohl fühle, liege nur daran, dass ihre Halbschwester und deren Schwester auch in dem Haushalt lebten, er selbst spiele für Johanna eine völlig untergeordnete Rolle. Er ködere sie ganz bewusst mit den beiden Kindern. »Es geht ihm um das gute Familiengefühl, nicht um Johannas Interessen.« Wenn es ihm um Johanna selbst ginge, würde er begreifen, dass ein Kontakt zwischen Mutter und Vater nötig sei. Derzeit sei die Beziehung zwischen Johanna und ihr »hochangespannt«. Einige Zeit später erklärt Rohloff, ihre Beziehung zu Johanna sei harmonisch, es gebe selten Konflikte zu Hause.

Im Anschluss an diese Hausbesuche gibt es ein gemeinsames Gespräch zwischen der Gutachterin, Rohloff, Widmann, Rüdiger Weber und Widmanns neuer Frau. Die Gutachterin protokolliert, dass Widmann »ohne erkennbaren Grund« begonnen habe, Weber zu beschimpfen, als man besprochen habe, wie Johanna Widmann und Weber anreden solle: »Halts Maul, blöde Sau, Pack!«

Er habe sehr aggressiv gewirkt, und man habe das Gespräch nicht fortsetzen können.

Ein andermal lässt die Gutachterin Johanna im Rahmen einer Untersuchung ein Bild ihrer Familie malen. Johanna malt sich selbst, Rohloff und Weber.

»Wer ist denn Daniel?«, fragt die Gutachterin.

»Auch mein Papa.«

»Gehört er zu deiner Familie?«

»Nein.«

»Welchen Unterschied gibt es zwischen den beiden Papas?«

»Keinen.«

»Magst du Daniel?«

»Ja. Er kommt jeden Sonntag und holt mich ab und macht mit mir was Schönes.«

Auf die Frage, was an Daniel blöd sei, habe Johanna verblüfft geantwortet: »Gar nichts.«

Er habe nie etwas gemacht, was sie nicht gemocht habe.

»Welchen Papa hast du lieber?«, fragt daraufhin die Gutachterin.

Johanna deutet auf Webers Gesicht auf dem von ihr gemalten Bild.

Dann erklärt sie, ihre Mutter möge Daniel nicht, weil sie sich mit ihm gestritten habe.

Drei Mal übernachtet Johanna bei Widmann und seiner neuen Familie, dann ziehen Rohloff und Johanna zurück zu Weber – 550 Kilometer weit weg. Die Gutachterin notiert, der Umzug sei »in einer Phase des weit fortgeschrittenen Kontaktaufbaus zum Vater und dessen Familie« erfolgt, der für eine Erweiterung des Umgangs einschließlich regelmäßiger Übernachtungen und Urlaubsreisen gesprochen hätte. Die Annäherung zwischen Widmann und Johanna habe aber nicht dazu geführt, dass Rohloff ihre Vorbehalte gegenüber Widmann verändert hätte.

Der Umgang soll dennoch beibehalten werden. Also bringt Rohloff Johanna freitags von Düsseldorf nach Berlin, fährt zurück, und Widmanns neue Frau bringt Johanna sonntags zurück nach Düsseldorf. Widmann fährt nie nach Düsseldorf, weil er nicht auf Weber treffen will. Es ist allen Beteiligten klar, dass ein Zusammentreffen zwischen den beiden Männern dem Kindeswohl abträglich wäre. Es gibt zu viele Spannungen zwischen ihnen. Und auch die Treffen zwischen Rohloff und Widmann sind nicht einfach für Johanna. Sie merkt, dass Rohloff etwas gegen Widmann hat und nicht will, dass sie, Johanna, ihren Vater trifft. Einmal – da ist Johanna knapp sechs, ist Widmanns neue Frau krank, und er holt Johanna selbst vom Bahnhof ab. Da steht sie mit Rohloff, die so tut, als wolle sie ihm das Kind geben, auf dem Bahnsteig und weint und will nicht von Rohloffs Arm herunter. Doch beiden Eltern ist klar, dass man Johanna nach der langen Fahrt nicht einfach wieder zurückfahren lassen kann. Also nimmt Widmann Johanna auf den Arm, dieses weinende Mädchen, und Rohloff fährt zurück.

Widmann erinnert sich: »Ich war kaum ums nächste Hauseck herum, da hat sich Johanna schlagartig verändert. Von Weinen keine Spur mehr. Sie war völlig entspannt. Bloß das Spannungsfeld zuvor, das war für sie nicht auszuhalten.«

Nach diesem Treffen sagt Rohloff das nächste Treffen mit dem Hinweis auf Verhaltensauffälligkeiten Johannas ab und boykottiert den weiteren Umgang. Sie schreibt Widmann: »Solange wir nicht das Gefühl haben, dass es dir wahrhaftig um das Wohlergehen von Johanna geht, findet der Umgang nicht mehr statt.«

Die Gutachterin notiert: »Die Mutter kann nicht wahrnehmen, dass der Vater sich zu Johanna tatsächlich liebevoll, umsichtig und rücksichtsvoll verhält und dass eine schützenswerte Beziehung entstanden ist.«

Daraufhin passiert – gar nichts.

Rohloff setzt den Umgang eigenmächtig aus, und niemand tut etwas dagegen. Die Gutachterin sagt, sie müsse erst das Gutachten fertig stellen. Das dauert drei Monate länger, als ursprünglich geplant. Widmann fühlt sich ohnmächtig und wütend.

Und beim nächsten Gerichtstermin heißt es lediglich, die Eltern müssten ruhiger werden, vorher könne Widmann Johanna nicht sehen. Auch das ist »normal«: Die Gerichte sorgen oft nicht dafür, dass Umgang wirklich stattfindet – obwohl sie etwa durch die Verhängung eines Zwangs- und seit 2009 auch eines Ordnungsgeldes die Mittel dazu hätten. Knapp die Hälfte der Väter erhält keine oder so gut wie keine Unterstützung zur Durchsetzung des Umgangs durch ein Gericht. Wenn sie ihr Kind dennoch alle zwei Wochen zu sehen bekommen, können sie sich glücklich schätzen, weil sie damit zu einer Minderheit gehören: Lediglich ein Drittel der Väter ohne Sorgerecht sieht seinen Nachwuchs nach der Trennung regelmäßig, ein weiteres

Drittel deutlich seltener, als (vom Gericht) festgelegt, und ein Drittel überhaupt nicht. Jeder Dritte dieser Väter, die ihre Kinder überhaupt nicht sehen, hat sein Kind schon seit mehr als zwei Jahren nicht gesehen. Das heißt: Wenn der Vater erst mal verlassen ist, bleibt er das auch[32]. Aus einigen Studien geht hervor, dass sogar die Hälfte der Väter ohne Sorgerecht ihre Kinder überhaupt nicht mehr sehen darf und dass die Umgangsverweigerung schon ein Jahr nach der Scheidung beginnt.[33] Nach dem Ersten und Zweiten Weltkrieg, die Millionen von vaterlosen Kindern hinterließen, wächst nun also eine neue Generation vaterloser Kinder heran[34].

Widmann wendet sich nach dieser Absage abermals an eine Gutachterin, die sich auf seinen Wunsch hin mit Johanna in Verbindung setzt. Fünf Tage später teilt sie mit, Rohloff berichte, Johanna äußere einen entschiedenen Widerwillen gegen den Umgang mit ihm. Die während der Begutachtung erreichten Fortschritte hinsichtlich eines regelmäßigen Umgangs, so die Gutachterin, würden derzeit zunichte gemacht. Die von der Mutter berichteten Verhaltensauffälligkeiten Johannas nach Umgangskontakten würden aus kinderpsychologischer Sicht auf den nach wie vor anhaltenden massiven Konflikt zwischen den Kindeseltern, vor allem aber auf die mangelnde Bereitschaft der Mutter, die veränderte Haltung des Vaters wahrzunehmen, zurückgeführt. Die Mutter sei nicht bereit oder in der Lage, Äußerungen und Verhaltensauffälligkeiten ihres Kindes als Ausdruck ihrer eigenen mütterlichen Ambivalenz zu interpretieren und angemessen zu begleiten. Anstatt Johanna Hilfestellung zu geben, wie sie ihre positiven Erlebnisse mit Widmanns neuer Familie und ihm selbst darstellen und verarbeiten könne, fokussiere sie auf Johannas in Stresssituationen auftretende Verweigerungshaltung und verstärke diese. Aus psychologischer Sicht sei nicht zu erwarten, dass Johanna auf der Grundlage der derzeitigen Situation dem Umgang von sich aus emotional zustimmen könne. Ohne eine Veränderung der Einstellung, insbesondere der Mutter, werde sich die derzeitige Situation verfestigen.

Rohloff und Widmann sollen daraufhin eine Familienberatungsstelle besuchen. Widmann hat schon einige Erfahrung damit und ist nicht besonders glücklich darüber. Er findet, dass dort Leute sitzen, die sich darum bemühen, wertneutral an die Beratung heranzugehen, was im Prinzip zu begrüßen sei. Doch diese Berater blendeten mit Absicht aus, wie sich eine Beziehung entwickelt habe. Sie beschränkten sich darauf, Mann und Frau zusammen zu erleben und bildeten sich ein, sie könnten deren Konflikte auf dieser Basis klären. Für Widmann ist das angesichts der Vorgeschichte ein Ding der Unmöglichkeit.

Am Tag der ersten Beratung bringt Rohloff Weber mit. Daraufhin erklärt Widmann: »Ich möchte mit diesem Herrn nicht zusammen in die Beratung, ich möchte mit der Mutter meiner Tochter in die Beratung, und er soll draußen bleiben.«

Weber bleibt sitzen.

Die Beraterin stellt daraufhin fest, Widmann sei beratungsresistent. Beim Jugendamt macht Widmann die gleiche Erfahrung: Obwohl die Mitarbeiter unparteiisch sein wollen, ergreifen sie doch Partei.

Heute weiß er: »Es ist einfach so, dass die Mutter machen kann, was sie will, da sagt niemand: ›Mutter, komm mal zur Besinnung!‹ Es entstehen Pausen von einem Jahr, bis sich das Gericht zu irgendetwas entschließt. Anja hat nie auch nur eine einzige konkrete Auflage bekommen. Niemand hat ihr jemals gesagt: ›Wie kommen Sie dazu, einfach den Umgang abzubrechen? Der ist gerichtlich festgelegt!‹ Da ist eine Lücke im System.«

Eine Lücke, was die Rechte des Mannes angeht. Um Mütter nämlich kümmern sich die Jugendämter geradezu rührend: Doppelt so oft wie Väter ohne Sorgerecht erhalten Mütter mit alleinigem Sorgerecht deren Unterstützung[35]. Dass diese

Unterstützung durch das Amt nichts mit der Verteilung des Sorgerechtes, aber sehr viel mit dem Geschlecht der Sorgeberechtigten zu tun hat, zeigt sich, wenn man einen Blick auf die Hausbesuche wirft, die Jugendamtsmitarbeiter durchführen: Väter ohne Sorgerecht für ihre Kinder erhalten in zwei Prozent der Fälle Besuch vom Jugendamt. Mütter ohne Sorgerecht indessen in achtzehn Prozent der Fälle, also neunmal so oft[36]. Das heißt: Mütter werden vom Staat unterstützt, weil sie Mütter sind. Väter werden vom Staat nicht unterstützt, obwohl sie Väter sind. Das Recht der Mütter auf ihre Kinder gilt in Deutschland mehr als das Recht der Väter auf ihre Kinder.

Dazu passt auch, dass häusliche Gewalt von Frauen gegen Männer in Deutschland als ein quasi nicht existentes Problem angesehen wird. Die Zahl männlicher Gewaltopfer ist nach offizieller Lesart so gering, dass sie statistisch nicht ins Gewicht fällt. Ein Blick auf den Anteil weiblicher Tatverdächtiger bei innerfamiliärer Gewalt zeigt indes: Bei den über 21jährigen liegt er je nach Landeskriminalamt zwischen zwölf und 22 Prozent[37]. Eine wissenschaftlich begleitete Untersuchung der Polizeidirektion 7 in Berlin ergab: In jedem fünften Fall von häuslicher Gewalt gegen Männer war eine Frau die Tatverdächtige. Und in einer 2004 im Auftrag des Familienministeriums erstellten Studie über »Gewalt gegen Männer«[38] fand der Soziologe Hans-Joachim Lenz heraus, dass 26,8 Prozent aller befragten Männer nach eigenen Angaben schon einmal Gewalt von ihrer Partnerin erlebt hatten, Verletzungen trugen 25 Prozent der Befragten davon – von Kratzern bis zu ernsthaften Schäden. Keiner seiner Probanden, so Lenz, habe allerdings Anzeige erstattet, noch nicht einmal ein Polizist, den seine Partnerin so verletzt hatte, dass er sich im Krankenhaus behandeln lassen musste. Für dieses Schweigen der Männer liefert der Wissenschaftler eine Erklärung: »Männer müssen sich entscheiden, ob sie Mann oder Opfer sein wollen. Beides zusammen geht nicht.«

In Berlin wurde im Jahr 2003 das erste »Männerhaus« gegründet – ein Haus, das von Frauen misshandelten Männern Hilfe gewährt[39]. In der Realität zementieren Frauen- und Gleichstellungsbeauftragte, Politiker und Behördenmitarbeiter jedoch unermüdlich das dumpfe Feindbild vom Prügelmann und tragen so dazu bei, dass Frauen als Täterinnen im öffentlichen Bewusstsein nicht auftauchen. Salonfähig ist allein der Gedanke, dass es Gewalt gegen Frauen und Mädchen gibt. So heißt es in der Broschüre »Gegen Gewalt«, die vom Frauenbüro der Stadt Münster herausgegeben wird: »Gewalt ist [...] das, was Frauen und Mädchen individuell als Gewalt empfinden.«

Als der Gerichtstermin im Mai 2004 doch zustande kommt, läuft Rüdiger Weber an Widmann vorbei und schneidet ihm eine Grimasse. Widmann versetzt ihm einen Tritt in den Hintern und ruft: »Du Riesenarschloch!«

Seine Wut und Ohnmacht, die sich in den Jahren zuvor angesammelt haben, brechen sich Bahn in diesem Tritt.

Darauf folgt der zweite Strafantrag. Widmann weiß: »Das hätte ich nicht tun dürfen. Man muss sich ums Verrecken zurückhalten. Auch wenn man über Jahre hinweg um den Umgang kämpfen muss und seitens der Kindsmutter immer wieder alle möglichen Mätzchen veranstaltet werden, damit der Umgang ausfällt.«

Aus dem Tritt wird eine Bluttat gemacht. Weber behauptet, Widmann habe ihn niedergeschlagen. Im Strafantrag steht: »Ein heftiger Tritt mit dem beschuhten Fuß des Beschuldigten in die Kniekehle hat den Beschädigten zu Boden gestürzt.« Dem Umgangsverfahren tut das nicht gut. Rohloff und Weber können nun behaupten, Widmann sei gewalttätig. Plötzlich heißt es: »Dem kann man ja kein Kind anvertrauen, diese Spannung kann man dem Kind nicht zumuten.«

In dieser Zeit besucht Rohloff mit Johanna auch Widmanns Mutter. Widmann ist klar: Es ist ein kalkulierter Besuch, mit dem Rohloff zeigen will, dass sie nicht sein ganzes Umfeld boykottiert, sondern dass Johanna nur ihn nicht sehen möchte. Sozusagen ein Alibibesuch, den sie auch sofort vor Gericht verwendet. Seine Mutter schreibt Rohloff daraufhin einen Brief und teilt ihr mit, dass sie es sich verbittet, instrumentalisiert zu werden. Seitdem ist der Ofen zwischen Rohloff und ihr aus.

Im Oktober 2004 schließlich legt die vom Gericht eingesetzte psychologische Gutachterin ihren Bericht vor. Ein Jahr lang hat sie daran gearbeitet. Sie geht darin zunächst auf die Vorgeschichte von Widmann und Rohloff ein. Widmann habe einen gewalttätigen Vater gehabt, der früh gestorben sei. Er reagiere wie er, und wenn er sich ohnmächtig fühle, versuche er, seinen Willen mit Gewalt zu erzwingen. Wie es Johanna in solchen Momente gehe, blende er aus. Bei Rohloff, die ihren Vater als »Leerstelle in ihrem Leben« bezeichne, da er Frau und Kinder früh verlassen habe, löse die Trennung von Widmann abermals eine immense Kränkung aus. Sie erlebe Widmann, ebenso wie ihren eigenen Vater, als nicht an seinem Kind interessiert. Je mehr Johanna zum Vater dränge, desto weniger erlaube Rohloff dies. »Somit wird Johanna als verlängertes Selbst der Mutter daran gehindert«, eine Beziehung zu Widmann aufzubauen. Wenn sie Widmann sehen wolle, gerate Johanna mit Rohloff in Konflikt. Ihre Wutanfälle aber würden von Rohloff und Weber »als Beweis dafür gedeutet, dass es Johanna beim Vater« nicht gefalle und er sich schädlich verhalte. Rohloff könne einen Mann nur dann als Vater akzeptieren, wenn er auch sie selbst liebe. Das sei bei Weber der Fall. »Dass sie sich dabei ähnlich verhält wie ihre eigene Mutter und die kindlichen Bedürfnisse Johannas dominiert und kontrolliert, ist ihr wahrscheinlich nicht bewusst.«

Für Johanna sei es eigentlich gut, wenn sie Widmann sehe. Aber nur dann, wenn die Eltern aufhörten zu streiten. Außerdem müsse der Vater akzeptieren, dass Rüdiger Weber die wichtigste männliche Bezugsperson für Johanna sei. Beides sei zur Zeit nicht der Fall. Die nonverbale Einstellung beider Eltern zueinander sei durch »Ablehnung, Hass, die Projektion feindlicher Verhaltensweisen und Misstrauen« gekennzeichnet. Insbesondere durch den Vater werde eine Spaltung vermittelt. Seine Aggressivität und Unbeherrschtheit seien die »vorrangige Ursache« für die jetzige Situation. Johanna könne die Feindseligkeiten beider Eltern nicht ausgleichen, bei jeder Übergabe gerate sie in Stress. Sie verhalte sich konform zum jeweiligen emotionalen Erwartungsdruck, deswegen sage sie zu Rohloff, sie wolle Widmann nicht sehen. Zu Widmann hingegen habe sie gesagt, sie wolle ihren Geburtstag bei ihm feiern und nicht bei Rohloff. Sie lehne den Umgang mit Widmann im Vorfeld ab, genieße ihn dann aber. Sie tue immer das, was sie solle, und sei damit völlig überfordert. Deswegen sei es für Johanna das Beste, wenn sie Widmann nicht mehr sehe – so lange, bis er seinen Hass auf Weber abbaue. Johanna fühle sich zwar wohl mit Widmann, aber insgesamt müsse sich die Lage erst entspannen.

Daraufhin beginnen Widmann und Rohloff eine Psychotherapie, selbstverständlich getrennt voneinander.

Die Richterin entscheidet auf das Gutachten hin gar nichts, sondern beraumt einen neuen Anhörungstermin an. Der soll ein halbes Jahr später stattfinden, und in dieser Zeit soll Widmann Johanna wieder nicht sehen. Widmanns Anwältin schreibt darauf an das Familiengericht, man solle den Anhörungstermin vorverlegen, denn Johanna könne nicht wissen, weshalb Widmann nicht mehr komme. Sie denke, wenn er sie lieb habe, müsse er sie häufiger sehen. Da nur Rohloff immer bei ihr sei, müsse sie denken, Widmann habe sie nicht lieb. Das führe zu Enttäuschung und Abwendung, und irgendwann gebe sie die Hoffnung auf ein Wiedersehen auf und lehne ihren Vater ab. Das wiederum habe zur Folge, dass die noch sichere Bindung zwischen Johanna und Widmann erst ambivalent-unsicher, dann unsicher-vermeidend und schließlich destruktiv werde. Es sei davon auszugehen, dass Rohloff das ihre tue, um immer noch mehr Salz in diese Wunde zu streuen. Dadurch werde es bei einem Wiedersehen schwerer für Widmann, Johannas Vertrauen zu ihm wieder aufzubauen.

Doch nichts geschieht, im Gegenteil, der Anhörungstermin wird noch weiter nach hinten verschoben.

Die vom Gericht eingesetzte psychologische Gutachterin meldet sich ein Jahr später – immer noch gab es keinen neuerlichen Anhörungstermin – abermals zu Wort. Sie erklärt, Widmann habe im Rahmen der Psychotherapie an sich gearbeitet und sei zu einem konstruktiven Miteinander bereit. Die Mutter mache auch eine Therapie, sage aber weiterhin, dass sie sich mit Widmann nicht aussöhnen könne. Die Gutachterin interpretiert die Aussagen Rohloffs als »Weigerung, die für eine Umgangsanbahnung erforderliche Basis zwischen den Eltern herzustellen«. Rohloff empfinde »ihr Familiensystem in Düsseldorf als sehr ausgeglichen«. Der Vater und seine Familie würden sich insoweit als ein störender Faktor darstellen. Das Interesse der Mutter sei es, »dass Johanna einen Umgang mit dem Vater nicht will«. Die Aussagen Johannas zeigten zudem, »dass die Mutter ihrer Tochter gegenüber nicht wertschätzend über den Vater spricht und ihr an einem Erhalt der Vater-Tochter-Beziehung nicht gelegen ist«. Sie wünsche, dass Johanna ihn erst dann wieder sehen solle, wenn Johanna selbst es wolle. »Eine völlige Entfremdung zwischen Johanna und ihrem Vater« werde die Folge sein. »Es ist nicht zu erwarten, dass Johanna im mütterlichen Umfeld den Wunsch nach einer Beziehung zum Vater entwickeln kann, solange sie emotional von der Mutter abhängig ist.« Schon jetzt spreche einiges dafür, dass Johanna sich ihrem Vater entfremdet fühle, zumindest dann, wenn man den Aussagen ihrer Mutter glaube. Rohloff behaupte, Johanna wolle den Vater nicht sehen, sie nenne zwar keinen Grund dafür, äußere sich aber sehr drastisch: »Er solle sich den Umgang von der Backe putzen.« Johanna habe, glaube man Rohloff, lange Zeit nicht gewusst, wen sie als Papa ansprechen solle. Inzwischen habe sie sich freigeschwommen und sei froh, dass Ruhe sei.

Laut Klenner stellen die Äußerungen Rohloffs gegenüber der Gutachterin eine Art ritualisierten Verhaltens bei Umgangsboykott dar – alle entziehenden Elternteile bedienten sich dieser Argumentation. Sie sei dadurch gekennzeichnet, dass der das Kind festhaltende Elternteil das Kind vorschicke, weil er oder sie sich dies inzwischen leisten könne. Der entfremdende Elternteil könne sich zu diesem Zeitpunkt sicher sein, dass das Kind sich dem zu entsorgenden Elternteil nicht mehr zuwenden werde. Klenner hat beobachtet: »Regelmäßig erklärt dieser Elternteil, das Kind könne ja den anderen Elternteil besuchen, wenn es wolle, aber es wolle ja nicht. Tatsächlich kann aber das Kind nicht, wenn es auch wollte[40].« Diese Manipulation der kindlichen Persönlichkeit werde oft verkannt, häufig sogar bei der offiziellen Anhörung des Kindes. Von Mitarbeitern des Jugendamtes oder durch gerichtlich bestellte Sachverständige werde nämlich bisweilen angenommen, die durch Befragungen gewonnene Aussage des Kindes, den anderen Elternteil nicht besuchen zu wollen, entspreche dem freien Willen des Kindes. In Wirklichkeit aber verfüge ein Kind im Spannungsfeld zwischen seinen Eltern keineswegs über einen freien Willen. Vielmehr sei es von dem Elternteil, bei dem es lebe, abhängig und könne es sich nicht mit ihm verderben. »Wes Brot ich ess, des Lied ich sing«, sagt der Volksmund dazu.

Die vom Gericht eingesetzte Gutachterin indessen zieht eigene Schlüsse aus den neuen Entwicklungen, die einerseits überraschend sind, andererseits auch wieder nicht. Zunächst sieht sie die Dinge wie Wolfgang Klenner: Die derzeitigen Probleme bei der Umgangsregelung seien der Mutter zuzuschreiben. Das »maßgebliche Problem« liege darin, »dass die Mutter einen Umgang mit dem Vater nicht unterstützt«. Es sei Johanna nicht zuzumuten, in diesem Spannungsfeld aufzuwachsen. Sie sei nicht in der Lage, »die Spannungen der Eltern auszugleichen«. Sie würde den Vater zwar gerne sehen, könne das aber gegenüber der Mutter nicht formulieren. »Johanna spürt, dass die Mutter einen Umgang mit dem Vater nicht wirklich will.« Kinder seien leicht zu beeinflussen.

Ihr Fazit aus all dem lautet jedoch: Widmann soll Johanna nicht mehr sehen. Der Umgang soll ausgeschlossen werden, das sei das Beste für Johanna. Wenn die Mutter es nur wolle, könne der Umgang aber jetzt wieder beginnen.

Diese Empfehlung der Gutachterin für den Umgangsausschluss ist nach modernen Erkenntnissen der Bindungsforschung grundfalsch. Dennoch folgen ihr die Gerichte nach wie vor gerne. Denn tatsächlich kommt das Kind, wenn es keinen Umgang mit dem Vater mehr hat, dem Augenschein nach erst einmal zur Ruhe. Es fragt immer weniger nach ihm, erwähnt ihn bald gar nicht mehr, so als habe es ihn vergessen. Dieser äußere Schein, so sagt es beispielsweise Klenner[41], »täuscht jedoch darüber hinweg, dass das Kind, so ohnmächtig, wie es dem Erwachsenen ausgeliefert ist, ganz einfach resigniert und alles, was mit dem anderen Elternteil zu tun hat, zu seinem Selbstschutz unter ein Tabu« stellt. »Dass es sich dabei um eine trügerische, sogar die kindliche Entwicklung gefährdende Ruhe handelt, das hat man anderswo längst begriffen.« Früher, so Klenner, durften Kinder in den ersten Wochen eines Krankenhausaufenthaltes nicht besucht werden. Sie sollten erst einmal zur Ruhe kommen. Es folgten die Phasen der Auflehnung, der Verzweiflung und der Loslösung[42]. In der Phase der Verzweiflung werde das Kind ruhiger, sodass das Besuchsverbot richtig gewesen zu sein scheint. Ist dann ein Besuch wieder zugelassen, wird das Kind in einem Zustand der Apathie angetroffen. Es hat die Phase der Loslösung oder Ablehnung erreicht. Kehrt das Kind dann wieder nach Hause zurück, müssen die Eltern ihm laut Klenner helfen, die ihm zugefügte Beziehungsstörung zu überwinden.

Zur Gerichtsverhandlung im Fall Widmann kommt es schließlich ein ganzes Jahr später, Ende Februar 2006. Die Richterin schließt sich der Meinung der Gutachterin an und entscheidet, dass Widmann Johanna für anderthalb Jahre nicht mehr sehen darf. Dass er sie schon in den anderthalb Jahren zuvor nicht mehr gesehen hat, weil Rohloff den vom Gericht festgesetzten Umgang eigenmächtig ausgesetzt hat, spielt dabei keine Rolle. Fortan darf er ihr alle drei Monate eine Karte schreiben und zum Geburtstag und zu Weihnachten ein Geschenk schicken. Rohloff muss ihm ebenso oft ein aktuelles Foto seiner Tochter schicken und ihm Kopien ihrer Schulzeugnisse zukommen lassen.

Zwar gebe es »keine Zweifel daran, dass ein Umgang von Johanna mit ihrem Vater für ihre Entwicklung sehr wichtig und damit kindeswohldienlich wäre«, sagt die Richterin. Aber sie sei den Spannungen nicht gewachsen, die »maßgeblich durch die ablehnende Haltung der Mutter verursacht werden«.

In einer Anhörung habe Johanna erzählt, dass sie glaube, dass ihre Mutter einen Kontakt zwischen ihr und dem Vater wahrscheinlich nicht wolle. Die Mutter möge den Vater nicht. Wenn Rohloff also behaupte, Johanna wolle Widmann nicht sehen, so stimme das nicht. Vielmehr äußere sich Johanna »gegenüber der Mutter loyal und in der von dieser erwarteten Art und Weise«. Die Richterin nimmt es Rohloff auch nicht ab, dass sie versucht habe, den Umgang zwischen Johanna und Widmann zu fördern. Vielmehr vermutet sie, dass »sie diese Haltung dem Kind nicht positiv vermittelt hat, da sie nicht ihrer inneren Einstellung entspricht. Das Kind wird durch die negative Haltung der Mutter vielmehr daran gehindert, eine eigenständige Beziehung zum Vater aufzubauen und Wünsche hinsichtlich des Umgangs zu formulieren.«

Widmann habe aufgrund seiner aggressiven und abwertenden Haltung einen wesentlichen Anteil an dieser Entwicklung. Sein Verhalten sei die Ursache dafür gewesen, dass die Mutter jetzt so unversöhnlich sei. Er habe sich aber geändert und sei bereit, an sich zu arbeiten.

Die Sachverständige sage ebenfalls, man könne deshalb mit dem Umgang beginnen. Auch Johanna wolle das. Die Mutter aber sei dagegen und verhalte sich »passiv aggressiv«. Sie sei schuld daran, dass der Umgang nicht stattfinden könne. Es seien Anhaltspunkte für eine Erziehungsunfähigkeit der Mutter gegeben, so die Richterin, da die Mutter Johanna keinen spannungsfreien Umgang mit ihrem Vater ermögliche. Da sie aber sonst eine gute Mutter sei, komme es nicht in Frage, ihr das Sorgerecht zu entziehen.

Schlussendlich ist es also so: Das Gericht will der Mutter das Kind nicht absprechen, weil es findet, es sei das kleinere Übel, wenn der Vater außen vor bleibt.

Nach diesem Beschluss geht Widmann in Berufung. Ein halbes Jahr später, Ende 2006, wird der nächste Beschluss gefasst, es heißt darin in Anlehnung an die Erkenntnisse der neueren Bindungsforschung, die erstinstanzliche Regelung sei völliger Quatsch. Johanna sei nach drei Jahren völlig entfremdet. Es müsse ein begleiteter Umgang her. So dreht sich das Karussell für Vater und Tochter weiter.

Auch für Volker Bode kommt der Tag des ersten vom Oberlandesgericht festgelegten begleiteten Umgangstermins, bei dem laut richterlichem Beschluss Prinz' Eltern die Rolle der normalerweise einen begleiteten Umgang durchführenden Sozialarbeiter übernehmen sollen. Als Bode am Samstagnachmittag um halb vier zu Prinz' Elternhaus fährt, ist er ziemlich aufgeregt. Er hat den Teddy, den Holzlaster mit den Klötzchen und einen bunten Ball eingepackt, außerdem einen Fotoapparat, denn er hat trotz gerichtlicher Anordnung noch immer kein einziges Foto von seinem Sohn.

Als er vor dem Haus geparkt hat und aus dem Auto steigt, erscheint ein Mann, der ein paar Dinge aus seinem ebenfalls am Straßenrand parkenden Wagen holt und dabei ziemlich auffällig in Bodes Auto stiert. Er trägt seine Last hinunter in die Souterrainwohnung, in der Prinz vorgibt, immer noch zu leben. Bode klingelt, der Hund von Prinz' Eltern bellt, doch bevor jemand öffnen kann, kehrt der Mann mit Prinz im Schlepptau wieder zurück.

»Guten Tag«, überwindet Bode sich zu sagen.

»Wo bist du gestern gewesen?«, schnappt Kerstin Prinz und hält ihm ein Schreiben ihres Anwalts unter die Nase, aus dem hervorgeht, dass der heutige Umgangstermin abgesagt und auf den gestrigen Freitag vorverlegt werden musste. Bode hat es nie zuvor gesehen.

»Wo ist denn deine Mutter?«, fragt er, äußerlich ruhig.

»Die ist heute Morgen in den Urlaub gefahren.«

»Und deswegen findet jetzt kein Umgang statt?«, vergewissert er sich ungläubig.

»Nein, gestern haben hier alle auf dich gewartet, und jetzt schläft Dominik.«

Er glaubt ihr nicht, dass ihre Mutter im Urlaub ist. Bisher jedenfalls hat sie den Hund immer mitgenommen, wenn sie verreist war. Aber ausrichten kann er hier nichts mehr, das ist ihm klar. Also steigt er wieder ins Auto und fährt nach Hause.

Was wirst du später einmal über diese ganze Sache denken? Für irgendeine Version wirst du dich ja irgendwann einmal entscheiden. Hat sich dein Papa einfach so vom Acker gemacht und wollte nichts von dir wissen (das wird wohl die Version sein, die du in deinem Umfeld hören wirst)? Oder glaubst du mir, dass ich dir wirklich ein richtiger Papa sein wollte? Keine Ahnung, wie es weitergeht. Meine einzige Hoffnung ist, dass du der Selbstherrlichkeit und ziemlich plumpen Dummheit um dich herum widerstehen kannst und uns die Sache in Zukunft umso enger zusammenschweißen wird.

Zum ersten Umgangstermin kommt es schließlich Ende April, anderthalb Jahre nach Dominiks Geburt. Im Vorfeld ist Bode sehr angespannt, denn er fürchtet, dass es irgendeinen Eklat geben und der Kleine darunter leiden wird. Gleichzeitig freut er sich aber wahnsinnig auf Dominik. Er hat ihn ja außer dieser halben Minute im Krankenhaus noch nie gesehen, hätte ihn auf der Straße nicht erkannt. Und er macht sich Gedanken, was er mit ihm spielen wird, wie er mit ihm umgehen soll. Er klingelt also um Punkt 16 Uhr an der Haustür, und tatsächlich macht ihm Prinz' Vater die Tür auf. Damit hat er gerechnet – er hat nicht im Ernst daran geglaubt, dass Familie Prinz sich an das halten würde, was der Richter beschlossen hat. Und tatsächlich: Sowohl ihr Vater als auch Prinz bleiben während des gesamten Umgangs dabei, obwohl laut Gerichtsbeschluss eigentlich nur ihre Mutter anwesend sein sollte. Aber er lässt sich gar nicht aus der Ruhe bringen, sondern versucht, die Situation so gut wie möglich zu genießen. Er hat einen Korb mitgebracht, in dem sich einige der Geschenke befinden, die Dominik in den vergangenen anderthalb Jahren von seinen Eltern, seiner Schwester und ihm bekommen hat – ein paar Bilderbücher, ein Ball und Bauklötze. Er hat die Sachen allerdings nicht eingepackt, damit es nicht so aussieht, als wolle er ihn bestechen.

Die beiden spielen auf dem Wohnzimmerfußboden, während Familie Prinz drum herumsitzt. Für Bode ist es der glücklichste Tag seit langem. Er kann das kleine Händchen seines Sohnes drücken, ihn ansehen, ihn auf den Arm nehmen! Es ist schön, unendlich schön! Zunächst ist Dominik noch ziemlich müde und quengelig, aber dann wird er zusehends wacher und blickt seinen Vater mit großen, neugierigen, strahlend blauen Augen an, intensiv und lange, er scheint unentschlossen, aber Bode hat das Gefühl, sein Sohn spüre, dass er nicht einfach irgendjemand für ihn sei.

Doch wie er erwartet hat, ist das Glück dieser Begegnung

nur von kurzer Dauer. Beide sind mitten ins Spiel vertieft, während die drei um sie herumsitzen, da kommt Dominik mit dem Kopf in die Nähe des Couchtisches. Es ist nichts passiert, er hat sich nicht gestoßen, aber plötzlich behaupten Prinz und ihre Eltern: »Er hat sich den Kopf gestoßen an der Tischkante!«

Bode ignoriert es einfach, und ansonsten verläuft diese erste Begegnung reibungslos.

Bleibt nur zu hoffen, dass jetzt alles nach Plan läuft: Im Mai ein weiteres Kennenlernen bei deiner Oma mütterlicherseits, im Juni gehe ich mit dir ins Kinderturnen, und im Juli kann ich dich dann hoffentlich mal mit zu mir nehmen, dann kannst du auch Oma und Opa in Augsburg einmal kennenlernen. Du bist ja letzten Freitag immerhin schon 1 ½ geworden, da wird es doch allerhöchste Zeit, einmal den Rest der Familie kennenzulernen.

Ich lasse dich nicht mehr los, ich bleibe bei dir, hoffentlich spürst du das. Dein Papa ist da, da für dich. Ich freue mich auf unser zweites Mal. Machs gut, Kleiner!

In Liebe
Dein Papa

Beim nächsten Umgangstermin spielen Vater und Sohn im Garten, und Prinz, die dieses Mal nicht dabei ist, läuft alle halbe Stunde am Gartentor vorbei. Jedes Mal, wenn Dominik sie sieht, unterbricht er das Spiel mit dem Vater, weint und ruft: »Mama, Mama!«

Sie bleibt aber nicht stehen, sondern geht weiter, um kurz darauf wieder aufzutauchen und den Kleinen wieder aus dem Konzept zu bringen. Immerhin beruhigt er sich jedes Mal schnell, wenn sie wieder verschwunden ist.

Im Großen und Ganzen verlaufen die Umgangstermine für Bode aber äußerst beglückend, und auch Dominik hat sich an ihn gewöhnt und scheint das Zusammensein mit seinem Vater zu genießen. Und so kommt der Tag, an dem Dominik, Prinz'

Mutter und Bode zum ersten Mal gemeinsam zum Kinderturnen gehen sollen. Als Bode an der Haustür klingelt, erscheint Prinz, die ja eigentlich gar nicht dabei sein soll, mit Dominik und dem Buggy unten an der Treppe zum Souterrain und fährt ihn an: »Kannst du nicht mal helfen – den Buggy da die Treppe hoch!«

Er schweigt und packt mit an, doch plötzlich, mitten auf der Treppe, schreit sie auf und behauptet, er habe ihr den Ellbogen in die Seite gerammt. Sie macht ein Höllentheater, sodass Dominik ganz verschreckt guckt. Also trägt Bode den Buggy alleine weiter die Treppe hoch, und dann gehen Prinz' Mutter und er mit Dominik zum Kinderturnen.

Einige Tage später bekommt Bode Post vom Polizeipräsidium: ein orangefarbener Brief mit Senatswappen und Zustellbestätigung. Ihm wird Körperverletzung zur Last gelegt, er wird zur Anhörung geladen. Es erscheint ihm regelrecht absurd. Dennoch begibt er sich zum vereinbarten Termin ins Polizeipräsidium, das er erst einmal suchen muss, so wenig hat er bisher mit der Polizei zu tun gehabt. Als er dort eintrifft, kommt er sich vor wie im Gefängnis. Es gibt eine Schleuse, durch die er hindurchmuss, und überall Panzerglas, und in der Amtsstube, in der er aussagen soll, liegen lauter Flyer auf dem Tisch: Gewaltschutzsachen, häusliche Gewalt, Täter, Opfer – so nach dem Motto »Lerne mit deiner Aggressivität umzugehen«.

Zum Glück ist der Polizeibeamte aber ganz entspannt. Er ist vielleicht Mitte zwanzig, trägt Jeans und eine Art Batik-T-Shirt und wirkt sehr sympathisch auf Bode. Er schildert ihm den angeblichen Tathergang und weist darauf hin, dass Prinz' Mutter ja wohl kaum mit ihm zum Kinderturnen gegangen wäre, wenn er ihrer Tochter etwas angetan hätte. Prinz hat inzwischen ein ärztliches Attest vorgelegt, in dem ihr ein Hämatom auf der linken Seite bescheinigt wird, und Bode erklärt dem Beamten, dass er es doch recht lustig findet, dass sie links einen Bluterguss hat, wo er sie aufgrund der Schilderung des angeblichen Tatorts doch wenn überhaupt nur rechts hätte treffen können.

Obwohl der Beamte sehr nett und freundlich wirkt, hat Bode ein mulmiges Gefühl, während er seine Aussage macht. Denn er hat keine Zeugen, Prinz' Eltern hingegen haben nach jener Begegnung im Krankenhaus schon einmal eine frei erfundene Aussage gegen ihn gemacht. Mit einem Fuß sieht er sich schon im Gefängnis, denn eine Anzeige wegen Körperverletzung kommt ihm nicht direkt wie ein Kavaliersdelikt vor.

Als er fertig ist, lässt der Beamte allerdings durchblicken: »Wissen Sie, das Zeug wird eh nicht weiterverfolgt. Sie glauben gar nicht, was für Anzeigen hier auflaufen.«

Das beruhigt Bode ein wenig. Und tatsächlich wird er nie wieder etwas von dieser Sache hören.

Den Umgang mit Dominik bricht Prinz nach diesem »Angriff« mit sofortiger Wirkung ab. Bode ist unendlich wütend. Nicht nur, weil er seinen Sohn nicht mehr sehen soll. Sondern auch, weil der ihm so leidtut. Irgendwann würde er mit den widersprüchlichen Aussagen seiner Eltern konfrontiert werden und sich Gedanken darüber machen. Wenn er dann seinem Vater glauben würde, würde das bedeuten, dass seine Mutter gelogen hätte. Und wenn er ihr glaubte, müsste er denken, Bode selbst hätte seine Mutter geschlagen. Beides wäre schlimm für ihn – er wäre der größte Verlierer von allen dreien. Und die Wahrheit würde er ohnehin nicht herausbekommen, wenn er sich in fünfzehn Jahren oder noch später dieser Situation nähern wollte. Er würde nie wissen, wo er stehen würde.

Doch damit nicht genug. Kurz darauf flattert Bode ein weiteres Schreiben von Prinz' Familie ins Haus. Es ist ein Mahnbescheid von Kerstins Vater. Er gibt vor, Bode schulde ihm seit fast drei Jahren 475 Euro Miete – obwohl der nie bei ihm und nie mit Prinz zusammen gewohnt hat. Bode denkt: »Meine Güte, hätte er wenigstens 5000 Euro gesagt, dann hätte sich die Sache für ihn wenigstens gelohnt.« Aber innerlich kocht er, er hätte am Liebsten alles hingeschmissen, der Magen dreht sich ihm um, und er fragt sich, ob er denn der einzige normale Mensch auf dieser Welt sei.

Er legt Widerspruch ein, und so kommt es zu einer erneuten Gerichtsverhandlung. Der Richter sieht ungewöhnlich aus, er ist Anfang dreißig, hat eine ziemlich trendige Frisur und ist nicht direkt eine Respektsperson. Eingangs erklärt er Bode und Prinz, es stünden diametral gegensätzliche Aussagen im Raum, die beide bezeugt würden – also müsse einer von beiden lügen. Er wolle die Sache daher im Anschluss an die Staatsanwaltschaft schicken, die klären solle, wer lüge, und diese Person könne dann mit einem Jahr Gefängnis rechnen. Ob man sich nicht gütlich einigen wolle?

Da die Mietforderung aber völlig aus der Luft gegriffen ist und nur einen Baustein von vielen Lügen darstellt, erklärte Bode: »Es geht mir hier nicht um die Hand voll Euros oder um das Doppelte oder Vierfache des Betrages. Das Geld tut mir nicht weh, und der Kläger ist auf das Geld nicht angewiesen. Was mir wichtig ist, ist, dass ich in zehn oder fünfzehn Jahren meinem Sohn gegenüberstehen werde und ihm erklären muss, warum ich in meinem Leben alles halbwegs auf die Reihe bekommen habe, aber als Vater total versagt habe. Ich möchte ihm dann zumindest sagen können, dass ich alles versucht habe, um ihn kennen zu lernen, und dass ich immer bei der Wahrheit geblieben bin und mich nicht auf das Niveau der Kläger eingelassen habe. Daher werde ich auch jetzt bei der Wahrheit bleiben. Es geht mir nicht darum, möglichst billig wegzukommen, sondern meiner Linie im Kampf um meinen Sohn treu zu bleiben.«

Dann ist Prinz' Vater an der Reihe. Er kann zwar keinen von Bode unterschriebenen Mietvertrag vorlegen. Doch sagt er aus, Bode habe mit der gesamten Familie Prinz am großen Wohnzimmertisch gesessen und sich bereit erklärt, anteilige Miete für die Souterrainwohnung zu zahlen. Prinz und ihre Mutter bezeugen, dass es so gewesen sei. Bode hat seine Nachbarin mit in die Verhandlung gebracht, die bestätigt, dass er die ganze Zeit über in seiner Wohnung gelebt hat. Prinz hat einen Einzelverbindungsnachweis ihrer Telefonkosten bei Gericht eingereicht und argumentiert, dass nicht sie unter der Woche oft bei Bode übernachtet habe (wie er es dargestellt hat), sondern dass er bei ihr gewohnt habe. Der Richter hat diesen Nachweis im Vorfeld offensichtlich sehr genau studiert, denn er fragt Bode zunächst nach seiner Telefonnummer und stellt dann fest, dass von Prinz' Apparat aus im fraglichen Zeitraum 23 Gespräche mit Bodes Anschluss geführt worden sind, und zwar alle am Wochenende.

»Wieso haben Sie denn so viel mit einer leeren Wohnung telefoniert?«, fragt er Prinz mit einem reichlich ironischen Unterton, und dann wird er richtig sauer. Er sagt: »Einer von euch beiden lügt hier vorsätzlich. Wenn ich dafür keine gute Erklärung erhalte, schicke ich die ganze Sache zur Staatsanwaltschaft.«

Doch Prinz bleibt bei ihrer Aussage, und ihre Eltern auch. Sie rudern lediglich ein wenig zurück, indem sie auf einmal behaupten: »Eigentlich hat Herr Bode nicht wirklich bei uns gewohnt, aber dieser Mietvertrag ist ja trotzdem zustande gekommen.«

Der Richter legt Prinz daraufhin dringend nahe, ihre Aussagen zurückzuziehen. Er schlägt einen Vergleich zugunsten Dominiks vor, um in dieser verfahrenen Situation eine Perspektive aufzuzeigen. Bode soll 300 Euro zahlen, aber nicht an Prinz' Vater, sondern auf ein Sparbuch für ihren gemeinsamen Sohn. Außerdem hält der Richter fest, dass Bode vollkommen unschuldig ist und das Geld freiwillig zahlen wird. Er hofft wohl, dass Prinz daraufhin einsehen möge, dass sie Bode die ganze Zeit über Unrecht getan hat.

Bode geht auf diesen Vergleich ein, weil ihm 300 Euro nicht wehtun und die Sache damit aus der Welt ist. Aber danach geht es ihm zwei Tage lang schlecht. Was würde Dominik später einmal über ihn und Prinz denken? Was für Knallköpfe hatte er als Eltern?

Bode hat keine Ahnung, was er tun könnte, um die Situation in irgendeiner Weise zu verändern.

Der eigentliche Verlierer dieses Tages ist Dominik. Das ist ihm klar. Selbst der Richter ist darauf gekommen.

Als sich seine akute Verzweiflung gelegt hat, ärgert er sich unheimlich über seine Nachgiebigkeit und seine Zahlung. Er denkt: »Heute ist es eine aus der Luft gegriffene Mietforderung, was ist es morgen?«

In diesen Wochen fragt er sich jeden Abend, wenn er nach Hause kommt: »Oh, verdammte Axt, jetzt kommt gleich wieder der Briefkasten. Was ist heute wohl für ein Scheiß drin?«

Er hat das Gefühl, als wolle Familie Prinz ihn einfach nur fertigmachen.

Und er soll Recht behalten mit seinen Befürchtungen. Das Nächste, was Prinz ihm anzuhängen versucht, ist ein Gewaltschutzverfahren. Sie stellt – wegen Dringlichkeit ohne vorherige mündliche Verhandlung – einen Antrag auf einstweilige Anordnung: Bode soll sie und Dominik weder bedrohen, verletzen noch körperlich misshandeln, sie nicht demütigen und einsperren, sie nicht anrufen, ansprechen, keine Faxe oder Telegramme schicken, auch keine E-Mails oder SMS. Weiter soll er sich ihrer Wohnung nicht auf mehr als 200 Meter nähern, ebenso wenig dem Mutter- und Kindturnen in der Mehrzweckhalle an ihrem Wohnort. Auf der Straße vor ihrem Haus soll er sich auch nicht aufhalten, ebenso wenig vor Dominiks Kita. Auch soll es ihm untersagt werden, in ihre Wohnung einzudringen und ihr nachzustellen. Er soll auf der Straße einen Mindestabstand von 200 Metern zu ihr und Dominik halten und, sollte es zu zufälligen Begegnungen kommen, sofort den festgelegten Abstand herstellen. Falls er irgendetwas von diesen Dingen trotzdem tue, solle er 250000 Euro zahlen oder für sechs Monate ins Gefängnis gehen. Ihre Begründung für all das: Bode hätte sie »geschlagen, beschimpft, beleidigt, mit dem Tode bedroht (aufgrund der Drohung habe sie ihr Testament gemacht), ihr mehrfach aufgelauert und nachgestellt, Psychoterror durch Briefe und Telefonate betrieben, und er habe sich unerlaubten Zutritt zu ihrer Wohnung verschaffen wollen. Außerdem habe er gedroht, sie »kalt zu machen« und Dominik zu entführen. Um diesen Vorwurf zu untermauern, legt sie eine gefälschte E-Mail vor, deren Absender Bode sein soll. Des Weiteren geben sie selbst und eine Freundin von ihr eidesstattliche Versicherungen ab, dass dies alles der Wahrheit entspreche.

Der Jurist, Kriminologe und Soziologe Michael Bock sah Fälle wie diesen voraus und schrieb schon 2001 in einem Gutachten: »Das neue Gewaltschutzgesetz stellt den ausgrenzenden Müttern ein erheblich einfacheres Werkzeug zur Trennung der Kinder von den Vätern zur Verfügung. Die bekannten Rituale der Umgangsvereitelung werden um die falsche Gewaltbeschuldigung erweitert.« Und: Das Gewaltschutzgesetz »fördert nicht den konstruktiven Dialog der Geschlechter, sondern ist ausschließlich auf Enteignung, Entmachtung, Ausgrenzung und Bestrafung von Männern gerichtet. Sein Ziel ist nicht, häusliche Gewalt zu bekämpfen, sondern nur Männergewalt. Geschützt werden sollen nicht alle in häuslicher Gemeinschaft lebenden Menschen, sondern nur Frauen.«[43]

Bode ist fassungslos ob dieses hanebüchenen Blödsinns, denn Prinz und er haben niemals zusammengewohnt, sie leben zwanzig Kilometer voneinander entfernt, und er hat sich in den vergangenen zwei Jahren abgesehen von den begleiteten Umgangsterminen nie auch nur ansatzweise in ihrer Nähe aufgehalten. Und dass er sie nicht schlagen darf, hat er auch vorher schon gewusst. Hinterher erfährt er, dass sie den Antrag ohne Wissen ihres Anwalts gestellt hat und dieser darauf sein Mandat niedergelegt hat. Er ist nicht der Erste und soll auch nicht der Letzte bleiben.

Dennoch kommt es abermals zu einer Verhandlung vor dem Amtsgericht. Der Richter wundert sich über den Antrag, da er so ziemlich alles umfasst, was das Gewaltschutzgesetz hergibt, und zudem der Sinn des Gesetzes – jemanden im gemeinsamen Haushalt zu schützen – gar nicht zum Tragen kommt, weil Bode und Prinz nicht zusammenleben und nie zusammengelebt haben. Er versucht Prinz zu entlocken, was sie sich von diesem Antrag verspricht, und erklärt ihr, es stünde Aussage gegen Aussage. Sie eiert ein wenig herum, und das Ende vom Lied ist, dass der Richter ihr nahelegt, den Antrag zurückzuziehen, da er aussichtslos sei und es für sie billiger komme, wenn sie ihn zurückziehe. Das tut sie dann auch – es ist das erste Mal, dass Bode erlebt, wie sie einen Rat von jemand anderem annimmt.

Nach der Verhandlung ruft er bei der Staatsanwältin an, weil er wissen will, ob man ihm wegen der angeblichen Körperverletzung auf der Kellertreppe ein Verfahren anhängen wird. Sie teilt ihm mit, sie werde das Verfahren einstellen, da ihr keine über Prinz' Anschuldigungen hinausgehenden Zeugenaussagen der Gegenseite vorlägen.

Ich hoffe, von diesen elenden Charakterzügen bleibt an dir nichts hängen. Man macht sich immer alles passend, hat immer Recht, schert sich nicht um Dinge wie Ehrlichkeit, das Gesetz oder die Rechte anderer (inklusive der Menschenrechte seines eigenen Kindes) – und was bringt es? Die dumme Brut ist total isoliert, niemand will mehr etwas mit ihnen zu tun haben, und diejenigen, mit denen man doch noch Kontakt hat, sind nur opportunistische Ja-Sager. Kleiner, das Leben besteht aus mehr als der kleinkarierten Überheblichkeit, in der du groß geworden bist. Eigentlich macht es Spaß, und eigentlich kann man in und mit seinem Leben auch etwas bewegen – wenn man nur will. Hoffentlich kommen diese Gedanken irgendwann einmal bei dir an! Wirf dein Leben nicht einfach so weg, wie es die Kreaturen in deiner jetzigen Umgebung tun.

Nach dem zweitinstanzlichen Beschluss des Oberlandesgerichts, der begleiteten Umgang anordnet, vergehen zirka zwei Wochen, da findet Daniel Widmann im Briefkasten einen Brief, auf dem der Absender seiner Tochter steht, von Hand geschrieben. Er freut sich sehr, es ist der erste Brief, den er von ihr bekommt. Er öffnet ihn und liest:

Hallo Daniel!
Ich habe im Gericht schon gesagt, dass ich dich nicht mag. Und ich will dich nicht sehen. Und ich möchte auch nichs mit dir unternehmen. Und ich möchte auch nicht, dass das Gericht mich zu irgend was zwinkt.

Johanna

Seine Hände zittern. Er denkt: »Sie ist neun. Das kann sie nicht aus freien Stücken geschrieben haben.«

Zuvor hat Anja Rohloffs Anwältin ihm jedoch schon berichtet, dass Johanna ihn nie wieder sehen wolle und sich wünsche, er sei tot. Ihm ist klar, dass sie eine starke Abneigung gegen ihn hegt.

Auch diese Äußerungen Johannas waren laut neuerer Bindungsforschung zu erwarten. Die Strategien, den Umgang zu vereiteln, sind demnach immer gleich: Je länger die Mutter behauptet, das Kind brauche Ruhe vor dem Vater, desto weniger glauben ihr die Richter das. Denn wenn das Kind so lange der Ruhe bedarf, drängt sich der Gedanke auf, dass der Vater nicht die Ursache sein kann. Auf Dauer wird das Ruhe-Argument daher von der Mutter nur noch benutzt, um einzelne Besuchstermine des Kindes beim Vater abzusagen. Um die Umgangsvereitelung als solche aufrechtzuerhalten, behauptet sie stattdessen, das Kind *wolle* den Vater nicht sehen.[44]

Johannas begleiteter Umgang mit ihrem Vater soll deswegen aber nicht abgesagt werden und vor allem soll er, anders als der von Dominik, in einer dafür geeigneten Einrichtung stattfinden: bei der Arbeiterwohlfahrt. Doch auch das stellt sich als gar nicht einfach dar. Ein halbes Jahr dauert allein die Vorbereitung auf den begleiteten Umgang, denn zwischendurch muss Rohloff am Fuß operiert werden und sagt die Termine ab. Widmann bezweifelt, dass diese Operation wirklich stattgefunden hat, denn Rohloff hat ihren Widerwillen darüber geäußert, dass ein begleiteter Umgang stattfinden soll. Sie will endlich ihre Ruhe haben vor ihm. Gleichzeitig wird sie nicht müde zu sagen: »Ich wollte ja den Umgang, aber Johanna nicht.«

Widmann sagt: »Das finde ich eine ganz miese Tour. Das Kind als Waffe.«

Der erste begleitete Umgang findet im August 2007, also zirka drei Jahre, nachdem er Johanna das letzte Mal gesehen hat, in Düsseldorf bei der Arbeiterwohlfahrt statt.

Widmann ist aus München angereist, um Johanna eine Stunde lang zu sehen – in einem Amtsraum, der etwas kindgerecht hergerichtet worden ist. Es gibt ein Kindertischchen, Kinderstühle, ein paar Spiele, es ist nicht besonders einladend, nicht mal ein Teppich liegt auf dem Boden. Die Frau, die den Umgang begleitet, ist eine Altachtundsechzigerin, nur ohne lila Latzhose. Mit Fransen in der Stirn. Nicht unsympathisch, aber etwas eigen in ihrer Art. Bei der Begrüßung gibt sie Widmann nicht die Hand, sondern erklärt ihm, sie schüttele nie jemandem die Hand, weil sie Angst vor Bazillen habe. Sie bleibt die ganze Zeit im Raum und versucht, die Begegnung zwischen Vater und Tochter zu moderieren. Die beiden spielen und malen zusammen, Widmann hat Johanna Blumen und Schokolode mitgebracht und ist unendlich glücklich, sie wiederzusehen. Er zittert, als er sie sieht. Sie hat sich sehr verändert in den drei Jahren, aber er hätte sie überall auf der Welt wiedererkannt. Doch sie selbst wirkt ihm gegenüber völlig verhaltensgestört, antwortet entweder gar nicht oder einsilbig auf seine Fragen und hat überhaupt kein Interesse, ihn zu sehen.

»Wie geht es dir in der Schule?«, fragt er sie.

»Was sind deine Lieblingsfächer?«

»Wo wohnt deine beste Freundin, was macht ihr zusammen?«

»Was spielst du gerne?«

»Gehst du gerne in die Schule?«

Er will etwas über sein Kind erfahren.

Aber Johanna hat einen sichtlichen Widerwillen, ihm auch nur in die Augen zu gucken, ihm zu antworten, mit ihm zu reden, sie ist völlig blockiert.

»Sie wusste, da sitzt einer, und meine Mama will nicht, dass ich ihn sehe«, erinnert sich Widmann.

Die Umgangsbegleiterin notiert später in ihrem Bericht: »Sobald eine Verzögerung im Spielablauf kommt, wird Johanna nervös und wirkt sehr angespannt.« Widmann kommt es so vor, als halte sie sich an dem Spiel fest. Als die Stunde um ist, ist sie sehr erleichtert.

Danach geht es ihm sehr schlecht. Dennoch fährt er im darauf folgenden Monat wieder nach Düsseldorf und bringt ihr vom Münchner Wochenmarkt eine frische Ananas mit. Wieder malen und basteln sie zusammen, wieder ist Johanna äußerst verschlossen, und die Umgangspflegerin stellt fest, sie habe danach sehr erschöpft gewirkt: Ihre Augen seien weit aufgerissen gewesen, die Miene starr.

In der Woche darauf bekommt Widmann einen Brief von Rohloffs Anwältin, darin steht, Johanna habe das Gefühl, er wolle sie vergiften, da die Ananas völlig verschimmelt gewesen sei. Eine frische Ananas, die er am Samstag auf dem Wochenmarkt gekauft und ihr am Montag mit nach Düsseldorf gebracht hat!

»Die Boshaftigkeit ist noch steigerungsfähig«, denkt er. »Selbst wenn Johanna so etwas denkt in ihrer erzwungenen Aversion gegen mich, muss doch die Mutter irgendwann sagen: ›Hör mal, das kann so nicht sein.‹«

Die von Widmann später beauftragte Familientherapeutin Wera Fischer, die selbst zehn Jahre lang Gutachterin und Verfahrenspflegerin war, wird in ihrem Gutachten schreiben: »Wenn die Mutter Johanna dies wahrnehmen lässt, projiziert sie damit ihre eigenen Ängste auf die Situation.« Sie nehme den Vater als angstauslösend und die Sicherheit gefährdend wahr. Rohloff interpretiere hier die Äußerungen Johannas falsch, sie verleugne ihren Eigenanteil.

Beim dritten Treffen muss der Umgang nach einer halben Stunde abgebrochen werden, weil es nicht mehr möglich ist, Johanna von der Abneigung gegen ihren Vater abzubringen: Sein Geschenk will sie nicht annehmen, sie will ihm nicht die Hand geben, sich nicht von ihm umarmen lassen und blickt kaum von ihrem Arbeitsblatt auf, mit dem sie sich spielerisch beschäftigen sollte, um die Situation zu entkrampfen. Sobald sie doch einmal aufblickt, ist sie fahrig und nervös. Meistens beantwortet sie seine Fragen nur mit »Weiß ich nicht«. Ansonsten dreht sie den Körper mit verschränkten Armen von ihm weg und senkt den Kopf – ihre ganze Körpersprache zeigt überdeutlich, dass sie nichts von Widmann wissen will. Und dann hält sie sich die Hand vor die Augen und will das Zimmer verlassen. Die Umgangspflegerin – eine Sozialarbeiterin – wird danach schreiben: »Es sieht so aus, als steige Panik in ihr auf.«

Jedes Mal, wenn Widmann sie anspricht, wird sie noch nervöser.

Er hat eine fünfstündige Fahrt unternommen, um ein Kind zu sehen, das einfach nichts von ihm wissen will.

Er denkt: »Das kann nicht sein. Ich habe das Kind anders erlebt. Was haben die mit dem Kind gemacht, was ist mit dem Kind passiert?«

Wera Fischer erklärt in ihrem Gutachten: »Dass Johanna den Vater gern sieht, passt nicht zu dem, was die Mutter will. Daraus resultiert Stress: Du empfindest falsch.«

Die Folge sei eine hohe Wachsamkeit, um sich auf die von der Mutter erwartete Art zu verhalten, da Johanna sich nicht auf ihre eigene Bewertung der Situation verlassen könne. So seien die weit aufgerissenen Augen und die starre Miene zu erklären und auch die Tatsache, dass Johanna nach der Begegnung erschöpft gewesen sei. Da sie erlebt habe, dass es gefährlich ist, sich auf den Vater einzulassen, sei sie aufgeregt und unruhig, sobald sie nicht auf ihrem Arbeitsblatt herummale.

Für Widmann ist es eine ungeheuerliche Erfahrung. Er kann nicht einmal weinen, so wie er es früher konnte. Er ist abgestumpft, denkt immer wieder: »Ich habe ihr doch nichts getan, habe sie nicht beleidigt, gar nichts.«

Aber wie soll er ihr vermitteln, dass Rohloff an allem schuld ist? Seine neue Frau weint und fragt: »Wie machen wir Johanna klar, dass nicht wir es sind, die plötzlich den Umgang abbrechen?«

Er schreibt Briefe, bekommt aber nie eine Rückmeldung und kann sich vorstellen, dass Rohloff sie unterschlagen hat.

Er ruft an, aber Rüdiger Weber ist dran und sagt: »Johanna hat kein Interesse, mit dir zu reden.«

Widmann denkt: »Das mache ich einmal und dann nicht mehr. Dieser Scheißtyp.«

Auch Bode geht in Berufung. Da Prinz ihm den Umgang mit Dominik wegen des angeblichen Vorfalls auf der Kellertreppe die ganze Zeit über zu Unrecht verweigert, stellt er einen Antrag auf Fortsetzung des Verfahrens beim Oberlandesgericht, vor dem Prinz und er zuletzt den Zwischenvergleich geschlossen hatten. Doch bis es zu der Verhandlung kommt, vergeht abermals viel, viel Zeit.

Herzlichen Glückwunsch zum zweiten Geburtstag, Kleiner. Das letzte Mal haben wir uns vor einem knappen halben Jahr beim Kinderturnen gesehen. Es war der 15. Juni, der Geburtstag deiner Tante. Es macht sich Resignation breit. Wie lange wird es noch so weitergehen? Diese ewige Blockade. Wie lange wird deine Mutter dir noch deinen Vater vorenthalten?

Vier Wochen später bleibt ihm abermals nur das Tagebuch, um mit seinem Sohn zu kommunizieren:

Kleiner, heute ist Nikolaus – dein Stiefelchen war hoffentlich einigermaßen voll. Wenn schon dein Papa nicht an dich rankommt, dann doch wenigstens der Weihnachtsmann. Das nächste Mal fragst du den Nikolaus, ob du bei ihm mitfahren kannst, und dann liefert er dich sicherlich sofort bei mir ab. Hier in meiner Ecke ist auch etwas dazugekommen. Ein Memory-Spiel mit lauter verschiedenen Gesichterpaaren. Gut, für Memory bist du noch ein wenig klein, aber davon haben wir sicherlich länger etwas – ich habe so die Befürchtung, dass die Klötzchen und andere jetzt adäquate Spiele nicht so bald in deine Finger kommen, und ich werde wohl auch nicht allzu viel damit spielen. Aber ich verspreche dir, mit dem Memory werden wir sicher noch einmal spielen, und sei es, wenn du in vielen Jahren irgendwann einmal einen Kopf größer bist als ich und wir nebenher eine Pulle Rotwein plattmachen.

Als er schließlich im neuen Jahr den Gerichtsaal betritt, ist er nervös, emotional aufgewühlt, sein Herz rast, und ihm bleibt im wahrsten Sinne des Wortes die Spucke weg. Die Richterin hat Prinz' Mutter auch vorgeladen und will sie zunächst allein anhören. Prinz und Bode müssen den Saal also wieder verlassen. Die Vernehmung dauert mindestens eine halbe Stunde, und als sie wieder im Sitzungssaal sind, wird die Zeugenaussage von der Richterin zu Protokoll gegeben. Für Bode ist es der erste Hammer dieses Tages: Prinz' Mutter hat ausgesagt, dass Dominik während der Umgänge sehr quengelig gewesen sei und immer wieder nach Mama und Opa verlangt hätte. Dann hat sie lang und breit den angeblichen Vorfall auf der Kellertreppe geschildert und geäußert, dass sie »große Sorgen« habe, »dass mein Enkel durch diese Auseinandersetzung Schaden davonträgt. Das Ganze ist äußerst belastend, auch für meine Tochter. Ich habe den Eindruck, dass der Kindsvater eine Persönlichkeit hat, welche Bedenken erweckt, ob er geeignet ist, einen solchen Umgang durchzuführen, wie er geplant ist.«

Bode sitzt da und kann dabei zuhören, wie aus ihm ein Verbrecher gemacht wird.

Dann wird Prinz vernommen. Sie erzählt von Dominiks angeblichem Zusammenprall mit der Couchtischplatte beim allerersten Umgang: Man habe eine Viertelstunde gebraucht, um ihn wieder zu beruhigen. Bode sei schon früher ihr gegenüber gewalttätig gewesen, habe ihre Sachen beschädigt, habe mehrfach im Beisein von Freunden mit Sachen um sich geworfen und habe seine alte Stelle aufgeben müssen, weil er dort als gewalttätiger Psychopath verschrien und für die Firma nicht mehr tragbar gewesen sei. Sie weist darauf hin, dass es eine hohe Korrelation zwischen Gewalttätigkeit gegenüber Frauen und gegenüber Kindern gebe und dass sie »große Angst bezüglich einer Fortdauer des Umgangs des Kindesvaters« habe.

Das ist der zweite Hammer dieses Tages. Leider ist Bode in solchen Situationen wenig schlagfertig und spontan. Er bestreitet, gewalttätig zu sein. Wegen der angeblichen Sachbeschädigung hakt die Richterin nach, und es kommt heraus, dass es sich um eine CD-Hülle gehandelt hat. Auch zu seinem Fortgang aus seiner alten Firma nimmt er Stellung: Er hat sie nach der Trennung von Prinz verlassen, weil Prinz' beste Freundin drei Büros weiter saß und bestens über seinen werdenden Sohn Bescheid wusste, wohingegen er selbst nicht einmal ein Ultraschallbild von ihm hatte. Das habe ihn so belastet, dass er sich ein neues Umfeld suchte.

Die Richterin redet Prinz anschließend ins Gewissen und weist sie darauf hin, dass ihr Verhalten ihr und ihrem Sohn auf

Dauer nur schade. Dennoch hängt Bode nun der Geschmack eines unbeherrschten gewaltbereiten Psychopathen an. Prinz und er bekommen drei Wochen Zeit, die Sache zu kommentieren, dann soll ein Beschluss ergehen.

Seine Stimmung nach der Verhandlung ist miserabel. Ihm ist klar, dass er Dominik für längere Zeit nicht mehr sehen wird: Irgendein Makel wird sicherlich an ihm hängen bleiben. Nach dem Motto: Wo Rauch ist, ist auch Feuer.

Als er seinen Briefkasten öffnet, liegt ein weiteres Schreiben vom Gericht darin: Prinz, die sich inzwischen selbstständig gemacht hat, hat ihn auf die Zahlung von mehr als 25 000 Euro »Mutterunterhalt« verklagt – eine spezielle Art des Unterhalts für unverheiratete selbständige Mütter.

Der Umgangsbeschluss des Oberlandesgerichts stellt dann tatsächlich einen klaren Rückschritt für Dominik und Bode dar. Tenor ist, dass es eine außerordentlich schwierige Situation sei, man aber nicht befürchten müsse, der Vater würde dem Kind etwas antun. Daher bestehe kein Grund für den von Prinz angestrebten Umgangsausschluss. Vielmehr habe man den Eindruck, dass sie versuche, »den Umgang zu erschweren oder gar unmöglich zu machen«. Sie meine »offensichtlich, allein sie wisse – auch in dieser angespannten Konfliktsituation – was für ihr Kind richtig und wichtig ist. In den Anhörungsterminen war nicht erkennbar, dass sie sich ernsthaft mit anderen Positionen und Argumenten auseinandersetzt.«

Die begleiteten Umgänge sollen nun nicht mehr im Wohnzimmer von Prinz' Eltern, sondern bei der Caritas stattfinden. Die sei dafür bekannt, selbst mit hocheskalierten Paarkonflikten fertig zu werden. Bode soll die Möglichkeit bekommen, Prinz mittels eines Zwangsgelds zur Einhaltung der Umgangstermine zu zwingen, und es soll ein staatlich finanzierter Verfahrenspfleger installiert werden, der sich speziell um die Wahrung von Dominiks Rechten kümmern soll. Verfahrenspfleger haben eine juristische, soziale oder psychologische Grundausbildung und eine (berufsbegleitende) Fort- oder Weiterbildung zum Verfahrenspfleger. So weit, so gut. Allerdings sollen die Umgänge ein ganzes Jahr lang nicht unbegleitet und nicht wie zuvor alle zwei, sondern nur noch alle vier Wochen stattfinden, und genau das sieht Bode als Problem an. Als Grund dafür, dass die Umgangstermine nun seltener stattfinden sollen, nennt das Gericht, dass die Eltern nicht hinreichend miteinander kooperieren.

Er denkt: »Das ist doch nicht meine Schuld! Und wer sagt, dass Kerstin besser mit mir kooperiert, nur weil ich Dominik seltener sehe? Jeder Psychologe würde mir bestätigen, dass ein Treffen von zwei Stunden alle vier Wochen von einem Kleinkind unter drei Jahren nicht als kontinuierlicher Umgang wahrgenommen wird. Ich werde jedes Mal wieder ein völlig Unbekannter für meinen Sohn sein.«

Für ihn sieht es so aus: Weil Prinz sich absolut querstellt und man sie nicht zur Kooperation oder zu einer Beratung zwingt, wurde ein Beschluss gefällt, der seinem Sohn und ihm schadet.

Und wie würde es weitergehen? Die Erfahrungen der letzten drei Jahre zeigten, dass die nächsten zwölf Termine nur mit Haken und Ösen zu Stande kommen würden – wenn überhaupt. Und wenn sie nicht zu Stande kommen würden, müsste er beim Amtsgericht ein Zwangsgeldverfahren anleiern, und dann würde wieder Zeit ins Land ziehen, das Zwangsgeld würde irgendwann verhängt werden, sie würde es nicht zahlen, und dann würde er wieder genau da stehen, wo er jetzt stand: Er würde ein weiteres Stück Papier mit der Aussage »Umgang erlaubt« in der Hand halten, hätte aber keinen Umgang. Und dann? Sollte er ein Sorgerechtsverfahren anstrengen? Das würde sich genauso lange hinziehen wie das Umgangsverfahren, vielleicht sogar länger. Es würden langwierige Gutachten angefertigt werden, und Dominik wäre aus den Streitigkeiten kaum noch herauszuhalten. Sollte er Verfassungsbeschwerde einlegen? Es würde vielleicht dabei herauskommen, dass zwölf begleitete Kontakte pro Jahr für Vater und Sohn nicht ausreichend seien und dass sein Recht und seine Pflicht auf Umgang ebenfalls nicht hinreichend respektiert würden. Und vielleicht würde dem Gesetzgeber dann aufgetragen werden, geeignetere Sanktionsmaßnahmen bei Umgangsboykotten zu entwickeln, Zwangsberatungen zu etablieren, Beschlüsse zu fassen, die wesentlich mehr und längere Umgangskontakte aussprächen, sich dabei nicht an der Kooperationsbereitschaft des betreuenden Elternteils orientieren dürften und auch wirksam umgesetzt werden müssten. Aber wie stünden die Chancen, dass dies dabei herauskommen würde? Wie lange würde so etwas dauern? Was würde das kosten? Welcher Anwalt würde so etwas machen?

Er verwirft diese Gedanken wieder und akzeptiert den Beschluss.

Mehrere Monate ziehen ins Land, und immer noch diskutieren Jugendamt, Verfahrenspflegerin, Beratungsstelle, Prinz und Bode die organisatorischen Details zum beschlossenen begleiteten Umgang – ohne dass Bode seinen Sohn sieht. Schließlich wird es ihm zu bunt, er will die ewigen Ausflüchte nicht mehr hören und ruft bei der Caritas an. Niemand kennt seinen Fall, und seine Verfahrenspflegerin ist auch nicht bekannt. Das stimmt ihn nicht sonderlich glücklich, und so nimmt er die Sache selbst in die Hand. Man fragt ihn nach dem Auftraggeber für den begleiteten Umgang, er antwortet: »Eigentlich das Jugendamt, aber im Zweifel ich. Ich will den Umgang jetzt und nicht erst noch eine ewige Diskussion, wer was in administrativer Hinsicht macht.«

Dann ruft er die Verfahrenspflegerin an. Sie erklärt ihm, sie habe mit dem Jugendamt telefoniert, das nicht bereit sei, die Kosten zu übernehmen. Er sagt ihr in aller Deutlichkeit: »Ich will den Umgang *jetzt*, ich will keine Diskussion über die Kosten, und ich werde Himmel und Hölle in Bewegung setzen, um zu kommunizieren, dass das Jugendamt offensichtlich seinem gesetzlichen Auftrag trotz Anweisung vom Oberlandesgericht nicht nachkommt.«

Daraufhin soll er ihr schriftlich bestätigen, dass er die Kosten übernehmen wird, was er auch tut.

Weiter geht es beim Jugendamt. Nachdem seine zuständige Mitarbeiterin bei seinem letzten Anruf krank gewesen ist, ist sie nun auf Dienstreise, und man will ihn abermals vertrösten. Doch das lässt er nicht mit sich machen, er ist sauer wie schon lange nicht mehr. Er nötigt den armen Menschen, der ans Telefon gegangen war, *jetzt* bei der Caritas anzurufen und den begleiteten Umgang auf der Stelle in die Wege zu leiten – was er dann auch wirklich tut.

Am nächsten Tag macht Bode weiter Druck. Er ruft seine von ihrer Reise zurückgekehrte Jugendamtsmitarbeiterin an und weist eindrücklich darauf hin, dass er vom Jugendamt erwartet, dass es Prinz dazu bringe, den Umgangsboykott endlich zu beenden. Außerdem kündigt er an, die Sache jetzt eskalieren zu lassen: Die Unterlagen seien am Morgen schon an den Landtag gegangen und sie solle sich besser beeilen, bevor es Ärger von oben gebe. Mit dem Sozialministerium spricht er ebenfalls.

In der darauf folgenden Woche ruft er abermals beim Jugendamt an und fragt, wo denn die Einladung zum vorbereitenden Gespräch bei der Caritas bleibe. Die Mitarbeiterin erklärt ihm: »Das Gespräch kann erst in acht Wochen stattfinden, weil im Jugendamt momentan alle im Urlaub sind.«

Er ist sauer: Das Amt hat anderthalb Monate gebraucht, um einen Termin auf die Beine zu stellen, zu dem sowieso wieder irgendjemand krank werden würde oder im Urlaub wäre?

Schließlich ruft er selbst bei der Caritas an und leiert der für ihn zuständigen Mitarbeiterin zwei frühere Termine aus dem

Kreuz. Die stimmt er mit dem Jugendamt ab, und schließlich erhält er tatsächlich die schriftliche Bestätigung, dass das Vorbereitungstreffen einen Monat früher stattfinden wird als vom Jugendamt geplant.

Am letzten Arbeitstag vor dem ersten anvisierten Treffen bei der Caritas sagt Prinz diesen Termin ab: Er ist ihr zu kurzfristig. Bode beschließt, dennoch hinzugehen und mit der zuständigen Mitarbeiterin zu sprechen. Sie soll die Verfahrenspflegerin und das Gericht informieren und die Umgangstermine trotzdem ansetzen.

Prinz lässt auch den zweiten Termin für ein Elterngespräch ausfallen – ohne Angabe von Gründen. Allerdings schlägt sie einen Ersatztermin in der Folgewoche vor. An diesem Tag ist Bode allerdings auf Dienstreise, sodass insgesamt acht Wochen ins Land ziehen, bis das Treffen bei der Caritas tatsächlich stattfindet. Bodes einziger Trost ist, dass er nun Prinz' gesammelte Absagen schon hinter sich hat und ein Treffen daher relativ realistisch erscheint. Dennoch beschließt er, dass er eine weitere Gerichtsverhandlung anstreben will. Es ist nun fast ein Jahr her, dass er Dominik zum letzten Mal gesehen hat, und dieses ewige Dahingeplätscher hat er mehr als satt. Vielleicht, so hofft er, ist ein neuer Gerichtstermin am Horizont ein Druckmittel, um den Umgang zu forcieren.

Doch es stellt sich heraus, dass er abermals zu optimistisch war, was Prinz' Moral angeht. Das gemeinsame Elterngespräch findet weiterhin nicht statt. Das nächste Mal wird angeblich Dominik am Abend zuvor krank, das Mal darauf Prinz. Dann sind die beiden angeblich fünf Wochen lang im Urlaub. Und niemand hilft ihm, sein Recht durchzusetzen – auch das ein typischer Fall: Fast siebzig Prozent der Väter werden von den deutschen Jugendämtern im Regen stehen gelassen, wenn es darum geht, den vereinbarten Umgang auch durchzusetzen. Das heißt: Wenn eine Mutter nicht will, dass das Kind den Vater sieht, und Umgangstermine regelmäßig ausfallen lässt – dann passiert in fast zwei Dritteln aller Fälle gar nichts.[45] Der Vater geht leer aus, wird allein gelassen, hat niemanden, an den er sich wenden kann. Wenn ein kleines Kind seinen Vater aber über viele Monate hinweg nicht sieht – denn so lange dauert es, bis ein Richter entscheidet, dass gegen die Mutter ein Verfahren wegen Umgangsverweigerung eingeleitet wird –, dann hat es ihn im Zweifel schon vergessen und will ihn gar nicht mehr sehen.

Drei Monate nach dem Gerichtsbeschluss kommt es schließlich zu dem Termin. Dabei wird allerdings zu keinem Zeitpunkt über die Organisation des begleiteten Umgangs gesprochen und über die Frage, was für Dominik am besten wäre. Vielmehr bricht Prinz einen Streit um Geld vom Zaun: Sie argumentiert, sie müsse ihr Büro in der Zeit ihrer Abwesenheit mit einer extra dafür anzustellenden Sekretärin besetzen. Außerdem schulde Bode ihr die Fahrtkosten für den Weg zur Caritas und zurück, und Mehrverpflegungsaufwand sei auch fällig. Bode macht gute Miene zu ziemlich viel bösem Spiel, legt 65 Euro auf den Tisch und verspricht, 200 weitere Euro zu überweisen, was er dann auch tut. Die 65 Euro verweigert Prinz – das ist ihr »zu wenig«. Vor Gericht wird sie später behaupten, die Mitarbeiterin der Caritas und Bode hätten ihr insgesamt nur 65 Euro als Fahrtkostenerstattung angeboten. Dabei habe sie doch 408,60 Euro gefordert. Bode ist von Anfang an klar, dass die 200 Euro den Bach runter sind, aber er will Prinz keinen neuen Vorwand liefern, ihm seinen Sohn vorzuenthalten.

Am Ende des Gesprächs erfährt er dann noch, dass die Caritas Prinz zugesagt hat, dass man ihn Dominik gegenüber nicht als Papa oder Vater bezeichnen wird, sondern lediglich als Volker. Er ist entsetzt: Er soll seinen eigenen Sohn nur einmal im Monat sehen, und dann soll er ihn nicht einmal Papa nennen? Er beschließt, sich selbst seinem Sohn gegenüber als Papa zu bezeichnen und es nicht zu unterbinden, wenn er ebenfalls Papa zu ihm sagen sollte – nur dazu zwingen würde er ihn natürlich nicht.

Am Abend nach dem Gespräch habe ich mir meinen Elternratgeber »Die ersten drei Lebensjahre« zur Hand genommen und einmal nachgelesen, was du denn so inzwischen alles kannst, wie es um deine Motorik steht, was in psychologischer Hinsicht gerade bei dir angesagt ist und was generell förderlich oder eben überfordernd für dich ist. Natürlich ist es schwierig, das alles so zu pauschalisieren, da gibt es sicher Kids, die weiter sind, und welche, die ihren Durchbruch noch vor sich haben, aber es ist schon interessant, dass du mit deinen knapp drei Jahren eigentlich schon eine ganze Menge kannst. Ja, aber das werde ich mir ja dann bald selbst angucken können.

Beim nächsten vorbereitenden Gespräch, in dem eigentlich die begleiteten Umgänge geplant werden sollen, moniert Prinz, dass auf dem Besprechungstisch einige Flyer vom Väteraufbruch für Kinder liegen. Der Väteraufbruch wird von der Stadt Hamburg institutionell gefördert, er ist auch freier Träger der Jugendhilfe. Doch sie macht ein Riesending daraus: Die Caritas sei parteiisch! Die zuständige Mitarbeiterin dort sei nicht qualifiziert, das könne sie beurteilen.

Am Tag vor dem nächsten gerichtlich festgelegten Umgangstermin ruft Bode wie immer bei der Caritas an. Die zuständige Mitarbeiterin berichtet, sie habe tatsächlich etwas erreichen können. In der darauf folgenden Woche soll es endlich zum ersten gemeinsamen Spieltermin mit Dominik kommen. Bode fragt sich schon gar nicht mehr, ob Prinz das ernst meint oder ob es wieder einmal nur Hinhaltetaktik ist. Er ist inzwischen so abgestumpft, dass keine Freude mehr aufkommen will. Sie würde sich erst einstellen, wenn er Dominik endlich in seinen Armen halten würde.

Und natürlich kommt es wieder nicht zu einem Treffen.

Mitte August 2006 – ein halbes Jahr nach dem Umgangsbeschluss – soll es dann so weit sein. Er soll Dominik nach zehn Monaten Umgangsboykott endlich sehen. Er ist reichlich nervös und gespannt, als er um kurz nach neun aus dem Haus geht und nach Hamburg fährt. Um kurz nach halb zehn ist er im Parkhaus, es ist ein wunderschöner Tag, und er hat mit der Mitarbeiterin der Caritas verabredet, dass er um Viertel vor zehn kommen soll und Dominik fünf Minuten später eintreffen wird. Prinz soll ihn zwei Stunden später wieder abholen. Er sitzt also bei der Caritas und wartet, und tatsächlich klingelt es, kurz nachdem er eingetroffen ist.

Jetzt bringt sie ihn, denkt er, mal sehen, wie es klappt mit der Übergabe.

Die Zeit vergeht, es wird zehn Uhr, unten geht eine Tür, aber niemand kommt, um ihn abzuholen. Es wird fünf nach zehn, zehn nach zehn, da wird endlich seine Tür geöffnet. Allerdings hört er keine Kinderstimme. Die Caritas-Mitarbeiterin kommt alleine herein. »Frau Prinz ist nicht gekommen, und telefonisch kann ich sie nicht erreichen«, sagt sie. Er merkt ihr an, dass sie stinksauer ist.

Er schweigt. Ihm fehlen die Worte, so groß ist die Enttäuschung. So steht er der Mitarbeiterin eine Weile sprachlos gegenüber, und schließlich sagt er mit belegter Stimme: »Ich warte noch bis halb elf. Man weiß ja nie, Pünktlichkeit ist ja sowieso nicht die Stärke von Frau Prinz, und wenn ich jetzt gehe, dreht sie es am Ende noch so hin, dass sie drei Minuten später auftaucht und irgendeine Entschuldigungsgeschichte erzählt.«

Also wartet er weiter, aber kurz vor halb elf kommt die Mitarbeiterin zurück. Sie hat Prinz inzwischen telefonisch erreicht, und diese fühlt sich nicht verpflichtet zu kommen, da Bode ihr noch Geld schulde und sie am Freitagnachmittag (also am Vortag) ein neunseitiges Fax an die Caritaszentrale am anderen Ende der Stadt geschickt habe.

Bei Lichte betrachtet war so etwas mehr als absehbar, denkt er sich. Doch er hatte sich so sehr auf Dominik gefreut, dass die Ernüchterung unendlich bitter ist.

Die Caritas schreibt nach diesem Vorfall ans Jugendamt, Prinz' »unverbindliche Art, die Umgangstermine zu handhaben«, stelle eine »Kindeswohlgefährdung« dar. Die Verfahrenspflegerin schreibt an das Gericht, es müsse festgestellt werden, dass Prinz »das mit dem Kindsvater bestehende Konfliktmuster auch auf die umgangsbegleitenden Institutionen erweitert«. Und er selbst beschließt, die letzte ihm zur Verfügung stehende Möglichkeit auszuschöpfen und ein Zwangsgeldverfahren gegen Prinz anzustrengen.

In Widmanns Fall eskaliert die Lage ebenfalls. Es wird ein Verfahrensbeistand eingesetzt, ein Typ mit Tätowierung, der schon einiges hinter sich hat und der die Vorgeschichte nicht kennt. Er fährt nach Düsseldorf, um Johanna eine Stunde lang zu befragen, was sie von ihrem Vater hält. Johanna sagt: »Mein Papa ist ein anderer, ich hatte mit diesem Typen noch nie was zu tun, und ich will auch nichts mit ihm zu tun haben.«

Ihre Worte machen für Widmann das ganze Ausmaß ihrer Verdrängung deutlich. Sie hat ihn aus ihrem Leben getilgt, um nicht unter dem Verlust leiden zu müssen.

Der Verfahrenspfleger indessen ist anderer Ansicht. Er meint, dass Johannas Äußerung »nicht durch eine Beeinflussung der Mutter oder des Stiefvaters zustande kam, sondern erlebnisbegründet ist«. Sie nehme Widmann heute noch übel, dass er Rüdiger Weber damals, als er sie an der Haustür abgeholt habe, angegriffen habe. Also empfiehlt er dem Gericht im Februar 2008, dass Johanna jetzt wirklich zur Ruhe kommen müsse und der Vater sich von dem Kind verabschieden solle. Widmann findet sein Vorgehen unglaublich stümperhaft, und die moderne

Bindungsforschung gibt ihm Recht. So schreibt etwa Klenner: »Dass das Kind, nachdem es zum anderen Elternteil keinen Kontakt mehr hat, tatsächlich Ruhe gibt, wird in trügerischer Weise als Bestätigung für die Richtigkeit der Umgangsvereitelung angesehen. Die aus der Resignation des Kindes folgende nachhaltige Beziehungsstörung wird nicht erkannt, ja, vielleicht nicht einmal für möglich gehalten, weil wir Erwachsenen längst vergessen haben, mit welchen Augen wir die Welt ansahen, als wir selber noch Kind waren.«[46]

Widmann ist außer sich und beauftragt die Familientherapeutin Wera Fischer mit der Erstellung eines Gutachtens. Darin schreibt sie, dass die Empfehlung des Verfahrenspflegers Johanna schade. Seine Einschätzung, Johanna nehme es Widmann immer noch übel, dass er Weber angegriffen habe, sei falsch, denn »das hat sie nicht daran gehindert, sich noch 2004 auf den Vater einzulassen«. Wenn sie ihn nun nicht mehr sehen wolle, sei das als Resignation zu verstehen, es sei eine kindliche Form der reaktiven Depression. Die Belastungen Johannas resultierten nicht aus den Spannungen zwischen den Eltern, sondern aus dem Interessenskonflikt zwischen ihr und der Mutter. Sie werde sich als Erwachsene ähnlich wie Rohloff verhalten, wenn die Mutter-Kind-Dynamik nicht verändert werde. Johanna mache die Erfahrung, dass ihre eigenen Bedürfnisse (den Vater zu sehen) nicht zählten. Das sei nicht gut fürs Selbstbewusstsein und für die Entwicklung der Identität. Johanna könne sich auch auf ihre Wahrnehmung nicht verlassen, und das werde sie daran hindern, als Jugendliche und junge Frau die richtige Nähe oder Distanz zu ihren Eltern zu finden. Sie werde von Rohloffs Bedürfnissen dominiert und setze daher Beziehungen gleich mit »sich unterordnen müssen« und »eigene Bedürfnisse aufgeben müssen«. Später werde sie sich nicht gut binden können. Hinzu komme die Erfahrung, dass Widmann immer wieder aus ihrem Leben verschwunden sei. Sie denke nun, Beziehungen hielten nicht. Um die gleiche Erfahrung (»ich bin nicht wichtig genug, nicht liebenswert genug«) nicht wieder machen zu müssen, werde sie es vermeiden, intensive Beziehungen einzugehen, außerdem führten diese Erfahrungen zu einer negativen Selbstwertentwicklung.

Die Familientherapeutin empfiehlt, einen Umgangspfleger einzusetzen. Er solle die Kontakte zwischen Johanna und Widmann wieder aufbauen und dafür sorgen, dass sie von Rohloff nicht wieder abgebrochen würden. Sonst mache Rohloff immer weiter mit ihren Spielchen. Rohloff müsse lernen, zwischen ihren Erfahrungen und denen von Johanna zu trennen. Johanna dürfe nicht weiter die Verantwortung dafür tragen, ob sie Widmann sehen wolle. Der Umgang müsse angeordnet werden. Der Umgangspfleger solle ihr sagen: »Meine Aufgabe ist es, deiner Mama dabei zu helfen, den Papa zu sehen, wie er wirklich ist. Das macht es wichtig, dass du mich zum Papa begleitest. Ich passe auf dich auf.«

Weber solle zu Johanna sagen: »Du bedeutest mir viel, ich empfinde wie ein Vater für dich, aber ich bin es nicht. Jedes Kind hat nur einen Vater. Dein Vater ist und bleibt Daniel. Es ist wichtig für dich, dass du deinen Vater regelmäßig siehst. Deshalb möchte ich, dass du ihn besuchst. Das ändert nichts zwischen dir und mir.«

Das Gericht lehnt das Gutachten ab und fragt: »Wie kommen Sie dazu, eine Frau ein Gutachten schreiben zu lassen, die das Kind noch nie gesehen hat?«

»Wie kommen Sie dazu, einen Verfahrenspfleger einzusetzen, der nichts weiß, der das Kind gerade mal eine Stunde lang befragt und der dann sagt, das Kind wolle vom Vater nichts wissen?«, fragt Widmann zurück.

Aber er bekommt keine Antwort.

Der Verfahrenspfleger wirkt auf ihn unglaublich zynisch. In der Verhandlung sagt er: »Sie hören doch, was Ihre Tochter sagt. Vergessen Sie Ihr Kind, die wird schon irgendwann kommen, wenn sie älter ist. Sie sind doch ein interessanter Typ, Sie sind doch Künstler, vergessen Sie das mit Ihrer Tochter jetzt erst mal.«

Die Richterin fragt: »Wollen Sie dieses Verfahren weiter anstrengen, wo Sie doch sehen, dass das Kind überhaupt kein Interesse an Ihnen hat, oder wollen Sie das Verfahren einstellen und sich von dem Kind verabschieden?«

Es bleibt ihm keine andere Wahl, als sich von seiner Tochter zu verabschieden. Noch heute treffen ihn die lapidaren Sätze in dem abschließenden Sitzungsprotokoll vom 20. 3. 08 wie ein Messer: »Der Vater nimmt die Beschwerde zurück.« Das klingt so, als ob er das aus freien Stücken getan hätte. Ihn erinnert das an Szenen aus dem Volksgerichtshof: »Kaum zu glauben, dass Menschen in einem Rechtsstaat heutzutage so klein gerieben werden können.«

Weil er die Beschwerde zurücknimmt, muss er für die gesamten Gerichtskosten aufkommen, die im Laufe der vergangenen drei Jahre angefallen sind.

Am 16. Mai 2008 sieht er Johanna zum letzten Mal. Sie wird mit ihrer Mutter eingeflogen. Er wird diesen Tag nie vergessen. Sie treffen sich bei dem Verfahrenspfleger, Rohloff wartet in einem Nebenraum, und er sitzt Johanna im Beisein des Verfahrenspflegers gegenüber. Sie trägt eine Brille, die er von ihr nicht kennt, und ist nicht ganz so abweisend wie bei dem begleiteten Umgang, was vermutlich daran liegt, dass Rohloffs Erleichterung über seinen Rückzug sich auf Johanna übertragen hat. Sie hat vielleicht das Gefühl, ihn an diesem Tag nicht ganz so sehr zurückweisen zu müssen.

Er traut sich nicht, sie zur Begrüßung zu umarmen. Sie wirkt auf ihn wie in einem seelischen Gefängnis gefangen: Ein zehnjähriges Kind, das seinem leiblichen Vater gegenübersitzt, und das, was es mit ihm erlebt hat, völlig verdrängt. Er glaubt, sie spüre, dass es eine Verbindung zwischen ihr und ihm gibt. Aber sie kann es in keiner Weise ausleben, weil sie genau weiß: Ich bin mit meiner Mutter hierher geflogen, um mich von diesem Vater zu verabschieden.

Sie hat keine Möglichkeit, auf ihn zuzugehen.

Er versucht eine dreiviertel Stunde lang, mit ihr ins Gespräch zu kommen, indem er ihr Fragen über ihren Alltag stellt. Sie ist wieder völlig einsilbig. Am Ende liest er ihr einen Abschiedsbrief vor, den er vorher verfasst hat:

Liebe Johanna,
ich habe verstanden, dass du mich nicht mehr sehen möchtest. Es tut mir leid, dass deine Mutter und ich es nicht geschafft haben, uns zu verständigen. Damit haben wir dir viel Schmerz zugefügt. Ich wäre froh, wenn es anders gelaufen wäre. Deinetwegen. Aber es sollte nicht sein und ich bin sehr traurig darüber. Du willst dich zu nichts zwingen lassen. Das ist verständlich. Ich respektiere deinen Wunsch und werde von mir aus nicht mehr auf dich zukommen und dir weder Briefe noch Päckchen schicken. Meine Tür wird aber für dich immer offen sein, und ich werde mich immer freuen, von dir zu hören, was du machst und wie es dir geht. Wenn du zu mir kommen willst, werde ich immer für dich da sein. In meinem Herzen bist du meine liebe Tochter und wirst es immer bleiben.

Dein Papa Daniel

Danach übergibt er ihn ihr. Sie nimmt ihn, zeigt aber keine Gefühle. Sie ist völlig blockiert. Aber er glaubt, dass sie jedes Wort in sich aufgesogen hat.

Anschließend macht er ein Foto von ihr, weil er zumindest ein Abschiedsfoto haben möchte. Bei jedem Schuss fragte der Verfahrenspfleger: »Ist es dir auch nicht unangenehm?«

Als er sich von ihr verabschiedet, geht der Verfahrenspfleger hinaus und Widmann ist einen kurzen Moment allein mit Johanna im Raum. Da umarmt er sie.

Sie ist ganz steif.

Im Nachhinein hat er das Gefühl, er hätte sie länger umarmen sollen, hätte ihr noch mal sagen sollen: »Ich hab dich sehr lieb, und du kannst jederzeit zu mir kommen.« Aber in jenem Moment ist er gehemmt, weiß nicht, wie viel er ihr geben kann in diesem kurzen Moment. Sie guckt ihn an, und vielleicht bildet er es sich nur ein, aber er hat das Gefühl, dass da etwas aus ihr herausblitzt: dass sie sich ihm gern öffnen würde, aber nicht kann. Er denkt: »Es wäre unnatürlich, wenn in ihr nichts ablaufen würde. Ein Kind, das kein Gefühl für seinen Vater empfindet, kann nicht normal sein. Sie weiß mehr, als man sieht.«

Es ist für ihn ein Hoffnungsschimmer. Er denkt: »Im Grunde ist es eine Form psychischer Gewalt, die man ihr antut. Es steht ja nichts zwischen uns. Wenn wir zusammen die Möglichkeit hätten, wieder ums Hauseck herumzugehen, so wie damals am Bahnhof ... Ich bin mir sicher, es würde keine zehn Minuten dauern, dann wären wir Vater und Tochter. Aber die Chance wird uns nicht gegeben, und das verbaut uns unser ganzes Leben.«

Und dann ist sie weg.

Er kann danach nicht weinen. Er weint schon lange nicht mehr. Früher hat er geweint. Als er sich gefragt hat, wie er es aushalten soll, sein Kind drei Jahre lang nicht zu sehen. Da ist er heulend aus dem Gericht gelaufen. Über diesen Punkt ist er hinweg, weil er diese Ohnmacht in sich spürt. Johanna ist für ihn nicht mehr greifbar. Sie wird vielleicht irgendwann mal kommen, wenn sie selber entscheiden kann.

Wenn er sagen soll, wie alles so weit kommen konnte, dann fallen ihm mehrere Gründe ein: »Erstens geht es nach dem Ende der Beziehung um Macht. Da wird das Kind instrumentalisiert, um dem Ex eins reinzuwürgen. Dann sind da die Jugendämter. Sie versuchen, neutral zu sein, aber wenn die Mutter den Umgang einfach abbricht, sagen sie: ›Sie müssen *beide* an sich arbeiten.‹

Die Gerichte sind überlastet, sie machen es sich oft zu leicht, und es dauert viel zu lange, bis sie Entscheidungen treffen. Je nachdem, an welchen Richter man gerät, hat der auch noch das alte Frauenbild im Kopf und gibt die Kinder automatisch erst mal der Mutter. Es gibt also verschiedene Probleme. Ich glaube aber, dass sich das alles immer an Kleinkram entzündet. Da heißt es dann: ›Du hast die Mütze vergessen, du bist nicht in der Lage, dich um das Kind zu kümmern.‹

Dann eskaliert das, bis es explosiv wird und bei Gericht landet. Dort wird es verschleppt, und wenn der Vater dann die Nerven verliert, kommt wie in meinem Fall noch eine Strafanzeige hinzu. Irgendwann ist das Kind dann entfremdet.

Es ist schon alles sehr mütterlastig. Damit ein Gericht einer Mutter das Sorgerecht für ihr Kind entzieht, muss sie Alkoholikerin sein oder nachweislich unfähig, da muss ganz viel passieren. Ich als Vater muss hingegen immer hinterherrennen, selbst wenn ich ein guter Vater bin. Wichtiger im Leben eines Kindes ist in vielen Köpfen die Mutter.

Wenn ich labiler wäre, würde ich mir vielleicht eine Knarre besorgen und den sozialen Vater meiner Tochter umblasen. Wenn ich diese Meldungen lese, ›Vater läuft Amok‹ – das kann ich inzwischen nachvollziehen. Rüdiger ist einfach die feste Größe in Johannas Leben geworden, und sie sagt: ›Ich will mit diesem Arsch da in München nichts mehr zu tun haben.‹

Der soziale Vater ist es, der das Kind blockiert und beeinflusst. Mit ihm regelt Anja jetzt den Umgang mit Johanna, den ich nicht mehr habe. Lieber schlägt sie sich mit ihm herum als mit mir. Ich bin raus aus ihrem und Johannas Leben, nur noch zahlen darf ich. Ich bin ganz sicher, dass ich es bei Rüdiger mit einem Typen zu tun habe, der nicht alle Tassen im Schrank hat. Und so eine Pfeife hat mir mein Kind weggenommen. Ich kann nicht mehr.«

Nachdem er sich von Johanna verabschiedet hat, kommt Widmann die Idee, seine ganze Ohnmacht in die Produktion eines Hörspiels zu stecken, um sie so vielleicht verarbeiten zu können. Während der Produktion beschließt er, seine eigene Geschichte in das Stück mit einzubringen. Er fährt nach Düsseldorf, lässt sich im Düsseldorfer Schauspielhaus maskieren und fährt zu Johannas Schule. Dort sieht er sich mit seinem Tonassistenten um und wendet sich dann ans Sekretariat, um zu fragen, ob er ein paar Interviews mit Schülern führen darf.

Der Direktor erlaubt es ihm.

Zunächst steht er auf der Straße, und als es zur großen Pause schellt, kommt ein Mann aus der Schule heraus, der sich eine Zigarette anzündet. Widmann fragt ihn mit offenem Mikrophon: »Ich bin ein Vater, der seine Tochter nicht mehr sehen darf, was meinen Sie denn dazu?«

Der Mann sagt, er sei Lehrer, und im Laufe des Gesprächs stellt sich heraus, dass er Johannas Klassenlehrer ist.

Dann begibt sich Widmann auf den Schulhof, und als er das erste Interview mit einem Schüler führt, kommen die anderen Kinder neugierig näher. Er blickt sich um, und dann sieht er in einem Abstand von vier bis fünf Metern plötzlich seine Tochter vor sich, die ihn wie die anderen Kinder voller Neugier ansieht. Sie erkennt ihn nicht, und so erlebt er nach drei oder vier Jahren zum ersten Mal, dass sie ihn normal anguckt. Es ist ein irres Gefühl.

Das ist die einzige Begegnung mit seiner Tochter, seitdem er sich von ihr verabschiedet hat.

Die Rechnung für die Kosten des dreijährigen Umgangsverfahrens in Höhe von 2500 Euro flattert ihm ein paar Tage später ins Haus.

Auch Bode wird jetzt zur Kasse gebeten. Die erste Rechnung der Caritas trifft bei ihm ein. Bode soll alles, was bisher gelaufen ist, bezahlen, denn das Jugendamt weigert sich, weil er eine andere Beratungsstelle bevorzugt hätte. Insgesamt beläuft sich die Forderung auf 1400 Euro. Das bringt ihn zwar nicht um, und er ist auch gerne bereit, etwas zu zahlen, wenn es denn zu einem guten Ergebnis führen wird. Aber dass sich das Jugendamt so aus seiner Verantwortung stiehlt, erbost ihn doch sehr. Er versucht nun seit fast drei Jahren, seinen Sohn zu sehen, und statt dass ihm das Jugendamt dabei hilft, muss er sich mit ihm herumärgern! Und was wäre gewesen, wenn er kein Geld gehabt hätte? Auf ihn wirkt es so, als gebe es Umgang nur für den, der es sich leisten kann. Wenn überhaupt. Denn immer noch kann er Dominik nicht sehen.

Deine Geburt jährt sich heute zum dritten Mal, und auch, wenn dein Papa nicht bei dir ist – sei dir sicher, dein Papa ist stolz auf dich. Dein Papa hat dich lieb, so wie du bist und egal was alles geschehen und vor allem was nicht geschehen ist. Dein Papa wird immer für dich da sein, wenn du ihn brauchst und wenn du ihn sehen willst. Du bist jetzt in einem Alter, in dem du sicherlich merkst, dass andere Kinder einen Papa zu Hause haben, du aber nicht. Du wirst dir dazu deine Gedanken machen, wirst vielleicht auch fragen, warum das so ist. Die Antworten, die du erhältst, werden im Rückblick wohl wenig befriedigend gewesen sein. Es tut mir leid, ich versuche alles, was mir möglich ist, aber ich weiß nicht, was ich noch tun soll. Ich hoffe nur, dass sich diese Situation ändert – und wenn sie sich erst dann ändert, wenn du diese Zeilen liest. Du kannst dich auf mich verlassen: Ich werde so lange warten und auf dich hoffen, mich auf dich freuen.

Bitte versteh mich nicht falsch, ich bin diesem Geburtstagsritual, Kinder mit Geschenken zu überhäufen, nicht nachgekommen. Ich habe inzwischen ein ganzes Lager an Teddybären, Legoklötzchen, Kinderbüchern und so weiter in meiner Bibliothek, wenn ich da jetzt noch weitere Sachen dazustelle, hast du nichts davon, und ich bekomme beim Anblick der Sachen irgendwann noch Depressionen. Ich habe das ganze letzte Jahr über an dich gedacht. Da ist das neue Sparbuch, wo jetzt die ganzen Euros für dich schlummern, ich habe die Sammlung der Literaturnobelpreisträger angefangen und schon recht weit komplettiert – ich hoffe, die werden dir eines Tages noch Spaß machen. Auf diesem Gebiet gibt es sicherlich eine Menge nachzuholen, bei dir zu Hause weiß man mit Büchern nicht so recht umzugehen. Und dann habe ich dieses Jahr deinen Weinkeller noch edel aufgestockt mit dem Jubiläums-Château-Mouton-Rothschild und so manch anderem erlesenen Tropfen. Dann die beiden Bücher mit persönlicher Widmung für dich von Roland Tichy und Bischof Cordes – so ganz leer bist du also nicht ausgegangen, auch wenn du im Moment nichts davon hast. Natürlich würde ich dir lieber einfach nur meine Zeit geben. Zeit, die wir zusammen verbringen und miteinander Spaß haben und in der wir uns an den schönen Dingen des Lebens freuen. Wir müssen eine Menge nachholen – ich bin mir sicher, dieser Moment wird eines Tages kommen.

Dein Papa wünscht dir beste Gesundheit, eine Menge netter Spielkameraden und hoffentlich etwas mehr Papa für das kommende Lebensjahr.

In Liebe
Dein Papa

Die Caritas muss eine neue Eingewöhnungsphase für Dominik einläuten. Nach dem ersten Termin macht Bode seine inzwischen übliche Anfrage: Hat Prinz ihn gebracht? Hat die Eingewöhnung geklappt? Hatte Dominik Spaß beim Spielen? Würde er ihn am Samstag sehen?

Die Mitarbeiterin berichtet, Dominik sei wie geplant gebracht worden und habe auch gleich anfangen wollen zu spielen. Aber Prinz, die ihre Eltern mitgebracht hatte, habe verlangt, dass diese während des gesamten Eingewöhnungstermins dabeibleiben sollten, ebenso wie bei Dominiks geplanten Umgängen mit Bode. Außerdem hätten sie bei allen Terminen ein Diktiergerät mitlaufen lassen wollen. Die Caritasmitarbeiterin habe dies abgelehnt, und da hätten Prinz und ihr Vater sie beschimpft und als Lügnerin bezeichnet. Prinz habe Dominik sodann mehrfach aufgefordert: »Komm, wir gehen, die wollen dich hier nicht!« Dominik habe verwirrt gewirkt. Unter weiteren Beleidigungen habe die Familie dann die Caritas verlassen.

Bode denkt: Das habe ich also davon, dass ich mich in der Mietforderungssache auf einen Vergleich eingelassen habe, obwohl die Forderung vollkommen unbegründet war. So wird es mir gedankt!

Die Caritas erklärt ihre Umgangsbemühungen nach diesem Vorfall für beendet. In dem Abschlussbericht heißt es, es sei unmöglich gewesen, mit »Frau Prinz zu kooperieren«. Dominik sei »einem unnötigen Stress ausgesetzt« worden, den er »in seinem Alter nicht angemessen verarbeiten kann. Da wir dies für kindeswohlgefährdend halten, beenden wir den begleiteten Umgang.«

Was soll Bode davon halten? Dominik und er sind wie immer die Leidtragenden. Die Bestätigung von unabhängiger Seite, dass Prinz und ihre Eltern einen mächtigen Knall haben, nützt ihm nicht viel – zumindest er selbst hat das schon vorher gewusst.

Eine frohe Weihnacht wünscht dir dein Papa. Es ist jetzt das dritte Weihnachtsfest, das du eigentlich im Kreise deiner ganzen Familie feiern solltest. Das wichtigste religiöse Fest der Christen. Tja, für mich sieht es im Moment irgendwie doof aus. Von meiner Familie fehlt der eigene Sohn. Wie lange wird das noch so weitergehen? Müssen wir wirklich so lange warten, bis du von selbst mal nach deinem Vater fragst und suchst? Der einzige Trost, der mir bleibt, ist, dass ich dir zwar die Kindheit mit deinem Papa nicht im Nachhinein werde ermöglichen können, dass ich dir allerdings schon werde glaubhaft machen können, dass ich alles probiert habe und auch jetzt nicht die Absicht habe, die Flinte ins Korn zu werfen und mich damit abzufinden, dass ich dich noch immer nicht kenne. Alles in allem kann man leider nur sarkastisch sagen, dass 2006 für uns schlecht war, aber dass 2007 nicht wesentlich schlechter werden kann.

Im Februar 2007 findet die Verhandlung wegen des Zwangsgelds statt. Der Richter macht es spannend und fragt Bode zunächst einmal, was er sich von dem Antrag verspricht. Das ist natürlich eine Killerfrage, denn er kann darauf ehrlicherweise nur antworten, dass er sich eigentlich keine wesentliche Verbesserung verspricht, weil Prinz ja nach seinen bisherigen Erfahrungen nicht wirklich etwas zu befürchten hat. Er weist aber darauf hin, dass er alles versucht hat und sich nun keinen anderen Rat mehr wisse als die Beantragung des Zwangsgelds, das der Gesetzgeber nun mal vorgesehen habe. Lieber hätte er Ordnungsmittel beantragt, weil die in diesem Fall wohl effektiver gewesen wären, aber er müsse nun einmal mit den Gesetzen leben, die derzeit gültig seien.

Prinz sagt: »Herr Bode schuldet mir aber noch Geld für die Fahrtkosten!«

Der Richter bleibt ganz ruhig und weist sie darauf hin, dass die einfache Fahrt von ihrem Wohnort nach Hamburg mit öffentlichen Verkehrsmitteln lediglich 6,25 Euro koste und nicht, wie sie behaupte, 7,60 Euro. Es ist ihm nicht anzusehen, was er denkt, während er mit ihr spricht, aber Bode vermutet stark, dass er den Streit um ein paar Cent genauso lächerlich findet wie er selbst. Zu guter Letzt jedenfalls bestellt er einen Umgangspfleger und verhängt ein Zwangsgeld von tausend Euro gegen Prinz, mit der Begründung, sie habe das vom Oberlandesgericht festgelegte Umgangsrecht »blockiert«. Wenn sie ihr Verhalten nicht ändere, komme »eine Entziehung des Sorgerechts insgesamt in Betracht«.

Bode ist zufrieden. Deutlicher kann ein Beschluss nicht ausfallen. Prinz allerdings – er hat es nicht anders erwartet – geht gegen dieses Urteil in Berufung und beantragt, gegen Bode ein Zwangsgeld zu verhängen, da er ihr – Überraschung! – immer noch Geld schulde. Diesen Antrag weist das Oberlandesgericht drei Monate später zurück.

Weitere vier Wochen später soll es mit den begleiteten Umgängen weitergehen, diesmal in einer Familienbildungsstätte. Prinz weigert sich abermals, sie schreibt, dass diese Institution überhaupt nicht in Frage komme. Es ist einfach zum Verrücktwerden, findet Bode. Sein Sohn ist fast vier Jahre alt, und er hat noch nicht einmal ein aktuelles Foto von ihm, geschweige denn einen Auszug aus einem Vorsorgeheft oder irgendetwas. Dominik hat sich sicherlich schon sehr verändert, seit er ihn das letzte Mal gesehen hat. Und er weiß fast nichts über ihn. Er hat nur sechs dicke Aktenordner voller dummer Anwaltskorrespondenz.

Das Ganze belastet ihn psychisch sehr stark. Er hat keine Lust auf eine Beziehung, es geht ihm einfach schlecht. Er denkt: »Wahrscheinlich hat mich dieser ganze Mist ein paar Jahre meiner Lebenszeit gekostet.«

Aber immer wieder stellt er sich auf den Standpunkt: »Wenn ich jetzt ins Jammern verfalle, dann hilft das dem Kleinen überhaupt nicht.«

Er will kein Alkoholiker sein, wenn Dominik irgendwann vor seiner Tür steht. Er will nicht an der Geschichte zerbrechen.

Im Mai 2007 kommt – nach zwei Jahren Pause – der nächste begleitete Umgang mit seinem inzwischen dreieinhalb Jahre alten Sohn zustande. Bode fährt wie bestellt zu der Familienbildungsstätte, ist etwas zu früh dran, wartet noch ein paar Minuten im Auto und taucht dann pünktlich dort auf. Dominik ist schon da und spielt fröhlich mit einer Menge Autos, die dort herumstehen. Es ist schön, einfach nur schön. Bode setzt sich zu ihm und der Mitarbeiterin der Einrichtung, und bald zeigt Dominik ihm hier ein Polizeiauto, da ein Feuerwehrauto, hier fehlt die Tür und da das Fenster und der Porsche ist ganz schnell, und dort ist ein Mercedes, und so weiter und so fort. Bode sieht ihn an, hört ihm zu und ist überglücklich. Dominik hat immer noch seine leuchtend blauen Augen und die hellblonde, lockige Mähne, seine Zähnchen sind alle da und werden auch stolz hergezeigt.

Er ist gerade in den Kindergarten gekommen, und Bode fragt ihn: »Was gefällt dir denn am Kindergarten am besten?

Darauf weiß Dominik keine Antwort. So spielen sie knappe zwei Stunden lang, und als die Mitarbeiterin ihnen erklärt, die Spielzeit sei gleich zu Ende, wird Dominik sehr barsch. Er sieht sie mit bitterernster Miene an und ruft immer wieder: »Ich geh jetzt aber nicht!«

Beim nächsten Spieltermin haben die beiden abermals viel Spaß. Bode hat einige Spielzeugautos gekauft und mitgebracht, und Dominik hat sie mit nach Hause genommen. Als er ihn das nächste Mal trifft, hat Bode ein weiteres Feuerwehrauto besorgt, aber das darf Dominik dann schon nicht mehr mit nach Hause nehmen – seine Mutter hat es verboten.

Und auch die »Kocherei« der beiden ist ihr ein Dorn im Auge: In dem Spielzimmer gibt es eine Kochecke, in der ein kleiner Herd steht und ein bisschen Plastikgeschirr herumliegt. Dominik nimmt sich immer eine Pfanne, legt Schokokekse hinein, die Bode mitgebracht hat, und »kocht« sie. Anschließend nimmt er die Pfanne vom Feuer und bedient eine imaginäre Familie: »Für die Oma, hier du Teller, ich Teller.« Und dann isst er die Kekse gemeinsam mit dem Vater auf.

Das nächste Mal sind Schokoladenkekse verboten, und beim übernächsten Mal hat Dominik eine Schokoladenallergie, angeblich mit ärztlichem Attest und allem.

Bode fragt ihn: »Was hast du denn heute Morgen gefrühstückt?«

»Nutellabrot.«

Er denkt: »So, so, eine Schokoladenallergie. Leckt mich doch alle am Arsch.«

Der Missbrauch ärztlicher Atteste gilt schon seit langem als probates Mittel in Umgangs- und Sorgerechtsstreitigkeiten. Die Lügen der Mütter werden dabei so gut wie nie aufgedeckt, weil die Väter schlichtweg nicht angehört werden.

Walter Andritzky, psychologischer Sachverständiger an Familiengerichten und psychologischer Psychotherapeut, bringt ans Licht, wie sehr Kinderärzte sich vor den Karren jener Eltern spannen lassen, die ihrem Partner das Kind vorenthalten wollen. Er hat mehr als hundert Kinderärzte befragt und herausgefunden, dass vier Fünftel von ihnen öfter mit Attestwünschen im Zusammenhang mit Umgangs- und Sorgerechtsstreitigkeiten konfrontiert werden. Die attestierten Symptome in diesen Fällen lassen sich der Untersuchung zufolge überwiegend in eine einzige Schublade stecken: Bei den Kindern liege ein krankhaft verändertes Gefühls- bzw. Seelenleben vor, das sich in körperlichen Symptomen niederschlage. Als Ursache für diese Symptome werden von den Ärzten belastende Erlebnisse oder Ereignisse benannt. Aufgrund der attestierten Symptome empfahl mehr als die Hälfte der Ärzte wenigstens einmal eine Umgangseinschränkung, meist auf eine konkrete Bitte des Elternteils hin, der mit dem Kind in die Sprechstunde gekommen war. Kaum ein Arzt sprach zuvor mit dem anderen Elternteil, der bei dem Arztbesuch nicht zugegen war, obwohl die Ärzte ja wussten, dass ein Umgangs- oder Sorgerechtsstreit vorlag. So heißt es etwa in einem ärztlichen Attest: »Die Einbeziehung des leiblichen Vaters war aus ärztlicher Sicht nicht dringend notwendig, sofern er ein informelles Arztgespräch wünscht, müsste er sich zunächst mit der erziehungsberechtigten Mutter verständigen.«

Laut Andritzky vermuten fast alle Ärzte, der andere Elternteil habe kein Interesse, oder sie halten es für normal, dass nur die Mutter das Kind zum Arzt begleitet.

Hochgerechnet ergibt dies nach Ansicht Andritzkys mehr als 25000 Atteste im Jahr, die in Umgangs- oder Sorgerechtsstreitigkeiten auf die Anregung eines Elternteils hin ausgestellt werden, und mehr als 8000 Empfehlungen zur Umgangsbeschränkung.

Nur vierzehn Prozent der befragten Ärzte verweigerten ein

solches Attest – alle anderen stellten irgendwelche Krankheiten fest, darunter vor allem Infekte, gefolgt von Schlafstörungen, Verhaltensauffälligkeiten, diffusen Ängsten, Bauchschmerzen, Erbrechen oder Übelkeit und Einnässen. Bis auf die Infekte also alles Dinge, die man nach einem einmaligen Arztbesuch nicht wirklich als »bewiesen« ansehen kann.

Andritzky folgert, es sei unerlässlich, dass sich Ärzte über den privaten Kontext einer kindlichen Erkrankung informieren und in Erfahrung bringen, was der Elternteil mit einem Attest anfangen will. Er empfiehlt, Atteste ausschließlich mit dem Vermerk »zur Vorlage bei....« auszustellen, damit Missbrauch vermieden werde. Außerdem rät er den Ärzten, das Kind auch alleine zu befragen und zu überprüfen, ob Anzeichen für PAS (siehe Kapitel 3) vorliegen. Unbedingt müsse man auch den anderen Elternteil mit einbeziehen, wenn man trennungsbedingte Stress-Symptome diagnostizieren wolle. Dies gehöre zur Sorgfaltspflicht. Wenn dies nicht möglich sei, solle ein Attest grundsätzlich nicht ausgestellt werden – es sei denn auf familiengerichtliche Anforderung hin. Was der Arzt nicht selbst gesehen habe, solle er auf keinen Fall bescheinigen, zum Beispiel solle er sich nicht allein auf die Angaben eines Elternteils verlassen, wenn Grund zu der Vermutung bestehe, dass ein Umgangsstreit vorliege. Und er solle mit dem Kollegen Kontakt aufnehmen, der das Kind zuvor behandelt habe. Denn die Erfahrung lehre, dass Ärzte auch gern gewechselt würden, wenn sie die gewünschten Atteste nicht ausstellten[47].

Abgesehen von Dominiks »Schokoladenallergie« laufen die Umgänge für Bode aber wunderbar. Die Betreuerin der Familienbildungsstätte, die am Anfang immer mit auf dem Spielteppich gesessen hat, setzt sich nach dem zweiten Termin stets in eine Ecke und liest ein Buch. Und so vollzieht sich in diesen Wochen Bodes erneutes Vaterwerden. Zwar spricht er mit Dominik nicht über seine Vaterschaft. Und er kann auch damit leben, dass er ihn nicht als Vater behandelt und er nur irgendein Typ für ihn ist, der mit ihm spielt. Aber das ist ihm in dem Moment egal. Hauptsache, er kann ihn sehen.

Doch auch dieses Glück ist nicht von langer Dauer. Als die beiden sich das fünfte Mal treffen sollen und Bode die Treppe zum Spielzimmer hinaufgeht, kommt Dominik ihm entgegen und fragt ihn als Allererstes: »Warum schlägst du meine Mama?«

Bode ist sprachlos und wartet ab. Er geht mit seinem Sohn auf den Spielplatz, und nachdem sie dort ein wenig gewippt haben, greift er das Thema wieder auf. Er fragt ihn: »Dominik, weißt du, wir haben doch die ganze Zeit immer schön zusammen gespielt, oder?«

»Ja.«

»Dominik, du musst mir jetzt einen Gefallen tun. Du musst mir ganz feste glauben: Ich habe deine Mama nicht geschlagen. Glaubst du mir das?«

»Ja. Das sag ich auch Mama.«

Er blickt ihn an, wie er ihm da im Sandkasten gegenübersitzt, und er tut ihm unendlich leid. In was für eine bescheuerte Situation brachte ihn seine Mutter? Wie sollte er das alles einordnen? Womöglich würde der kleine Kerl nun auch noch Ärger bekommen, wenn er Prinz in seiner arglosen Art erzählen würde, sein Vater habe sie gar nicht geschlagen. Bode fühlt sich machtlos, und dabei will er seinen Sohn so gerne beschützen.

Nach dem zwölften Umgangstermin erklärt ihm die Mitarbeiterin der Familienbildungsstätte, dass es keine Notwendigkeit mehr gebe, den Umgang begleitet stattfinden zu lassen: »Sie und Ihr Sohn spielen miteinander wie ein Herz und eine Seele. Was wir jetzt brauchen, ist eine Deeskalation des Paarkonflikts. Das heißt: Elterngespräche.«

Beim ersten Gespräch gibt Prinz ihm zur Begrüßung nicht einmal die Hand. Die Betreuerin lässt durchblicken, dass beide sich auf unbegleiteten Umgang einigen sollen, ansonsten werde sie die Sache zurück ans Gericht geben, das den unbegleiteten Umgang postwendend anordnen würde.

Prinz ruft: »Nein, das geht ja schon mal gar nicht. Da muss ich mir was einfallen lassen!«

Beim nächsten Elterngespräch ist es nicht besser. Die Mitarbeiterin kommt gar nicht dazu, ein Paargespräch anzumoderieren, sondern Prinz versucht sofort, einen Streit vom Zaun zu brechen: »Also, das geht ja wohl gar nicht, dass Herr Bode mit dem Kind einen Ausflug macht!«

Die beiden Mitarbeiterinnen der Familienbildungsstätte und Bode werfen sich irritierte Blicke zu, und Bode fragt: »Ausflug? Wir sind doch nie weiter als die 150 Meter zum städtischen Spielplatz gegangen.«

»Nee, also, das geht ja gar nicht, das muss ja vorher abgesprochen werden!«

In Bodes Augen treibt sie es wirklich auf die Spitze. Während des gesamten Termins geht es um die Definition des Wortes »Ausflug«. Die Betreuerin wird sehr ärgerlich, aber am Ende ist Prinz die Siegerin: Wieder wurde nicht über den unbegleiteten Umgang gesprochen.

Der einzige Lichtblick an diesem Tag: Die Nachricht vom Gericht zum Mutterunterhalt ist eingetroffen. Von den inzwischen mehr als 40 000 Euro, die Prinz gefordert hatte, würde sie 2400 Euro bekommen und 14/15 der Verfahrenskosten tragen müssen. Also würde sie am Ende wahrscheinlich noch drauflegen müssen.

Beim nächsten Umgangstermin muss Dominik am Ende des Zusammentreffens auf die Toilette. Er ist auch zuvor schon in der Einrichtung auf die Toilette gegangen, und Bode war mit der Mitarbeiterin übereingekommen, dass er ihn dorthin begleitet, weil Dominik zwar alleine auf die Toilette gehen kann, aber zu klein ist, um die Klospülung zu bedienen. Auch an Seife, Handtuch und Wasserhahn reicht er nicht heran, außerdem muss die

Wassertemperatur umständlich per Hand reguliert werden, da es ein altes Gebäude ist und das Wasser zunächst zu heiß ist. Während des Pinkelns braucht Dominik jedoch keine Hilfe.

Diese gemeinsamen Toilettenbesuche sind vierzehn Mal gut gegangen, aber bei diesem fünfzehnten Mal wartet Prinz schon auf dem Flur, als Dominik muss. Kurz nachdem Vater und Sohn in der Toilette verschwunden sind, schreit sie: »Der Kleine kann alleine aufs Klo gehen.«

Dominik hockt aber schon auf der Toilette, und so reagiert Bode nicht. Da reißt sie die Tür auf und schnauzt ihn an: »Was bildest du dir ein, den Kleinen einfach zu begleiten!«

Dominik sitzt währenddessen mit heruntergelassener Hose und offenem Mund auf der Toilette.

Bode empfindet Prinz' Verhalten als bodenlose Frechheit und verlässt die Toilette auf der Stelle, um Dominik dieser Situation nicht länger auszusetzen. Die Tür steht offen, und das Kind sitzt alleine auf dem Topf und ist einigermaßen verstört. Prinz folgt Bode und wettert weiter.

Beim nächsten Elterngespräch bittet Bode eindringlich darum, dass Prinz auch einem Vierjährigen eine gewisse Etikette entgegenbringen solle und keine Szenen machen möge, wenn er gerade auf der Toilette sitze. Doch sein Anliegen geht vollkommen unter.

Beim nächsten Umgang macht Dominik einen ziemlich verstörten Eindruck auf ihn. Er ist ganz verheult und ruft die ganze Zeit: »Ich will nicht mit Volker spielen! Ich will gar nicht mehr mit Volker spielen! Ich will nur noch mit Mama spielen!«

Prinz und ihr Vater reden auf ihn ein: »Ja, jetzt tust du hier mal schön spielen.«

Die Betreuerinnen reden ebenfalls auf ihn ein wie auf ein krankes Pferd. Und Bode lockt ihn auch: »Ich habe dir neue Autos mitgebracht, schau mal!« Eine dreiviertel Stunde lang versuchen alle Erwachsenen, Dominik zu überzeugen.

Aber er ist vollkommen durch den Wind und bleibt nicht bei

seinem Vater. Er rennt herum, springt die Treppen herauf und herunter und will zur Haustür hinaus. Von einem Mal auf das andere. Bode ist sich sicher, dass seine Ex Dominik wieder irgendetwas über ihn erzählt hat. Oder aber Dominik spürt, dass seine Mutter nicht will, dass er mit seinem Vater spielt. Denn es ist absolut nichts vorgefallen, was diesen rapiden Stimmungsumschwung rechtfertigen würde. Auch die beiden Mitarbeiterinnen sehen das so.

Beim nächsten Umgangstermin ist es genau das Gleiche. Sobald seine Mutter gehen will, ruft er: »Ich bleib hier nicht! Mama, geh nicht weg!«

»Was ist denn los, was hast du denn?«, fragt Bode ihn.

»Wir hatten doch immer so viel Spaß, kannst du dich noch erinnern?«

»Magst du mich nicht mehr?«

»Was hat dir denn nicht gefallen?«

»Sollen wir etwas anderes machen?«

»Du hast dich doch immer so gefreut beim Spielen. Warum ist das denn jetzt so plötzlich ganz anders?«

Doch Dominik lässt sich überhaupt nicht auf seine Fragen ein. Bode zeigt ihm alte Autos, er zeigt ihm neue Autos und die Autos, mit denen er selbst als Kind gespielt hat.

Doch Dominik ruft nur immer wieder: »Ich bleibe hier nicht, ich geh hier weg, ich will nach Hause!«

Er blickt seinen Vater nicht einmal an, dieser kleine Junge, der noch sein ganzes Leben vor sich hat. Der das alles noch gar nicht einordnen kann. Und Bode muss zusehen, wie ihm seine Möglichkeiten verbaut werden, wie sein Leben von Bitterkeit überschwemmt wird.

Er denkt: »Dominik wird später nur drei Alternativen haben, die Dinge zu sehen. Erstens: Seine Mutter ist eine doofe Nuss. Zweitens: Sein Vater ist ein Arsch. Drittens: Alle beide sind scheiße. Keine schöne Perspektive für ein kleines Kind, das ein unbeschwertes, freies Leben verdient hat. Und wenn er sich für Alternative drei entscheidet, gelangt er womöglich als Jugendlicher auf die schiefe Bahn oder wird depressiv.«

Von diesem Tag an will Dominik nicht mehr mit ihm spielen, und Prinz bricht die Umgänge ab. Bode stellt also abermals einen Antrag auf Umgang bei Gericht, denn der Beschluss des Oberlandesgerichts hat ja weiterhin Gültigkeit. Im Vorfeld dieser Verhandlung erreicht ihn ein Schreiben von Prinz' neuer Anwältin – es ist inzwischen ihre fünfte –, in dem Prinz behauptet, er habe bei jenem Toilettengang, bei dem sie diese Szene gemacht hatte, an Dominiks Popo herumgefummelt.

Der Richter nimmt das jedoch in der Verhandlung kaum zur Kenntnis, er fragt Prinz lediglich: »Warum sind Sie denn nach diesem angeblichen Übergriff nicht mit dem Kind zum Arzt gegangen?«

Statt sich auf ihre Argumentation einzulassen, beschließt er, Dominik anzuhören, und sucht ihn wenig später im Kindergarten auf. Ergebnis dieser Anhörung ist, dass der Richter es durchaus für möglich hält, dass Dominik seinen Vater in Wirklichkeit ganz gern wiedersehen würde. Daraufhin stellt Prinz' Anwältin einen Befangenheitsantrag gegen den Richter. Der Richter erklärt dazu, er sei nicht befangen, und begründet dies. Daraufhin geht die Sache in die nächste Instanz, ans Oberlandesgericht, das den Befangenheitsantrag ablehnt.

Seit Juni 2008 hat Bode seinen Sohn aufgrund der konsequenten Weigerung der Mutter nicht mehr gesehen. Im Sommer 2009 beauftragt das Gericht eine Psychologin mit der Erstellung eines Gutachtens, das klären soll, ob der Umgang Dominiks mit seinem Vater dem Kindeswohl entspricht und ob die Weigerung Dominiks, den Vater zu sehen, zu einem Ausschluss von Bodes Umgangsrecht führen muss. Anders ausgedrückt: Die Psychologin soll herausfinden, ob es Dominik gut tut, den Vater zu sehen. Sollte das nicht der Fall sein, wird das

Gericht Bode sehr wahrscheinlich verbieten, seinen Sohn weiterhin zu sehen.

Ich war vor einiger Zeit bei meiner Mama – deiner Oma, die du bis heute nicht kennst. Wir haben Legosachen auf dem Dachboden gefunden. Das Raumfahrtprogramm mit all den kleinen Astronauten und Raumschiffen. Und eine ganze Menge alter Autos: Meinen großen Kran von Tante Hildegard und den Postbus, den deine Oma, dein Opa und ich mal in der Schweiz gekauft haben. Vor nicht ganz dreißig Jahren habe ich damit gespielt, und gerne würde ich auch zusammen mit dir damit spielen.

Ich vermisse dich.
Dein Papa

3. ENTFREMDETE KINDER

Wenn Eltern sich trennen, ist das sehr schlimm für die Kinder. Das wollen viele Eltern nicht wahrhaben. Sie machen sich etwas vor, weil sie den Gedanken nicht ertragen können, ihren Kindern wehgetan zu haben. Also denken sie: Es ist zwar schlimm für unser Kind, dass wir uns getrennt haben, aber es gibt Schlimmeres. Und in der Tat gibt es Schlimmeres: Wenn die Eltern sich nicht nur trennen, sondern auch noch ihre gemeinsame Elternschaft leugnen. Kinder nehmen ihre Eltern nicht als Paar, sondern als Vater und Mutter wahr. Sie ahnen zwar, dass es neben der Elternschaft auch eine Beziehung zwischen Mann und Frau gibt, aber die spielt für sie selbst keine Rolle. Sie begreifen nicht, dass die Eltern ihre Rolle als Eltern weiterleben wollen und dass sie sie von ihrer Rolle als Paar abspalten. Kinder können beides nicht voneinander trennen. Also haben sie Existenzängste.

Gerhard Amendt, Professor für Soziologie am Institut für Geschlechter- und Generationenforschung der Universität Bremen, hat im Zuge seiner Forschung oft darauf hingewiesen, wie unverständlich ihm dieses Verhalten mancher Eltern ist, und als eine Erklärung auch eine »scheidungsmütterliche Boshaftigkeit« ausgemacht, in deren Folge Mütter die Treffen zwischen Vater und Kind behindern, selbst wenn beide sich zuvor gut verstanden haben[48]. Das ist für Amendt deshalb um so unverständlicher, als diese Frauen sich damit das Leben selber schwer machen, da sie damit sozusagen auf einen kostenlosen »Babysitter« verzichten. Der Grund dafür könnte sein, dass die Mütter Schuldgefühle wegen der Scheidung haben und denken, sie seien dem Kind deswegen keine gute Mutter. Um dieses Schuldgefühl loszuwerden und sich als gute Mutter zu rehabilitieren, so vermutet Amendt, verstoßen sie den Vater und stellen sein Verschwinden dem Kind gegenüber als Schuld des Vaters dar: »Er will dich nicht mehr sehen.«

Ein Kind aber, das seinen Vater nicht mehr sehen darf, will seine Mutter nicht auch noch verlieren. Daher wird es alles tun, was die Mutter will. Wenn sie schlecht über den Vater redet, gerät es in einen Loyalitätskonflikt, weil es den Vater ebenso liebt wie die Mutter. Nach dem Motto: »Wenn ich Papa lieb habe, enttäusche ich Mama, weil die Papa blöd findet.« Wenn die Mutter aber jahrelang immerzu schlecht über den Vater redet und gleichzeitig weitestgehend den Kontakt des Kindes zu ihm unterbindet, gleicht dies einer Gehirnwäsche, der sich das Kind nicht entziehen kann, weil es von ihr abhängig ist. Es wird sich dann davor schützen, diesen von der Mutter stark abgelehnten Mann immerzu vermissen zu müssen, und selbst glauben, dass sein Erzeuger ein ganz mieser Kerl sei.

Dadurch wiederum erscheint die Trennung vom Mann in den Augen der Mutter legitim: »Siehst du, mein Kind, ich hatte Recht, dein Vater ist wirklich ein Idiot.« Sie braucht dann keine Schuldgefühle mehr zu haben, weil das Kind dem Vater ja nun ebenso distanziert gegenübersteht wie sie selbst. Kinder, die ihren Vater nicht sehen wollen, tun der Mutter also einen Gefallen, oft ohne es zu merken. Nicht die Mutter, sondern allein der Vater, »dieser Idiot«, ist schuld daran, dass es dem Kind schlechtgeht. Würde das Kind den Vater hingegen weiterhin lieben, dann müsste sich die Mutter eingestehen, mit daran schuld zu sein, dass die Familie des Kindes zerstört wurde.

Um Kinder dazu zu bringen, den Vater abzulehnen, genügen schon relativ harmlose Bemerkungen wie »*Wir* können uns das jetzt nicht mehr leisten, aber der Papa kann dir das bestimmt kaufen, der hat ja schließlich auch genügend Geld, mit seiner neuen Freundin dauernd in Urlaub zu fahren« – verteilt über einen langen Zeitraum. Das Kind lernt durch diese ständigen Spitzen, dass Papa an allem schuld sei, was seit der Trennung schlecht läuft. Dass es den Vater eigentlich liebt und er ihm ein guter Vater war, passt nicht zu dem, was die Mutter ständig erzählt. Insbesondere dann nicht, wenn sie auch das, was der Vater im Umgang mit dem Kind vielleicht besser macht oder kann als sie selbst, nicht anerkennt.[49]

127

Der amerikanische Kinderpsychiater Richard Gardner hat diesen Zustand zuerst beschrieben und ihn als Parental Alienation Syndrome (PAS), zu deutsch »elterliches Entfremdungssyndrom« bezeichnet.[50] Er schätzt, dass 90 Prozent der Kinder, deren Eltern um das Sorge- oder Umgangsrecht streiten, unter PAS leiden: Sie fühlen sich dem abwesenden Elternteil entfremdet, lehnen ihn ab, ja, sie betrachten ihn sogar als Feind – auch, um die Mutter vor dem Verdacht der Gehirnwäsche zu schützen. Sie wollen ihn nicht mehr sehen, weil das für sie die einzige Möglichkeit ist, der Missachtung ihrer Bedürfnisse durch die Mutter zu entgehen.

Wenn das Kind sich also weigert, den Vater zu sehen, obwohl der ihm nie etwas getan hat, ist dies der größte anzunehmende Unfall, ein letztes Alarmzeichen, mit dem das Kind zeigt: Ich kann nicht mehr! Spätestens jetzt (eigentlich aber schon Jahre früher) müssen alle, die mit dem Fall zu tun haben – Jugendamt, Gutachter, Gericht, Eltern – eingreifen, um das Kind aus seiner inneren Not zu befreien[51]. Leider geschieht dies immer noch viel zu selten.

Im Fall des inzwischen 25 Jahre alten Physikstudenten Timo Struve etwa führte das Ruhe-Argument, gepaart mit mangelnder Kompetenz der beteiligten Richter und Sachverständigen zu einem völligen Umgangsausschluss – mit schlimmen Folgen zuerst für die Vater-Sohn-Beziehung, dann für Timo selbst und zuletzt für die Mutter-Sohn-Beziehung.

Timo Struves Eltern trennen sich, als er sieben Jahre alt ist. Vorangegangen sind jahrelange Zankereien, an die er sich noch gut erinnern kann. Nach einem besonders schlimmen Streit, in dessen Zuge, so behauptet es die Mutter später immer wieder, der Vater sie geschlagen haben soll, verfrachtet die Mutter ihn und seine jüngere Schwester ins Auto und fährt mit ihnen weg. Am Abend kehrt sie allerdings zurück nach Hause. Timo glaubt inzwischen, dass es daran lag, dass sie so schnell nirgends unterkommen konnte. Dass es ihr ernst ist mit dem Auszug, wird ihm spätestens klar, als er ein paar Tage später aus der Schule kommt und Mutter und Schwester ihn mit gepacktem Auto erwarten.

»Steig ein«, sagt die Mutter.

Er ist schockiert, verwirrt und traurig. Am gleichen Tag ziehen sie bei einer Bekannten der Mutter ein, die eine halbe Stunde vom Dorf der Eltern entfernt in Darmstadt wohnt. Am nächsten Morgen muss Timo, der nichts von der ganzen Aktion geahnt hat, auf eine neue Schule gehen. Die Unterschrift der Mutter zur An- und Abmeldung genügt, keine der beiden Schulen schert sich um die Rechte des mitsorgeberechtigten Vaters, sie werden aufgrund der Verschleierungstaktik der Mutter zu Mittätern und Wegbereitern für die künftige Umgangsverweigerung der Mutter.

Die Mutter erklärt Timo, dass sie bald wieder zurück zum Vater gehen werden. Er solle ein bisschen nach ihnen suchen, sich entschuldigen, und dann sei alles wieder gut. Ein paar Wochen später findet der Vater seine Familie tatsächlich. Aber er möchte nicht mehr mit der Mutter zusammenleben.

Danach sieht Timo den Vater einige Monate lang nicht. In dieser Zeit beginnt die Mutter, schlecht über den Vater zu reden. Als sie zum Beispiel eines Tages Waffeln backen will, stellt sich heraus, dass der Vater das Waffeleisen nach der Trennung behalten hat. Die Mutter sagt: »Er hat es gestohlen.«

Timo ärgert sich in diesem Moment darüber, dass sie nun kein Waffeleisen zum Waffeln backen haben. Ihm fällt nicht auf, dass Mutter und Kinder alle Möbel und auch den Fernseher aus der gemeinsamen Wohnung mitgenommen haben.

Auch über die intellektuellen Fähigkeiten des Vaters lässt sich die Mutter, die aus dem klassischen Bildungsbürgertum stammt, aus. Der Vater kommt aus einer Arbeiterfamilie, ist von Beruf Sozialarbeiter und leitet ein städtisches Jugendzentrum. Wenn ein Brief von ihm ankommt, macht sie sich über seine Rechtschreibung lustig.

Später fängt sie die Briefe dann ab und unterbindet auch Anrufe des Vaters. Manchmal zeigt sie den Kindern aber doch eines seiner Schreiben, »um einen neuen Grund zum Lästern zu haben«, erkennt Timo heute.

Zum Beispiel legt sie ihnen eine Urlaubspostkarte vor, verbunden mit der Frage, wie der Vater sich diesen Urlaub leisten konnte, wo er ihnen doch keinen Unterhalt zahlen wolle. Heute weiß Timo, dass der Vater regelmäßig Kindesunterhalt gezahlt hat. Damals aber glaubte er der Mutter, dass der Vater nicht zahle.

Als der Vater den Umgang nach der Trennung endlich eingeklagt hat, dürfen die Kinder ihn drei Tage im Monat sehen: einmal im Monat von Samstag auf Sonntag und einmal im Monat einen ganzen Samstag. Obwohl der Vater das Sorgerecht mit der Mutter teilt und die Eltern zu diesem Zeitpunkt noch nicht einmal geschieden sind.

Als Timo zehn Jahre alt ist, zieht die Mutter mit den beiden Kindern nach Bielefeld. Sie ist Professorin für Soziologie und folgt einem Ruf der dortigen Universität. Ein Jahr später, als seine Schwester eingeschult wird und Timo aufs Gymnasium wechselt, machen die drei in den Sommerferien eine sechswöchige Mutter-Kind-Kur, obwohl der Vater mit den Kindern zwei Wochen wegfahren wollte und das Gericht dies auch verbindlich festgelegt hatte. Als der Vater ein neues Verfahren anstrengt, damit der Umgang nachgeholt wird, erklärt die Mutter den Kindern: »Seht mal, der zerrt euch schon wieder vor Gericht. Er muss doch wissen, wie sehr ihr das hasst!«

Sie hat Recht. Timo hasst es, vor Gericht zu gehen und dort aussagen zu müssen. Seit die Eltern sich getrennt haben, so scheint es ihm, muss er jedes Jahr vor Gericht – die Mutter streitet um mehr Kindesunterhalt und um weniger Umgang des Vaters, der Vater versucht als Reaktion darauf, mehr Umgang zu bekommen. An diesen Tagen fehlt Timo in der Schule, und in der Entschuldigung, die er der Lehrerin vorlegen muss, steht, dass er zu einem Familiengerichtsprozess geladen ist. Am nächsten Tag fragen ihn seine Mitschüler, wo er am Vortag gewesen ist. Es ist ihm unangenehm, es ihnen zu sagen. Ebenso unangenehm ist ihm, dass sein Erscheinen vor Gericht von seiner Mutter zu einer Art Prüfungssituation stilisiert wird. Sie redet ihm ein, die Leute, mit denen er dort zu tun habe, wollten ihm Böses und wollten ihn zum Umgang mit seinem Vater zwingen. Er müsse dies zu verhindern wissen. Wenn er seine Sache gut mache, gelinge ihm dies auch. Doch Timo möchte den Umgang mit dem Vater und hat ihr dies in den rückliegenden Jahren immer wieder gesagt. Seiner Mutter zufolge hatte und hat er den Umgang jedoch nicht zu wollen. Und so hat er irgendwann aufgehört, ihr zu sagen, dass er den Vater sehen will. Timo glaubt, dass er deswegen in der Vergangenheit manchmal geweint hat, ohne sagen zu können, warum. Einmal geschah dies während eines Spaziergangs, den er mit der Mutter und Bekannten der Mutter unternahm. Ihm kamen die Tränen, doch er konnte keinen Grund dafür nennen. »Wahrscheinlich war es, weil ich nicht sagen durfte, warum ich traurig war, und das deshalb selbst verdrängt hatte«, meint er heute.

Das zweite Mal weint er anscheinend grundlos, als er mit dem Vater im Urlaub ist. Heute vermutet er, dass es deswegen war, weil er lieber beim Vater gelebt hätte. »Dort war es schöner. Er hat uns normal behandelt, wie Kinder. Im positiven Sinne. Er hat mit uns gespielt, uns unser Lieblingsessen gekocht, uns Geschenke gekauft und mit uns die Großeltern besucht.«

Die Mutter indessen habe sich eher um sich selbst gekümmert als um ihn und seine Schwester. Sie sei eine Egoistin. Sie habe sich mit ihrer gesamten Familie zerstritten, und wenn sie doch einmal die Oma mütterlicherseits besucht hätten, sei die Mutter ständig nur über die anderen Geschwister hergezogen. Um den Kindern Geschenke zu machen oder mit ihnen Pizza oder Eis essen zu gehen, sei seine Mutter zu geizig.

Als Timo in einem der zahlreichen Umgangsverfahren aussagt, dass es ihm bei seinen Großeltern väterlicherseits immer gut gefalle, findet sie das unmöglich von ihm. Vor dem nächsten Gerichtstermin denkt sie sich Gründe aus, aus denen Timo seine Großeltern nicht zu mögen hat. Sie erklärt ihm: »Sag nicht noch mal, dass es dir dort gefällt. In Wirklichkeit gefällt es dir doch gar nicht, denk bloß mal daran, wie …«

»Aber alle Gründe, die sie nannte, waren erfunden«, sagt Timo heute.

Erfunden sind auch die Erklärungen dafür, dass die Kinder den Vater nicht grüßen sollen, wenn sie ihn vor einem Gerichtstermin im Flur vor dem Gerichtsaal antreffen. Timo mag das Gefühl nicht, das er hat, wenn der Vater ihn grüßt und er nicht zurückgrüßen darf. Stumm geht er an ihm vorbei, traut sich nicht, ihn anzublicken, da er so unhöflich zu ihm sein muss. Unglücklich läuft er hinter der Mutter und der Schwester her und nimmt mit ihnen in einer anderen Zone des Wartebereichs Platz. Auch Geschenke darf er nicht annehmen, obwohl der Vater meistens welche dabeihat. Er versucht stets, mit seinen Kindern ins Gespräch zu kommen. Aber nie gelingt es ihm. Die Mutter indes grüßt den Vater stets zurück. »Es sollte so aussehen, als *wollten* wir bloß nicht grüßen«, erinnert sich Timo.

Auch was den Umgang mit dem Vater angeht, stellt die Mutter die Weichen so, wie sie es für richtig hält. Schon während der sechswöchigen Mutter-Kind-Kur in den Sommerferien hat sie Timo immer wieder zu überreden versucht, dass er dem Vater schreiben solle, er wolle ihn nicht mehr sehen. Nun als die Kur zu Ende ist und Timo wegen des ausgefallenen Umgangs wieder vor Gericht aussagen soll, bearbeitet sie ihn immer stärker. »Sie versuchte jeden Tag und bei allen Gelegenheiten, mich dazu zu bewegen, endlich diesen Brief zu schreiben – sie war sehr hartnäckig«, erinnert er sich.

Timo wehrt sich dagegen, sagt, er wolle den Brief nicht schreiben. Monatelang geht das so, immer wieder bedrängt die

Mutter ihn, er solle doch jetzt endlich diesen Brief schreiben, er solle dem Vater endlich erklären, dass er am nächsten Besuchswochenende nicht zu kommen brauche, weil er und die Schwester ihn im Moment nicht sehen wollten. Er und die Schwester, so formuliert es die Mutter, seien ärgerlich darüber, dass der Vater sie abermals vor Gericht gezerrt habe.

Als er elf Jahre alt ist, gibt Timo auf. »Ich wollte endlich Ruhe vor meiner Mutter haben.« Er schreibt dem Vater, was die Mutter ihm diktiert:

September 1995
Lieber Papa,
mir reicht es jetzt mit diesen Gerichtsterminen und ähnlichen Sachen und ich möchte vorerst nichts mit dir zu tun haben. Ich will nicht, dass du am Freitag kommst und meine Schwester will dich auch nicht besuchen. Ich finde es auch ganz blöd, dass du so tust, als wenn Mama die Besuche behindert. Du weißt doch genau, dass ich am Anfang nicht zu dir wollte zu Besuch. Das hatte ich auch der Frau vom Jugendamt und dem Richter gesagt. Trotzdem musste ich dich besuchen und Mama hat mir immer gut zugeredet, dass ich mit dir fahren soll. Jetzt könnt ihr Reden wir ihr wollt ich weiß selbst was ich will.

Timo

Während er schreibt, ist er unwillig und unglücklich, außerdem hat er das Gefühl, dass er seinem Vater Unrecht tut und ihn sehr, sehr traurig macht. Doch das alles darf er nicht zeigen. Als er fertig ist, baut die Mutter ihn auf. Sie lobt ihn: »Das hast du ganz toll gemacht, ich bin sehr stolz auf dich.«

Normalerweise lobt sie ihn nur selten, und Timo freut sich über das Lob, das der Mutter doch in Wirklichkeit nur dazu dient, seine emotionale Verpanzerung positiv zu verstärken.

Beiläufig hat die Mutter ihm auch gesagt, dass er den Vater am nächsten Besuchswochenende wieder sehen dürfe. Das tröstet ihn. Doch als das Wochenende naht, soll er ihm plötzlich abermals einen solchen Brief schreiben, in dem es allerdings nicht mehr nur um das kommende Wochenende geht, sondern in dem es heißt, er wolle den Vater »vorerst« nicht sehen. »Sie hat das Ganze Stück für Stück aufgebaut«, erinnert sich Timo, »jedes Mal wurde mein Widerstand etwas kleiner, und irgendwann war er gar nicht mehr vorhanden.«

Die folgenden Briefe, verbunden mit weiterem Lob, schreiben sich für ihn schon nicht mehr ganz so schwer:

Oktober 1995
Lieber Papa,
am 12. September habe ich dir geschrieben, dass wir dich im Moment nicht sehen wollen. Daran hat sich nichts geändert.

Viele Grüße, Timo

Anfang November 1995
Lieber Papa,
wie du weißt, wollen wir dich zur Zeit nicht besuchen.

Timo

Ende November 1995
Lieber Papa,
auf die Frage, was wir uns zu Weihnachten wünschen, antworten wir Kinder dir: Wir wünschen uns, dass du uns in Ruhe lässt! Ich hoffe, dass dir diese Sprache kindgerecht genug ist.

Timo

Niemand darf von dem Verhalten der Mutter wissen. Und niemand erfährt davon. Wenn Besuch da ist, behauptet die Mutter selbst im Beisein der Kinder: »Ich will ja, dass sie den Vater sehen, aber die Kinder wollen halt nicht.«

Vor Gericht ist es genauso. Sie sagt: »Da kann ich doch nichts machen, wenn sie nicht wollen.«

Dabei bereitet sie die Kinder auf jeden Prozess wochenlang akribisch vor. Beim Spazierengehen, beim Essen, es ist eine ständige Infiltration. Sie redet ihnen ununterbrochen ein, dass sie den Vater nicht sehen wollen, und erklärt ihnen: »Wenn der Richter das und das sagt, meint er eigentlich das und das, und dann müsst ihr das und das sagen«, erinnert sich Timo.

Als er im Dezember 1995 durch einen Richter des Amtsgerichts Bielefeld angehört wird, resümiert der Richter: »Timo will den Vater nicht sehen, da er ihn schon wieder ›vor Gericht gezerrt‹ habe. Auf die Bitte hin, andere Gründe zu nennen, sagt er, es gefalle ihm beim Vater nicht mehr. Die Besuche bezeichnete Timo als nicht so schön und verwies ein wenig pauschalisiert auf die neue Lebensgefährtin des Vaters.«

Das Fazit dieses Richters lautet: Die Kinder lehnen Besuche beim Vater nicht grundsätzlich ab. Nach den Weihnachtsferien sollte man mit den Besuchen beginnen.

Die Mutter bringt den elfjährigen Timo dazu, dem Richter auf das Protokoll der Anhörung zu antworten. Er leistet keine Gegenwehr, als die Mutter ihm den Brief diktiert. Auch nicht innerlich:

Als ich las, was im Schriftsatz stand, war ich sehr empört. Nun schreibe ich einmal einige Dinge auf, über die ich mich besonders aufgeregt habe:

Seite 1, Satz 1: Ich lehne Besuche sehr wohl grundsätzlich ab.

Überhaupt nichts wurde so wiedergegeben, wie ich es sagte. Niemand, am allerwenigsten mein Vater, kann besser als ich selbst wissen, was ich fühle und will. Ich besuche ihn erst wieder, wenn ich auch wieder will!

»Ich war inzwischen so weit, dass ich glaubte, was sie sagte«, erinnert sich Timo, »meine Mutter hatte mich ganz auf ihre Linie gebracht.«

Heute kommt es ihm vor wie eine Gehirnwäsche, der sie ihn unterzogen hat und der er sich nicht entziehen konnte: »Ich habe bei ihr gewohnt, sie war meine einzige Bezugsperson und mein Lebensmittelpunkt. Ich war abhängig von ihr. Ich tat immer, was sie wollte. Ich war nie rebellisch, habe mich nie gegen sie durchgesetzt. Ich hatte eher Angst, sie auch noch zu verlieren.«

Und die Mutter geht sehr subtil vor. Sie sagt nie: »Dein Vater, dieser Idiot«, oder Ähnliches. Vieles von dem, was sie sagt, hört sich sogar harmlos an. Zum Beispiel betont sie die Ähnlichkeiten zwischen sich und Timo. Sie sagt ihm, dass sie früher genauso gut in der Schule war ,wie er es nun ist, und dass sie die gleichen Fächer mochte wie er. Oder dass viele Leute finden, sie sähen einander ähnlich. Gleichzeitig betont sie die Unterschiede, die sie zwischen Timo und dem Vater zu sehen meint. Sie und Timo sind in ihrer Argumentation die Klugen, der Vater ist der Dumme.

Bloß wenn sie ärgerlich auf Timo ist, sagt sie »Du bist wie dein Vater«. Das ist dann als Beschimpfung gemeint.

Irgendwann nennt sie den Vater nicht mehr Vater, sondern »Erzeuger«. Oder sie nennt ihn einfach nur »Herr Geßmann«. Schöne Erinnerungen an die Zeit, als der Vater noch zur Familie gehörte, sind hingegen tabu. »Im Nachhinein durften meine Erinnerungen nicht mehr glücklich sein«, erinnert sich Timo. »Entweder, sie sollten nicht existent sein, oder sie durften nicht so glücklich sein, wie ich sie abgespeichert hatte. Sie betrieb Vergangenheitsfälschung.«

Im Januar 1996 schreibt er erneut an den Richter: »*Außerdem lasse ich mich nicht zwingen, meinen Vater zu sehen.*«

Er spürt, dass er der Mutter damit eine Freude macht. Er hat inzwischen sehr genau im Gefühl, was er sagen soll und was nicht. Und dass es ihm bei der Mutter besser geht, wenn er sagt, was sie hören will.

Trotz all dieser Aussagen ordnet der Richter Umgang an, da

er der Meinung ist, dieser Umgang widerspreche dem Kindeswohl nicht: »Timo hat den Eindruck hinterlassen, dass er trotz der großen Belastung, unter der er immer noch steht, nicht grundsätzlich Besuche verweigern will.«

Auffallend sei, dass sich die Mutter einem gemeinsamen Gespräch mit dem Vater vor Gericht nicht stellen wolle. »Ein gewisses Bestreben zur Verzögerung sieht das Gericht auch darin, dass die Mutter – überraschend für das Gericht, den Vater und möglicherweise sogar ihre eigene Bevollmächtigte – eine Ferienfreizeit für die Weihnachtsferien telefonisch am 15. 12. 1995, also nach dem gerichtlichen Anhörungstermin für die Eltern, mitgeteilt hat, obwohl der Vater bereits seit August einen Antrag auf Regelung für die Weihnachtsferien gestellt hat.«

Ein Zwangsgeld ordnet der Richter nicht an, da er wohl hofft, die Mutter auch ohne finanziellen Druck auf den rechten Weg zurückführen zu können. Doch da hat er sich zu viel Einsicht versprochen: Als der erste richterlich angeordnete Umgangstermin ansteht, fährt die Mutter mit Timo und seiner Schwester übers Wochenende zu Bekannten. Der Vater, der den ganzen Weg von Darmstadt nach Bielefeld zurückgelegt hat, steht vor verschlossener Tür. »Meine Mutter hat uns deutlich spüren lassen, dass sie meinen Vater für gefährlich hält«, erinnert sich Timo. Sie habe oft Geschichten von früher erzählt, in denen es darum ging, dass der Vater gewalttätig sei. Auch geschlagen habe der Vater sie angeblich. Warum – diese Begründung bleibt sie den Kindern schuldig. Stattdessen weicht sie aus, erklärt, er sei eben geisteskrank und jähzornig. Timo, der diese Geschichten wieder und wieder aufgetischt bekommt, glaubt sie irgendwann. Und nach und nach beginnt er, selbst entsprechende Bemerkungen zu machen und den Vater schlecht zu machen. Wenn die Mutter zum Beispiel doch mal eine Postkarte »durchlässt«, macht er sich lustig über seine Rechtschreibung. Er nimmt wahr, dass die Mutter sich dann freut. Sie ist in solchen Momenten auch besonders nett zu ihm. Das alles führt dazu, dass er den Vater nicht nur ablehnt, sondern ihn bald für einen wahren Unmenschen hält.

Als der Vater eines Tages morgens unangemeldet an seiner Schulbushaltestelle steht, stürzt Timo Hals über Kopf in die nächste Straßenbahn, um zu flüchten, obwohl diese völlig überfüllt ist und er eigentlich in Begleitung mehrerer Mitschüler ist. Er hat Angst, dass der Vater ihm folgen und ihm beim Umsteigen »auflauern« könnte, erklärt er nach dem Vorfall einem Psychologen, dem die Mutter ihn vorstellt. In seinem Attest schreibt der Psychologe, »dass der Anblick des Vaters Timo in Panik versetzt«.

Nachdem die Mutter mehrere Umgangstermine hat ausfallen lassen, ordnet der Richter ein Zwangsgeld an für den Fall, dass sie den Umgang abermals verhindert. Sie hat nach »Überzeugung des Gerichts gegen die Besuchsregelung schuldhaft verstoßen«, weitere Verstöße seien zu befürchten. Weiter führt der Richter aus: »Sie sagt, sie sehe sich nicht in der Lage, ihren bald 12jährigen Sohn zum Umgang mit dem Vater zu zwingen. Es wird von ihr aber verlangt, dass sie Timo aktiv zu Besuchen ermuntert, auffordert und notfalls Besuche bestimmt, statt die Entscheidung Timo zu überlassen und dadurch den Druck auf ihn zu erhöhen, da er die Einstellung der Mutter zumindest ahnt.« Im letzten halben Jahr sei eine Mauer aufgebaut worden, sie müsse überwunden werden, und dabei habe die Mutter »aktiv und nachhaltig« mitzuhelfen.

Kurz darauf wird die Mutter verhaltensauffällig. Sie leidet an der Vorstufe einer psychischen Erkrankung, die unter anderem dazu führt, dass sie sich allerhand Dinge einbildet und an Verfolgungsgedanken leidet. Es ist so schlimm, dass Timo und seine Schwester ins Kinderheim müssen, nachdem die Tagesmutter das Jugendamt alarmiert hat. Timo ist auf Klassenfahrt, als diese Entscheidung getroffen wird. Als der Bus am letzten

Tag vor der Schule hält, steht dort ein Sozialarbeiter und bringt ihn auf direktem Weg ins Heim. Timo, inzwischen zwölf Jahre alt, erschrickt, ist verwirrt – und schämt sich fürchterlich. Warum er nicht zu seinem Vater kann, erfährt er erst viel später: Der ist damals auf den Seychellen im Urlaub, und obwohl er sofort einen Rückflug bucht und beantragt, die Kinder zu sich nehmen zu dürfen, kommt es nicht dazu. Denn ein Arzt bescheinigt der Mutter, das würde sie noch kränker machen. Dafür will kein Richter verantwortlich gemacht werden. Timo vermutet aber, dass er zu diesem Zeitpunkt ohnehin nicht mehr zum Vater gewollt hätte. Die Mutter jedenfalls redet ihm, als sie wieder mit ihm telefonieren darf, ein, der Vater sei schuld an dem Heimaufenthalt. Warum er daran schuld sein sollte, weiß Timo heute nicht mehr. Nur noch an die Folgen dieser erneuten Lüge erinnert er sich: Als der Vater ihn und seine Schwester im Kinderheim anruft – das immerhin darf er –, möchte Timo nicht mit ihm sprechen, sondern beschimpft ihn bloß und legt dann auf.

Nach drei Monaten dürfen die Kinder zurück zu ihrer Mutter, die gegen die Heimunterbringung prozessiert hat. Timo kann sich bis heute nicht erklären, warum sie den Prozess gewonnen hat. Ihm kommt es so vor, als habe sie es »mit ihrer üblichen Hartnäckigkeit und Penetranz geschafft, Dinge, die rechtlich eigentlich gar nicht möglich sind, bei Gericht durchzusetzen«.

Aus einem Gerichtsbeschluss in dieser Sache geht indes hervor, dass ein Arzt der Mutter versichert hat, sie werde wieder gesund. Das Gericht schließt sich der Meinung dieses Arztes an und führt weiter aus, dass man der Mutter nicht das Sorgerecht entziehen möchte, weil sie ja wieder gesund werde. Außerdem komme der Vater selber für das Sorgerecht nicht in Betracht. Warum nicht, wird nicht erläutert. Ursache dafür dürfte sein, dass die Mutter das gemeinsame Sorgerecht bei der Scheidung abgelehnt hatte. Vor der Reform des Kindschaftsrechts von

1998 war dies noch möglich – mit fatalen Folgen für die Kinder: Elternteile, die das alleinige Sorgerecht haben, glauben deutlich seltener als Eltern, die das gemeinsame Sorgerecht haben, dass ihre Kinder unter der Scheidung leiden. Das geht aus einer Befragung im Auftrag des Justizministeriums von mehr als 7000 geschiedenen Elternpaaren hervor.[52] Im Gegenteil: Der Untersuchung zufolge glaubt mehr als ein Drittel der Elternteile mit alleinigem Sorgerecht sogar, Trennung und Scheidung bereiteten den Kindern überhaupt keine Probleme. Demzufolge sehen sie auch weniger Grund, ihre Kinder bei der Bewältigung dieser Trennungserfahrung zu unterstützen – man könnte auch sagen: Da sie sich keiner Schuld bewusst sind, wollen sie nicht einsehen, dass ihr Kind in dieser Situation besonders viel Hilfe braucht. Frauen, die das alleinige Sorgerecht haben, reden weniger mit ihren Kindern über die Trennung als Frauen und Männer, die sich das Sorgerecht teilen, sie geben ihnen weniger Zuwendung und Zärtlichkeit, und sie lassen deutlich seltener Kontakte zum Vater zu.

In der Tat: Im Umgang mit Timo und seiner Schwester wird die Mutter nach diesem Etappensieg immer manipulativer. Timo ist deswegen oft wütend auf seine Mutter. Sie habe ihn nicht nur benutzt, um dem Vater zu schaden. Die beiden Kinder hätten auch die gesamte Hausarbeit alleine erledigen müssen. »Das Ganze baute sich nach und nach auf, und meine Mutter hat alles logisch begründet«, erinnert er sich. Sie habe zum Beispiel gesagt, dass sie Rückenschmerzen habe oder sich keine Putzfrau mehr leisten könne. Zum Rauchen habe das Geld aber noch gereicht. Taschengeld hingegen hätten sie nur selten bekommen, und wenn, dann sei es oft kurzfristig gestrichen worden, weil sie »böse« gewesen seien oder das Geld angeblich gerade knapp gewesen sei.

Seine Wut auf die Mutter kann Timo nicht zeigen: Er traut sich nicht. Außerdem weiß er, dass es sowieso nichts bringen würde. Seine Mutter hätte ihn »in Grund und Boden argumentiert«. Deshalb gibt Timo irgendwann jeglichen Widerstand gegen sie auf.

Besser geht es ihm dadurch nicht. Er ist unglücklich und weiß nicht, wie er etwas daran ändern könnte. Als er eines Tages wieder die ganze Hausarbeit erledigt hat und sie ihm wieder das Taschengeld streicht, ist er außer sich vor Zorn. Er kann nicht einschlafen, sondern bleibt die ganze Nacht wach und schreibt seiner Mutter einen wütenden Brief. Am Morgen zerreißt er ihn, weil er sich nicht traut, ihn ihr zu geben.

Ein psychologischer Gutachter attestiert dem dreizehnjährigen Timo, er wirke »ängstlich-kontrolliert, überwiegend ernst und von Sorgen um die Mutter und die Familie stark belastet. Er ist eng an die Mutter gebunden und zeigt, sicherlich auch aus dieser Bindung heraus, wenig Züge der Ich-Durchsetzung und der Eigenständigkeit.«

Im Zuge der psychologischen Untersuchung soll Timo auch seine Familie darstellen. Dazu gibt der Psychologe ihm Figuren. Oder er soll seine Familie malen oder sagen, was er in Tintenfleck-Bildern erkennt. Das Ergebnis ist immer gleich: Timos Familie besteht aus drei Personen: Seiner Mutter, seiner Schwester und ihm selbst. »Für mich hatte das damals so zu sein«, erinnert er sich.

Der Psychologe schreibt: »Seine Sicht auf die Familie ist außerordentlich polarisiert und durch Idealisierung der Mutter und Abwertung des Vaters bestimmt. Diese Polarisierung ist insofern unrealistisch, als sie Zwischentöne nicht zulässt. Er erlebt sich als eng gebunden an die Mutter, der Vater erscheint als ›Aggressor‹, der die Familie stört und mit dem nichts Positives verbunden wird – dessen Hinzutreten daher abgelehnt wird.«

Die Mutter, immerhin Professorin für Soziologie und daher mit Sicherheit eine gebildete und intelligente Frau, geht über dieses Gutachten hinweg, als existiere es gar nicht. Ihre Schuld am Vaterverlust der Kinder schweigt sie tot, die Ursache dafür liegt im Dunkeln. Man kann allenfalls erahnen, was die Gründe dafür sein könnten. So vermutet Timo heute, dass die Mutter den Vater eigentlich nicht verlieren, sondern ihm mit der die Trennung auslösenden »Flucht« nur Angst einjagen wollte. Dazu passt, dass die Mutter einer Gutachterin im Umgangsverfahren gegenüber ihren geschiedenen Mann noch Jahre später konsequent als »meinen Mann« bezeichnet, was die Gutachterin bemerkenswert findet und was ein Indiz dafür sein könnte, dass die Mutter die Beziehung zum Vater trotz der Scheidung innerlich noch nicht abgeschlossen haben könnte. Man könnte vermuten, dass sie den Vater durch die Verweigerung des persönlichen Umgangs mit seinen Kindern zu treffen versucht. Dafür spricht auch, dass sie den Vater den Kindern gegenüber, anders als im Gespräch mit der Gutachterin, nicht als ihren Mann, sondern als »euren Erzeuger« bezeichnet. Der Wunsch, Rache am Expartner zu üben und dazu die Kinder zu benutzen, ist in jedem Fall ein typisches Motiv, wenn Kinder entfremdet werden.[53]

Der Gutachterin im Umgangsverfahren erklärt die Mutter, Timo habe sich von Anfang an gegen die Besuche beim Vater gewehrt, in einer Weise, dass die Nachbarn dies bemerkt und verwundert reagiert hätten. Als Grund gibt sie an, er habe den Tag ihrer »Misshandlung« durch den Vater, der zur Trennung geführt hätte, mitbekommen. Sie habe Timo jedes Mal bearbeiten müssen, damit er den Vater besuche. Timo dagegen habe wiederholt geäußert, bei den Besuchen erlebt zu haben, vom Vater abgelehnt und abgeschoben zu werden. Er habe sich nicht ausreichend beachtet gefühlt. Der Vater habe alles, was Timo gesagt habe, vom Tisch gewischt. Das Kind sei oft mit eitrigen Infekten zurückgekehrt. Eine eigene Mitschuld für das Krankwerden ihres Sohnes hält die Mutter für unmöglich, obgleich dem Psychotherapeuten und psychologischen Sachverständigen Walter Andritzky zufolge körperliche, aber auch psychische Auffälligkeiten, ja selbst Infekte oder Schmerzen nicht nur durch eine Trennung ausgelöst werden können, sondern immer dann, wenn das Kind von einem Elternteil zum anderen wechseln soll und der betreuende Elternteil diesen Umgang ablehnt, zum Beispiel, weil das Kind »zur Ruhe« kommen soll.[54] Die Kinder spüren nämlich, dass die Leben der Eltern nicht mehr zusammenpassen, sie spüren deren gegenseitige Abneigung und ihr Misstrauen und können diese Erfahrung nicht mit ihrer Liebe zu beiden Eltern in Einklang bringen.

Je kleiner Timo gewesen sei, so die Mutter zur Gutachterin, desto eher habe sie ihn zu Besuchen beim Vater zwingen können. Es sei jedoch auffallend gewesen, dass Timo immer verstörter zurückgekehrt sei und er manchmal eine ganze Woche gebraucht habe, bis er wieder normal gewesen sei. Als er den Vater nicht mehr gesehen habe, sei er selbstbewusster geworden. Er habe dem Vater zum Beispiel gesagt, er gehe ihm »auf den Sack und er solle sich seine Postkarten sonst wohin stecken«. Darauf sei er stolz gewesen. Sie wisse, dass er den Vater hasse, dennoch finde sie es schrecklich, wenn er abfällig über ihn rede. Sie befürchte, dass er an den Bemühungen des Vaters um Umgang »kaputtgehe«. Sie selbst habe Übermenschliches geleistet, die Beziehung zwischen Timo und dem Vater herzustellen. Sie sei ein Mensch, der unheimlich viel hinnehme und aushalte und sich gefallen lasse und dafür weder Anerkennung noch ausreichend Würdigung erhalte. Weitere Besuche zwischen Vater und Sohn werde sie fördern, sollte Timo freiwillig zustimmen. Zwingen werde sie ihn jedoch nicht.

Den Kindern gegenüber verhält sie sich komplett gegensätzlich. Timo hat den Eindruck, sie denke nur an sich. Sie kauft ihnen viel zu große Kleidung, damit sie sie länger anziehen können und sie nicht so oft neue kaufen muss. Und sie lässt es nicht zu, dass sie sich nachmittags verabreden. »Offiziell durften wir das zwar. Aber meine Mutter nannte immer einen logischen Grund, warum wir gerade an diesem Tag nicht rausgehen sollten«, erinnert sich Timo. Sie habe zum Beispiel gesagt:

»Gestern warst du doch erkältet, ruh dich doch heute lieber noch aus.« Oder: »Wir müssen doch heute Abend noch dies und das erledigen, verabredet euch doch besser an einem anderen Tag.« So verbringen Timo und seine Schwester die Nachmittage alleine zu Hause, denn die Mutter ist in der Uni. In der Schule ist er nicht zuletzt deswegen, sicher aber auch aufgrund seines mangelnden Selbstbewusstseins, ziemlich unbeliebt. Er ist ein Außenseiter, die Mutter weigert sich auch, seine Klassenfahrten zu finanzieren.

Der Gutachterin, mit der auch die Mutter geredet hat, sagt der Vater, Timo habe ihm damals, als er ihn noch sehen durfte, erzählt, dass er abends im Bett öfter weine, weil die Mutter ihm verbiete, Freunde nach Hause einzuladen. Er habe ihn, den Vater, unter Weinen gebeten, seine Sorgen der Mutter nicht weiterzusagen. Timo habe wiederholt geäußert, als einzigen Menschen, den er besitze, habe er die Mutter. Sonst kenne er niemanden.

Auch mit Timo selbst spricht die Gutachterin. Auf die Frage, ob er an dem Vater auch etwas gut finden könne, antwortet er ihr blitzschnell: »Nein, nichts, gar nichts.« Den Vater habe er noch nie gemocht. Kein Richter könne ihn dazu zwingen. Schließlich zwinge auch niemand den Richter, seine Schwiegermutter zu besuchen, die er gar nicht leiden möge. Besonders verübele er dem Vater, dass er immer wiederhole, nicht er, Timo, lehne den Vater ab, sondern seine Mama würde ihm das einreden. Das sei bestimmt nicht richtig. Er wolle endlich seine Ruhe haben und nicht wieder zum Richter müssen.

Nach Meinung der Gutachterin ähneln viele seiner Antworten denen seiner Mutter. Außerdem wirkten seine Begründungen für die Zurückweisung des Vaters häufig wie auswendig gelernt – er schildere darin Situationen, die er selbst gar nicht erlebt habe. Er vermittelte den Eindruck, sich gegenüber der Mutter nicht abgrenzen zu können und mit ihr und der Schwester in einer Notgemeinschaft zu leben.

144

Das Fazit dieser Gutachterin lautet jedoch überraschenderweise, dass der Richter den Umgang des Vaters mit den Kindern ausschließen sollte, weil sonst die Mutter wieder krank werden könnte. Sie sei aber die wichtigste Bezugsperson der Kinder. Im Prinzip rät die Gutachterin also, die bestehenden Zustände, so sehr sie auch dem Wohl der Kinder schaden, beizubehalten, damit den Kindern die Mutter nicht vollends verloren geht. So, als hätten sie gar keinen Vater. Und genau das geschieht auch. Der Umgang des Vaters wird ausgeschlossen. Mit der Folge, dass die Bindung zwischen Mutter und Kindern immer noch enger wird. Als Timo sechzehn ist, beschließt die Mutter, ihren Doppelnamen Struve-Geßmann abzulegen und allein ihren Mädchennamen Struve zu behalten. Die Kinder, die bislang Geßmann hießen wie der Vater, heißen fortan auch Struve. Um dies durchzusetzen, führt die Mutter einen Gerichtsprozess. Timo, der zu diesem Zeitpunkt sechzehn Jahre alt ist, muss der Namensänderung zustimmen. Das tut er – ohne mit der Wimper zu zucken. Er ist inzwischen überzeugt davon, dass sein Vater ihm nur Böses will. Er hasst ihn und ist froh, seinen Namen loszuwerden. In gewisser Weise fühlt er sich so, als habe er überhaupt keinen Vater mehr.

Als Timo älter wird, ändert sich die Situation ein wenig. Nachdem er achtzehn geworden ist, versucht er zaghaft, sich ein wenig aus der Symbiose, in der er mit der Mutter lebt, zu lösen. Es gelingt ihm, einige Freunde zu finden, und er vergleicht seine Situation mit ihrer. Er findet, dass sie es zu Hause besser haben als er und tut einiges dafür, weniger Zeit zu Hause verbringen zu müssen. So verdient er sich das Geld für die Abschlussfahrt am Ende der zwölften Klasse, das die Mutter ihm wieder einmal verweigert, durch Jobben und Babysitten und nimmt zum ersten Mal seit langem wieder an einer Klassenfahrt teil. Die Mutter duldet seine Versuche, sich abzunabeln, aber nicht, es

145

kommt nach seiner Rückkehr von dieser Fahrt öfter zu Streit. Dies wiederum verunsichert Timo sehr stark, es macht ihm Angst. »Sie hatte uns ja vollständig von unserem Vater getrennt. Ich war von ihr abhängig, weil ich nur noch sie hatte.« Die Mutter spürt dies und lässt nicht locker in ihrer Dominanz. Und letzten Endes ordnet sich Timo immer noch unter. Lediglich mit seiner Schwester tauscht er sich ab und zu darüber aus, dass andere Jugendliche offensichtlich viel mehr Freiheiten zu Hause haben. So dürfen die beiden zum Beispiel nicht fernsehen, einen Computer gibt es im Haus erst gar nicht.

Wenn die Mutter hört, dass sie sich miteinander in einem der Kinderzimmer unterhalten, kommt sie stets sofort die Treppe hoch und betritt das entsprechende Zimmer. Der bald neunzehnjährige Timo und seine Schwester verstummen dann, sie fühlen sich erwischt.

Die Spannungen zwischen Mutter und Sohn werden jedoch immer größer und eskalieren schließlich, als Timo kurz vor dem Abitur steht. Es ist ein Montagabend im März 2004 gegen 21 Uhr, und Timo möchte vor dem Schlafengehen duschen. Die Mutter verbietet es ihm: »Das ist zu laut, ich kann dann nicht schlafen.«

Als er widerspricht, schließt sie die Badezimmertür ab und zieht den Schlüssel ab.

Timo ist wütend und reißt ihn ihr aus der Hand. Dann duscht er. Es ist das erste Mal, dass er ihre Autorität offen in Frage stellt. Die Mutter regt sich höllisch auf. Am nächsten Tag aber verhält sie sich völlig normal und erwähnt den Vorfall mit keinem Wort. Timo denkt, sie habe sich wieder beruhigt. Als er jedoch freitags mittags durchgefroren aus der Schule kommt – es herrscht gerade ein Schneesturm – passt sein Hausschlüssel nicht ins Schloss. Erst nach einigen Minuten der Verwirrung erkennt er, immer noch im Schneesturm stehend, dass es ausgetauscht wurde. Dann entdeckt er den Brief, der vor der Tür liegt.

Lieber Timo,

das Nötigste habe ich dir in die Garage getan. Du wirst irgendwo unterkommen und dir dann eine Bleibe suchen. Gegebenenfalls rufe die Telefonseelsorge an. Die weiß, wo junge Männer in solch einer Situation hinkönnen. Durch mein Fieber konnte ich heute nicht bis zur Bank fahren. Gib mir Bescheid, wohin ich dir am Montag deinen Unterhalt schicken soll. Nimm dein Leben in die Hand, viel Glück, alles Gute.

Mama.

P.S.: Der Unterhalt von Herrn Geßmann ist schon da. Den beiliegenden Scheck kannst du auf dein Konto einziehen lassen und bar abheben. Ich habe einen Genossenschaftsanteil gekauft und lasse in den nächsten Tagen die EC-Karte für dich eintragen. Vergiss nicht, deine Vollmacht für mich zurückzuziehen.

Das ist alles. Timo ist fassungslos, wie versteinert. Das Wochenende steht vor der Tür, alle Ämter und Behörden haben schon geschlossen. Er ahnt, dass die Mutter den Zeitpunkt bewusst gewählt hat. Nach einigem Überlegen geht er zu den Nachbarn, er möchte den Schlüsseldienst rufen. Doch als er hört, wie viel es kosten würde, ihn anrücken zu lassen, verzichtet er darauf. Er hat ja kein Geld. So fährt er zu seinem besten Freund, erzählt ihm und seinen ungläubig dreinschauenden Eltern alles und kann zwei Wochen lang dort wohnen. In diesen zwei Wochen versucht er, mit der Mutter Kontakt aufzunehmen. Er ruft sie an, schreibt ihr sachliche und betont freundliche Briefe. Nebenbei schreibt er Abiturklausuren. Die Mutter reagiert nicht, und so klagt er schließlich den passenden Haustürschlüssel ein. Allerdings verzichtet er darauf, wieder bei der Mutter einzuziehen, als er ihn hat. Er hat das vage Gefühl, dass es seine Abiturleistung nicht fördern würde, mit der Mutter wieder unter einem Dach zu leben.

Stattdessen verbringt er die nächsten drei Monate im Gästezimmer der Kirchengemeinde seines besten Freundes. In dieser

Zeit macht er das Abitur und sucht sich nebenbei eine Wohnung. Nach dem Abi renoviert er seine neue Bleibe und führt einen weiteren Prozess gegen seine Mutter, die Widerspruch dagegen eingelegt hat, dass er den neuen Haustürschlüssel bekommen hat. Ihre Zahlungen an Timo hat sie eingestellt. Sie behält das vom Vater überwiesene Kindergeld für sich. »Natürlich wieder aus irgendwelchen logischen Gründen«, erinnert sich Timo, der daraufhin auch noch einen Unterhaltsprozess gegen sie anstrengt, da er kein Geld zum Leben hat. Denn auch von den Ämtern bekommt er kein Geld: Das Jugendamt schickt ihn zum Sozialamt und das Sozialamt schickt ihn zum Jugendamt.

Noch aus dem Kirchenasyl heraus nimmt Timo Kontakt zu seinem Vater auf. Denn ihm dämmert so langsam, dass nicht alles, was ihm die Mutter in den vergangenen neun Jahren über diesen Mann aufgetischt hat, stimmen muss. Dennoch fällt ihm der Schritt schwer, denn zu diesem Zeitpunkt führt er auf Betreiben der Mutter einen Unterhaltsprozess gegen seinen Vater: Die Mutter hat den Antrag vorbereitet, da er jedoch schon volljährig war, musste er unterschreiben. Ein Treffen seiner Eltern vor Gericht wegen dieses Unterhaltsstreits steht unmittelbar bevor, und Timo befürchtet, die Mutter könne dem Vater von seinem »Rauswurf« berichten und die Tatsachen verdrehen. Er möchte ihr zuvorkommen, und so entschließt er sich, dem Vater recht schnell zu schreiben. Dabei wählt er eine ungewöhnliche Form, weil er immer noch ein wenig Angst vor dem Vater hat. Er befürchtet, der Vater könne den Brief gegen ihn verwenden. Außerdem, und das ist fast noch wichtiger, weiß er überhaupt nicht, wie er den Vater anreden soll. Bei der Mutter, der Schwester und ihm selbst war er ja immer nur der »Herr Geßmann« gewesen. Und diese Anrede kommt Timo im jetzigen Stadium genauso »komisch« vor, wie ihn einfach »Papa« zu nennen. »Er war zwar in den ersten sieben Jahren mein Papa. Aber diese Vergangenheit gab es für mich nicht mehr. Sie war totgeredet beziehungsweise totgeschwiegen worden«, sagt er.

So verzichtet er in seinem Brief ganz auf die Anrede:

Timo Struve   *29. 4. 2004*

Evtl. hast du ja bereits davon erfahren: Seit Ende Februar wohne ich nicht mehr bei meiner Mutter. Eines Tages kam ich nach der Schule nach Hause und musste entdecken, dass (vollkommen ohne Vorankündigung) das Schloss ausgetauscht war und ein Brief vor der Tür lag [...]

Da ich von der Bundeswehr ausgemustert wurde, will ich gleich nach der Schule anfangen zu studieren [...]

Falls es dich noch interessiert, kann ich dir nun (da mich niemand mehr hindert) auch gerne wieder Zeugnisse zuschicken [...]

Falls du mir antworten willst, tue dies bitte an meine E-Mail-Adresse [...]

Bitte verzichte vorerst auf Anrufe oder gar Besuche. Dieser Brief ist übrigens nicht dafür gedacht, ihn zu veröffentlichen oder jemandem zu zeigen, erst recht nicht dem Gericht oder Jugendamt. (Wie dir aufgefallen sein könnte, verfügt er auch weder über eine Anrede noch über eine Unterschrift.)

Mit freundlichen Grüßen

s. o.

Dem Brief legt er einen Ausschnitt seiner Abi-Zeitung, sein letztes Zeugnis und ein Foto von sich bei. Er möchte andere über sich erzählen lassen, weil er nicht weiß, welche persönlichen Dinge er seinem Vater über sich erzählen soll.

Der Vater reagiert nicht auf diesen Brief. Timo ist überrascht, denn immerhin weiß er, dass der Mann jahrelang versucht hat, mit ihm Kontakt aufzunehmen: Die Postkarten und Umgangsprozesse sind ihm noch lebhaft im Gedächtnis.

Als er zwei Wochen lang nichts gehört hat, überlegt er sich allerdings, dass es auch möglich sein könnte, dass der Vater

149

»nach so vielen Jahren und nach allem, was wir ihm angetan haben, einfach keinen Kontakt mehr möchte«.

Drei Wochen, nachdem er den Brief abgeschickt hat, antwortet der Vater per Mail.

Hallo Timo,

ich hoffe deinen Brief einigermaßen richtig verstanden zu haben. Das Wichtigste ist jetzt, dass du genug Geld zum Leben hast. Ich nehme an, dass die etwas über 300 Euro, die ich monatlich für dich zahle, nicht auf dein persönliches Konto gehen. Selbstverständlich ziehe ich jetzt meinen Antrag zurück, aber wir müssen irgendwie erreichen, dass das Geld dir direkt zukommt.

Wie ist dein Verhältnis zu der Anwältin oder dem Anwalt? Können wir da kooperieren, damit ich das Geld auf ein Konto von dir überweisen kann?

Solltest du sofort irgendwelche Hilfe, auch finanzielle, brauchen, dann lass mich das sofort wissen. Übrigens antworte ich dir erst jetzt, weil wir soeben erst aus dem Urlaub zurückkamen. Dass du Probleme mit der Anrede hast, ist, denke ich, normal, aber auch kein Problem. Wenn du willst, kannst du mich das nächste Mal mit »Uwe« anreden.

Aber du kannst es auch so lassen, wie es im Augenblick nun einmal ist. Ich hoffe, du bist mir nicht böse, wenn ich dich als dein Vater grüße. Sollte dir auch hier eine andere Formel lieber sein, so lasse es mich wissen.

Im Übrigen habe ich eure Seite im Internet immer schon nach Bildern von dir durchforstet. Doch leider nie welche gefunden.

Vorgestern war ich sogar in Spanien im Internet und habe nachgeschaut, wie weit euer Abi ist.

Uwe Geßmann

Als Timo den Brief liest, ist er erleichtert, glücklich und aufgeregt. Er antwortet sofort, und auch der Vater schreibt zurück. Timo erfährt, dass sein Großvater gestorben ist und dass der Vater eine neue Lebensgefährtin hat, aber keine weiteren Kinder. Der Vater erfährt, dass Timo das Abitur mit einem Notendurchschnitt von 1,9 bestanden hat und nun Physik studieren möchte. Es ist eine vorsichtige Annäherung von beiden Seiten, und nachdem sie innerhalb einer Woche etwa zehn Mails ausgetauscht haben, schreibt Timo in der elften als Anrede: »Lieber Vater«. Er kommt sich noch ein bisschen komisch dabei vor, aber es fühlt sich gut an.

Es folgen einige Telefonate, dann bietet der Vater an, übers Wochenende nach Bielefeld zu kommen, um ihm beim Renovieren seiner neuen Wohnung zu helfen. Timo ist überwältigt von so viel Freundlichkeit. Sie verabreden, sich freitags abends in einem Restaurant zu treffen, um das erste Mal seit sieben Jahren wieder miteinander zu reden. Obwohl er sich auf das Treffen freut, hat Timo Angst. Er lässt sich von der Mutter seines besten Freundes zu dem Restaurant bringen, weil er immer noch befürchtet, der Vater könne ihm etwas antun. »Eigentlich wusste ich, dass mir nichts passieren konnte. Aber die Angst hatte sich in den vergangenen Jahren fest in mein Unterbewusstsein eingebrannt – die Angst, meinem Vater alleine zu begegnen, wo er doch so gefährlich sei«, erinnert er sich.

Und dann steht der Vater da und wartet auf ihn. Timos Herz schlägt bis zum Hals, obwohl der bloße Anblick des Vaters für ihn eigentlich nichts Besonderes sein sollte, da er ihn seit dem Auszug der Mutter so gut wie jedes Jahr vor Gericht gesehen hat. Doch dann gibt der Vater ihm zur Begrüßung die Hand. Ein schönes Gefühl, findet Timo.

Als sie einander gegenübersitzen, ist er zu Beginn dennoch ziemlich verspannt. Sie machen ein bisschen Smalltalk, doch dann bemerkt er, dass sein Vater mindestens genauso aufregt ist wie er selbst, aber ausschließlich im positiven Sinne. Er wirkt glücklich auf ihn. Das freut ihn, denn es zeigt ihm, dass dem Vater etwas an ihm liegt, dass er für ihn etwas Besonderes ist. Daher wird er lockerer. Sie reden über die vergangenen neun Jahre, ohne aber in die Tiefe zu gehen. Dazu ist es zu früh, das spüren beide.

Es wird ein sehr schöner Abend, findet Timo. Er hat das wunderbare Gefühl, nun nicht mehr von allen verlassen zu sein, sondern ganz unverhofft wieder ein Elternteil zu haben. Und zwar eines, das sich auch verhält wie ein Elternteil. Der Vater hat sich sofort in seiner ersten Mail um ihn gekümmert, er bezahlt die Restaurantrechnung, hilft ihm beim Renovieren und macht sich Gedanken darüber, wie Timo zu Geld kommen könnte.

Timo ahnt nun, dass das meiste von dem, was seine Mutter über den Vater erzählt hat, gelogen ist. Er beginnt, sich über das zu ärgern, was er in den vergangenen neun Jahren verpasst hat. Ihm wird klar, dass er eine schöne Kindheit hätte haben können, wenn er bei seinem Vater aufgewachsen wäre. Diese Möglichkeit hat ihm die Mutter genommen, und darüber ist er sehr wütend.

Seit er den Vater wiedergefunden hat, besuchen sich Vater und Sohn regelmäßig. Nach einiger Zeit beginnt Timo, seinen Vater mit »Papa« anzureden. Wie früher. Zunächst fällt es ihm schwer, denn er hat das Wort als Schimpfwort abgespeichert. Zu gut kann er sich noch an die wütenden Worte der Mutter erinnern: »Du bist wie Papa.« Doch nach und nach gewöhnt er sich daran, und das Verhältnis zum Vater wird innig. Es fällt ihm schwer, es auszusprechen, aber schließlich sagt er, dass er seinen Vater liebt.

Zunächst scheint es so, als sei das traurige Kapitel »Kindheit« in Timos Leben damit abgeschlossen. Doch als er seine Diplomarbeit schreibt, bekommt er plötzlich Depressionen. Timo geht davon aus, dass seine Kindheit die Ursache ist. Ein anderer Grund fällt ihm nicht ein, und nach Untersuchungen des Gutachters Walter Andritzky trifft seine Vermutung zu: Demzufolge zieht die Entfremdung von einem Elternteil häufig psychosomatische Reaktionen aller Art nach sich.[55] Die Soziologin Anneke Napp-Peters kommt ebenfalls zu dem Ergebnis, dass der Verlust eines Elternteils meist gravierende Folgen für die Kinder hat: Sie hat 150 Scheidungsfamilien mit 269 Kindern über zwölf Jahre hinweg (von 1980/81 an) begleitet. Zum Zeitpunkt der ersten Befragung Anfang der achtziger Jahre hatten sich 22 Prozent der Kinder als verhaltensgestört erwiesen. Zwölf Jahre später ging es nur wenigen von ihnen besser. Dafür zeigte ein weiteres Drittel der befragten Kinder, die bei der Untersuchung zwölf Jahre zuvor nicht aufgefallen waren, nun ebenfalls deutliche Störungen. Napp-Peters hat auf Basis dieser Untersuchung errechnet, dass die Hälfte aller Scheidungskinder psychische Probleme davonträgt. Dabei ist es egal, ob die Kinder bei der Mutter oder beim Vater aufwachsen. Kinder ohne Mütter – gleich ob Jungen oder Mädchen – sind ebenso oft geschädigt wie Kinder ohne Väter. Sie leiden jahrelang, häufig sogar ihr Leben lang.

In einer abschließenden Stichprobe von 54 Kindern, die besonders unter dem Verlust des Vaters oder der Mutter litten, zeigte sich: Nur ein Viertel von ihnen war »lebenstüchtig«. Dieses Viertel hatte engen Kontakt zu beiden Elternteilen. Die restlichen Befragten hatten auch als Erwachsene noch große Probleme, ihren Alltag zu bewältigen und längerfristige Perspektiven für ihr Leben zu entwickeln. Knapp die Hälfte von ihnen hatte Probleme mit Alkohol und Drogen, einige hatten wegen Beschaffungskriminalität bereits vor dem Richter gestanden. Der Kontaktabbruch zu Vater oder Mutter sei »die gravierendste Ursache für scheidungsbedingte Störungen bei Kindern«, folgert Napp-Peters. Er führe mit hoher Wahrscheinlichkeit zu irreversiblen Störungen, verbunden mit Alkoholproblemen, Drogenabhängigkeit und Kriminalität. Anderen Untersuchungen zufolge haben diese Erwachsenen zudem ein geringes Selbstwertgefühl, sie können schwer Vertrauen aufbauen, sind häufiger depressiv und mit ihrem Leben unzufriedener als Menschen, die als Kinder eine gute Beziehung zu beiden Eltern hatten.[56]

Timo indessen wird nach einer medikamentösen Therapie wieder gesund. Die Mutter aber hat er seit seinem »Rauswurf« außer vor Gericht nicht mehr gesehen. Er hat einen fünf Jahre währenden Unterhaltsprozess über mehrere Instanzen hinweg gegen sie geführt, da sie immer wieder in Berufung ging. Zurzeit – Timo ist inzwischen 25 Jahre alt und steht kurz vor dem Abschluss seines Studiums – zahlt sie wieder nicht, obwohl sie dazu eigentlich bis zum Ende seiner Ausbildung verpflichtet ist, da er aufgrund ihres hohen Einkommens kein Anrecht auf BAföG hat. Das Gericht hat eine Zwangsvollstreckung gegen sie eingeleitet, um Timo zu seinem Recht zu verhelfen.

Als er ihr vor kurzem einen Brief per Einschreiben geschickt hat, um nachzufragen, wo ihr Unterhalt bleibe, benutzte er als Anrede nur ein einziges Wort: »Hallo«.

Sie ist ihm gleichgültig. Er will sie nie wiedersehen. Nur eins will er ihr noch schicken. Einen abschließenden Brief. Damit sie weiß, woran sie ist. Seine Therapeutin rät ihm dazu – eine Empfehlung, die ihren festen Platz im gängigen Repertoire der Scheidungsindustrie hat. So als ob Kinder sich von ihren sozialen Eltern lossagen könnten.

12. 06. 2009

Wie du siehst, habe ich diesen Brief schon vor einer Weile geschrieben, ich schicke ihn aber erst jetzt ab, nachdem ich endlich nicht mehr von deinem Unterhalt abhängig bin. Nun enden also diese viel zu niedrigen Unterhaltszahlungen, um die du in deinem krankhaften Geiz einen (bis jetzt) fünf Jahre dauernden Gerichtsprozess geführt hast, in dem dir dank deines nicht vorhandenen Schamgefühls jede Lüge gelegen kam. Das Ende der Zahlungen macht uns wahrscheinlich ausnahmsweise mal beide glücklich: Du hast wieder etwas mehr von dem, was dir am wichtigsten in deinem Leben ist (Geld); und ich habe etwas weniger von dem, was mir mein Leben bis jetzt am meisten vermiest hat (Kontakt zu dir). Letzteren werde ich jetzt endgültig einstellen können, was mir eine große Erleichterung ist. Ich werde auf keinen Fall den Fehler machen, den du mit deiner Mutter gemacht hast – in eine gegenseitige Hassliebe verfallen, sich trotzdem regelmäßig besuchen und nach jedem Kontakt schlecht fühlen. Die Freude und Erleichterung, die du und deine Geschwister auf Omas Beerdigung hatten, war ein deutliches Zeichen dafür, dass solch eine Beziehung nur kontraproduktiv für alle Beteiligten ist. Deshalb wird dieser Brief meine letzte Kontaktaufnahme sein, danach möchte ich nie wieder etwas mit dir zu tun haben; das erste Vierteljahrhundert mit dir war schlimm genug, daran werde ich noch lange zu leiden haben. Diesen Brief schreibe ich z.B. auf Anregung meiner Psychotherapeutin, in deren Behandlung ich mich deinetwegen befinde. Die psychischen Schäden, die ich deinetwegen davongetragen habe, sind auch der Grund, warum ich vor kurzem meine Diplom-Arbeit abbrechen musste. Und das wird wahrscheinlich nicht die letzte Situation gewesen sein, die mich an meine Kindheit bei dir erinnert und deshalb Depressionen auslöst.

Wahrscheinlich wirst du jetzt (wie immer) alle Vorwürfe von dir weisen, die Schuld bei anderen suchen und dich als das arme, unschuldige und von aller Welt gehasste Opfer sehen. Wie kann dir dein eigenes Kind nur so böse Dinge schreiben, wo du dich doch immer für es aufgeopfert hast, so viele Leiden nur für das Wohl deiner Kinder auf dich genommen hast? Vielleicht deshalb, weil diese Welt nur in deinem kranken Kopf existiert und die Realität ganz anders aussieht. In meiner Realität warst du nicht die liebende und umsorgende Mutter, als die du dich immer dargestellt hast. Hier warst du vielmehr die alles beherrschende, kontrollsüchtige, eifersüchtige, egozentrische Haus-Despotin, um deren Willen allein sich alles gedreht hat. Aber diese Diskrepanz zwischen deiner Wahrnehmung und derjenigen des Rests der Welt war sehr oft zu beobachten, und leider habe ich dies oft viel zu spät durchschaut oder habe mich einfach nicht getraut, dir zu widersprechen. Wenn ich es doch getan habe, wurde ich einfach so lange gehirngewaschen, bis ich auf deiner Linie war. Du hast einen Entschluss gefasst, und auch wenn er vollkommen falsch war, bist du einfach dabeigeblieben, weil du keine Fehler zugeben konntest. Die Gründe für deine Entscheidungen hast du dann nachträglich gesucht, so wurden sie im Nachhinein »rationalisiert« – sie waren nicht rational, du hast nur so getan, als ob. Aber als Kind konnte ich da nicht auf Dauer gegenhalten, ich war deinen intellektuellen Fähigkeiten damals nicht gewachsen. So hast du uns in einer Co-Abhängig-

155

keit in deiner eigenen kleinen Welt gehalten. Jetzt aber genug der allgemeinen Analyse. Ich werde dir jetzt einige wenige deiner größten Verbrechen, die du an deinen Kindern begangen hast, aufzählen. Natürlich wirst du der Meinung sein, mit deinen Handlungen vollkommen im Recht gewesen zu sein, und glauben, dass alles nur unserem Wohl gedient hat – aber das hat es nicht. DEIN Wohl war das Einzige, was in unserer »Familie« jemals gezählt hat.

Das wahrscheinlich schlimmste Vergehen, das du dir an uns zu Schulden hast kommen lassen, war die Entfremdung von unserem Vater. Eure Trennung war ja von Anfang an eigentlich nur eine außer Kontrolle geratene und erfolglose Erziehungsmaßnahme deinerseits, aber aus diesem Fehlschlag hast du nie gelernt. Als dann endlich die Besuchswochenenden etabliert waren, habe ich mich auf jedes einzelne davon gefreut – aber immer musste ich das heimlich tun, denn du hast aus jedem Besuch einen Machtkampf gemacht. Und auch meine Trauer beim Ende der Besuche musste ich verheimlichen. Das ging so weit, dass ich bei mehreren Gelegenheiten geweint habe, ohne selber zu wissen, warum, einfach weil ich den wahren Grund so lange versteckt hatte, bis ich ihn selber nicht mehr wusste. Das Schlimmste war natürlich dein endgültiger Abbruch der Besuche nach unserer sechswöchigen »Kur« vor meinem Wechsel zum Gymnasium. Ich erinnere mich noch gut, wie du wochenlang auf mich eingeredet hast, bis ich endlich diesen schrecklichen Brief geschrieben habe, in dem ich meinen Vater anlügen musste. Dabei waren bis dahin die Besuchswochenenden die einzigen Lichtblicke meiner Kindheit gewesen – denn nur bei meinem Vater wurde ich überhaupt als Kind behandelt. Hier hat man sich um uns gekümmert, mit uns gespielt, uns Geschenke gekauft. Unser Vater und unsere Großeltern waren für uns da und haben uns glücklich machen wollen, während es bei dir genau andersherum war: Wir waren emotionale Selbstversorger und mussten uns sogar noch um dein Glück bemühen. Auch wenn du immer das Gegenteil behauptet hast.

Überspringen wir die vielen »kleinen« Ereignisse wie unseren Heimaufenthalt und deine verschiedenen Wahnvorstellungen (seien es Abhörvorrichtungen oder Insekten) und kommen direkt zum Höhepunkt der letzten Jahre: meinem Rausschmiss. Nachträglich betrachtet war mein unbegründeter Rauswurf das Beste, was du jemals für mich getan hast! Auch hier war es ja *eigentlich nur wieder eine misslungene Erziehungsmaßnahme, und ich hoffe, dass du diesen Fehler noch oft bereut hast. (Ach, ich vergaß: Du machst ja gar keine Fehler, niemals.) Zwar hat dieser spontane Rauswurf mitten während meiner Abitur-Zeit meine Noten und damit auch meine Studienauswahl beeinträchtigt, aber dennoch hat er mir eine bessere Zukunft ermöglicht: Ich konnte endlich wieder Kontakt mit meinem Vater aufnehmen! Außerdem konnte ich mir eine eigene Wohnung fernab deiner Einflusssphäre zulegen, ich habe viele gute Freunde gefunden und sogar eine wunderbare Freundin, mit der ich jetzt zusammenlebe. Das alles wäre unter deinen Fittichen niemals passiert, womit ich zum nächsten Punkt komme.*

Dein Einfluss auf mein Leben hat leider nicht an der Haustür geendet. Die längste Zeit meiner Schullaufbahn war die Hölle: Ich hatte nur selten Freunde und wurde ständig gemobbt. (Das ist dir jetzt vielleicht neu, denn zu Hause ging es ja nur um deine Probleme.) Und wenn ich doch mal Freunde hatte, warst du sofort eifersüchtig. Meine Unfähigkeit, Freunde zu finden, lag unter anderem daran, dass ich von zu Hause aus die entsprechenden sozialen Fähigkeiten einfach nicht mitbekommen habe. Wie hätte ich auch von dir den normalen Umgang mit Menschen lernen sollen? Nicht umsonst hast du keinerlei Freunde, verstehst dich weder mit deinen Geschwistern noch deinen Kindern, auch nicht mit deinen Arbeitskollegen oder Nachbarn – Gerichtsprozesse sind deine einzige Form der Kommunikation. Der einzige Mensch, auf den mein Verhalten zugeschnitten wurde, warst du. Und selbst hier war ich immer wieder überfordert auf Grund deiner Launenhaftigkeit und Heuchelei. Dementsprechend habe ich z.B. überhaupt kein Selbstbewusstsein entwickelt, was Kinder und Pubertierende natürlich sofort merken und ausnutzen. Hinzu kam auch meine äußerliche Auffälligkeit, da ich dank deines Geizes nur billige, alte und zu große Kleider tragen musste, während alle um mich herum in Markenklamotten aufliefen. Auch an den Pausengesprächen konnte ich mich nie beteiligen, da ich kein Fernsehen gucken durfte, nicht ins Kino gehen konnte (da ich kein Taschengeld bekommen habe), keinen PC und keine Spielkonsole hatte und auch selten jemanden besuchen konnte, da man in unserer Familie ja das Haus nicht verlassen hat, aus immer wieder neuen, aber total logischen Gründen. Dass du (wieder wegen deines Geizes) später sogar verhindert hast, dass ich auf Klassenfahrten mitfahre, hat meine Integration natürlich nicht gerade gefördert.

Bis jetzt habe ich fast nur über mich geschrieben, dabei ist meine Schwester nicht weniger davon betroffen. Wie du nach meinem Rausschmiss mit ihr umgegangen bist, weiß ich nur aus Erzählungen, aber du scheinst dich kein bisschen gebessert zu haben. Ich hoffe, dass sie dir eines Tages auch so einen Brief schreibt, denn ihr Leben hast Du mindestens genauso versaut wie meines.

Der Brief ist noch nicht ganz fertig. Aber zu gegebener Zeit wird Timo ihn abschicken. Und dann soll das Kapitel »Mutter« für ihn erledigt sein.

4. VÄTER ALS TÄTER?

Wenn alles andere nicht mehr wirkt, wenn das »Entsorgen« des Vaters nicht klappt, greifen manche Mütter zum letzten Mittel: Sie bezichtigen ihren Ex-Partner grundlos des sexuellen Missbrauchs am gemeinsamen Kind. Frauen, die dies gleich zu Beginn des Umgangsstreits tun, ist ein gewisses taktisches Geschick nicht abzusprechen. Denn der Ex-Partner wird sozial isoliert und in die Defensive gedrängt, da der Frau meist mehr geglaubt wird als dem Mann[57]. Seine Freunde verlassen ihn, die Kollegen ziehen sich zurück. Ob tatsächlich ein begründeter Missbrauchsverdacht besteht, spielt keine Rolle. Die Frau hat zu einem Präventivschlag ausgeholt: Sie ist nun im Vorteil, während der Mann sich kaum noch wehren kann; er ist voll und ganz damit beschäftigt, sich zu verteidigen.

Ralf Koch ist einer dieser Männer. Koch, 29, und Ines Blech, 28, sind seit drei Jahren ein Paar und heiraten im Mai 1998. Drei Monate später kommt ihre Tochter Miriam zur Welt. Zwei Jahre lang ist es in Kochs Augen eine glückliche Ehe, und als seine Welt aus den Fugen gerät, merkt er es zunächst gar nicht: Als Miriam zweieinhalb ist, wird seine Frau mit dem Mädchen beim medizinischen Notfalldienst vorstellig, um einen Missbrauchsverdacht abklären zu lassen. Der Arzt diagnostiziert eine ausgeprägte Entzündung im Genitalbereich des Mädchens und eine Harnwegsinfektion. Im Arztbericht schreibt er: »Dieser Befund lässt sich im Nachhinein gut mit den vom Kind geschilderten Manipulationen an der Scheide durch den Vater vereinbaren, aber auch durch das Tragen nasser Windeln.«

Koch weiß bis heute nur aus den Akten, wie dieser Besuch beim Notfalldienst zustande gekommen ist und um was für Manipulationen es sich gehandelt haben soll. In einem familienpsychologischen Gutachten, das später vom Gericht in Auftrag gegeben wird, äußert sich Ines Blech nämlich zu dem Vorgang: Ihren Schilderungen zufolge hat Miriam in der Zeit, in der bei der Mutter der Missbrauchsverdacht entstanden ist, damit begonnen, sich Haare auszureißen. Das Kind sei angespannt, verkrampft und sehr nervös gewesen. Beim Wickeln habe es geschrien und sich aggressiv verhalten. Und Miriam habe gesagt, ihr »Schneckchen« oder ihr »Bauch« tue weh. Wenn das Gespräch auf den Vater und das Badezimmer oder den Vater und das Schlafzimmer gekommen sei, habe die Zweieinhalbjährige gesagt: »Das darf ich nicht sagen, hat Papa gesagt.«

Nachdem Miriam eines Tages mit dem Vater im Schlafzimmer ihren Mittagsschlaf gemacht habe und nachdem sie an einem anderen Tag mit dem Vater im Bad gewesen sei, sei sie beide Male panisch schreiend zu ihr gelaufen, berichtet Ines Blech der Gutachterin weiter. Sie gehe davon aus, dass Miriam vom Vater sexuell missbraucht worden sei.

Koch indessen erklärt der Gutachterin, Miriam habe ihn nach dem Duschen gefragt, wie sein Penis bezeichnet werde, und er habe ihr erklärt, das sei sein »Pullermann«. Haare habe sie sich schon seit ihrem ersten Lebensjahr ausgerissen, und Rötungen durch das Tragen nasser Windeln habe sie oft gehabt.

Ines Blech, die sich zu dem Fall wie auch die anderen Frauen in diesem Buch nicht äußern möchte, geht dem Missbrauchsverdacht nach ihrem Besuch beim medizinischen Notfalldienst hinter Kochs Rücken weiter nach – vielleicht auch, weil sie von ihrer eigenen Mutter dazu ermuntert wird. Miriams Großmutter Anneliese Blech nämlich behauptet in einem Schreiben, das sie später dem Gericht zur Verfügung stellen wird, plötzlich, Miriam habe ihr gegenüber geäußert: »Oma, Papa gehen Pullermann an mein Schneckchen machen.« Daraufhin will die Großmutter Miriam gefragt haben: »Wie macht er das?«

Miriam habe sich in Bauchlage auf die Couch gelegt. Sodann habe sie ihren Unterleib auf einen imaginären »richtigen« Platz gerutscht und den Hintern emporgestreckt.

»Ich war so entsetzt über das alles und konnte nichts sagen. Mir blieb einfach die Luft weg«, so das Gedächtnisprotokoll von Großmutter Blech. Miriam müsse das bemerkt haben, denn sie habe mit erhobener Stimme präzisiert: »Oma, guck, so macht er das!«

Sie habe nachgehakt: »Wo macht der das? Auf der Couch?«

Und Miriam habe geantwortet: »Nein, da gehen wir ins Schlafzimmer. Der Papa schließt die Tür zu.«

»Ich bitte das Gericht«, schreibt Anneliese Blech, »muten Sie dem kleinen Kind nicht zu, was es selbst nicht will. Wir haben des Öfteren erlebt, wie Miriam im Schlaf ›Papa, geh weg, du machst mir weh!‹ geschrien hat.«

Knapp zwei Monate nach dem Besuch von Mutter und Tochter beim medizinischen Notfalldienst kommt der bis zu diesem Tag immer noch nichts ahnende Ralf Koch eine Stunde später als sonst von seiner Arbeit als Kfz-Mechaniker nach Hause, weil er noch eine Besprechung hatte. Seine Frau und seine Tochter sind nicht da, und er vermutet, dass sie bei seinen Schwiegereltern sind. Er duscht, zieht sich um, und dann macht er sich daran, die beiden Katzen zu füttern. Seine Katze kommt sofort, aber Ines Blechs Katze versteckt sich. Meistens sitzt sie in einem der Kleiderschränke, und so geht er ins Kinderzimmer, öffnet den Schrank – und denkt: »Was ist denn das? Wieso sind die Kleider weg?«

Er geht ins Schlafzimmer, öffnet auch dort den Schrank, er ist ebenfalls leer. Auf dem Bett liegt ein Bettlaken, in das Kleidung gestopft worden ist. Als habe Blech es liegen lassen, weil das Auto schon voll war. Koch fragt sich, in welchen Film er geraten ist, und wählt die Nummer seiner Schwiegereltern. Doch niemand antwortet.

Eine Woche lang lässt sich seine Frau von ihren Eltern verleugnen, und niemand sagt ihm, was los ist. Das Einzige, was die Schwiegereltern durchblicken lassen, ist, dass »etwas Größeres« auf Koch zukommt.

Für ihn bricht eine Welt zusammen.

Eine Woche später, es ist ein Donnerstagmorgen gegen 9.45 Uhr, sitzt Koch auf dem Balkon und raucht. Er hat einen freien Tag und weiß nicht, was er mit seiner Zeit anfangen soll. Die Balkontür ist geschlossen, damit die Wohnung nicht nach Rauch stinkt – seit Miriams Geburt handhaben sie das so. Als er fertig ist mit Rauchen, geht er zurück in die Küche. Plötzlich hört er, wie jemand wild gegen die Tür hämmert. Er denkt: »Was ist das denn für ein Depp?«, und öffnet. Vor ihm stehen ein Mann und eine Frau. Der Mann erklärt ihm, er sei von der Kriminalpolizei. Koch sagt: »Ich würde gern Ihren Ausweis sehen« – das machen die im Fernsehen auch immer so, und es scheint ihm eine gute Möglichkeit, um sich einen Rest von Souveränität zu bewahren.

Der Polizist zeigt ihm seinen Ausweis, und daraufhin bittet Koch die beiden herein. Als sie Platz genommen haben, erklären sie ihm, dass seine Frau ihn wegen sexuellen Missbrauchs von Kindern angezeigt hat. Sie reden ziemlich lange, aber Koch hört schon bald nicht mehr zu. Er ist vollkommen aufgelöst und läuft ruhelos im Wohnzimmer hin und her, während sie sprechen. Bevor sie aufstehen, um sich die Wohnung anzusehen, erklärt der Beamte, dass Koch in sieben Tagen zu einer Vernehmung ins Polizeipräsidium kommen soll. Koch beginnt zu weinen, denn er versteht jetzt, dass seine Frau und seine Tochter nicht so schnell zurückkommen werden.

In der Woche vor seiner Vernehmung isst er nichts und schläft kaum. Er hat sich Urlaub genommen, sitzt zu Hause und denkt darüber nach, was zu tun ist. Ihm ist klar, dass er die Ruhe bewahren muss. Gelänge ihm dies nicht, würde man ihm vorwerfen, er sei aggressiv, und das würde seine Chancen vor Gericht mindern. Er nimmt sich einen Anwalt, und nach einigen Tagen leitet der ihm ein Schreiben des gegnerischen Anwalts weiter, in dem der ihn mit den Vorwürfen konfrontiert. Fast alle stammen von Blechs Mutter Anneliese.

163

Zum Verhör geht Koch mit seinem Anwalt. Er ist sehr nervös, während er befragt wird, denn er hatte bisher nur einmal als Zeuge mit der Polizei zu tun. Nur eine einzige Frage brennt sich in sein Gedächtnis ein: »Hat Ihr Kind Ihnen mal beim Sex mit Ihrer Frau zugeschaut?«

Er verneint: »Das war nie der Fall, denn das Kind hat sein eigenes Zimmer.«

Nach anderthalb Stunden ist es vorbei, doch bevor er gehen kann, nimmt man ihm Fingerabdrücke ab, er muss eine Speichelprobe abgeben, und es werden Fotos von ihm gemacht. Außerdem muss er über Piercings, Tätowierungen und Narben Auskunft geben. Er denkt: »Mein Gott, ich habe gar nichts gemacht und werde behandelt wie der größte Schwerverbrecher.«

Als er nach der Vernehmung auf die Straße tritt, hat er das Gefühl, mit einem Makel behaftet zu sein. Es kommt ihm vor, als blicke ihn jeder an. Tagelang traut er sich nicht mehr auf die Straße. Vergeblich weist ihn sein Anwalt darauf hin, dass nichts gegen ihn vorliegt und dass die Gegenseite ebenfalls vernommen werden wird und ihre Aussagen präzisieren muss. Es geht ihm so schlecht, dass er daran denkt, sich umzubringen. Er kann sich nichts Schlimmeres vorstellen, als unschuldig im Gefängnis zu landen, und hat das Gefühl, für ihn gebe es kein Glück mehr auf dieser Welt. Einer Untersuchung des Psychologen und Psychotherapeuten Herbert Pagels zufolge, der im Rahmen seiner Dissertation[58] die psychische Situation von mehr als hundert verlassenen Vätern untersucht hat, geht es vielen Vätern so wie Koch. Laut Pagels will sich fast die Hälfte der entsorgten Väter kurz nach der Trennung von Frau und Kindern umbringen – die Hälfte dieser Väter spielte sogar ganz konkret mit dem Gedanken. Fast alle fühlten sich als Vater abgewertet und hatten das Gefühl, zwar zahlen, sich aber sonst aus dem familiären Geschehen heraushalten zu sollen.

In dieser Phase trinkt Koch mehr, als er sollte – viel mehr

Eine Gewohnheit, die er in den kommenden fünf Jahren beibehalten und immer mehr steigern wird, bis er schließlich einen Entzug macht und trocken wird. Er schläft schlecht. Er nimmt zehn Kilo ab. Auch das ist typisch für Väter in seiner Situation: Knapp drei Viertel werden nach der Trennung krank, manche von ihnen lange, bis hin zur Arbeitsunfähigkeit. Ein Drittel geht zum Psychotherapeuten. Mehr als die Hälfte hat Schlafstörungen, etwas weniger verliert massiv an Gewicht. Längerfristig stellen sich bei vielen verlassenen Vätern auch psychosomatische Probleme ein: Essstörungen, Magenprobleme und Herzbeschwerden[59].

Erst als sein Anwalt ihm ein weiteres Schreiben des Kinderarztes weiterleitet, aus dem hervorgeht, dass eine neuerliche gynäkologische Untersuchung Miriams keine Zeichen einer Verletzung aufgewiesen hat und auch die Jungfernhaut vorhanden und unverletzt ist, entspannt er sich ein wenig. Allerdings fragt er sich, wie es sein konnte, dass der medizinische Notfalldienst allein aufgrund von Blechs Äußerungen einen Missbrauch in Erwägung gezogen und den Verdacht schriftlich fixiert hat, wenn der gleiche Arzt diesen Verdacht nun wieder zurücknimmt. Ein Kinderarzt, so denkt er sich, müsste doch eigentlich auch nach der Motivation der Mutter fragen, wenn sie einen Missbrauchsverdacht äußert.

Das tut nur leider längst nicht jeder. Nach einer Studie[60] von Walter Andritzky, der psychologischer Sachverständiger an Familiengerichten ist, hat etwa ein Drittel der von ihm befragten Pädiater schon einmal einen Missbrauch attestiert – viele von ihnen wussten dabei nicht, ob die Eltern des betreffenden Kindes sich getrennt hatten und ein Streit um das Sorge- oder Umgangsrecht entbrannt war. Das heißt, sie kamen vielleicht gar nicht auf den Gedanken, dass pure Boshaftigkeit und nicht etwa die Sorge um ihr Kind die Mutter auf die Idee gebracht hatte, das Attest anzufordern. Im Übrigen unterschätzten nicht wenige Kinderärzte den Stellenwert, den eine ärztliche Bescheini-

165

gung vor Gericht hat, und stellten sie deswegen aus, ohne über die privaten Hintergründe des Ersuchens informiert zu sein.

Kochs Erleichterung über das medizinische Gutachten ist nur von kurzer Dauer: Einige Tage später flattert ihm die Kopie eines Antrags ins Haus, in dem seine Frau die alleinige elterliche Sorge für Miriam beantragt, zumindest aber das Aufenthaltsbestimmungsrecht.

Vier Wochen später bestellt sein Anwalt ihn ein. Als er ihm gegenübertritt, schüttelt er ihm die Hand, es ist fast ein wenig feierlich. Dann teilt er ihm mit: »Herr Koch, alle Vorwürfe gegen Sie sind niedergelegt worden. Es liegen keine Beweise gegen Sie vor. Und alle Akten sind vernichtet worden. Es werden keine weiteren Schritte gegen Sie eingeleitet werden. Die Sache ist vom Tisch.«

Koch taumelt aus der Kanzlei. Er ist erleichtert, aber nicht glücklich.

Auf Anraten seines Anwalts beantragt er nun ebenfalls die alleinige elterliche Sorge für Miriam. Doch er scheitert vor Gericht, das der Mutter nachgibt: Bis »zur Erledigung der Hauptsache« überträgt es das Aufenthaltsbestimmungsrecht für Miriam allein auf Ines Blech. Es entzieht sich Kochs Vorstellungskraft, warum. Fachleute aber beobachten diese Tendenz der Gerichte schon länger: Selbst wenn bei dem auf den Missbrauchsvorwurf folgenden Strafverfahren nichts herauskomme, bleibe bei Gericht und Jugendamt der Zweifel zurück, ob nicht doch etwas Wahres an der Anschuldigung dran war.

Genau das aber haben diese Frauen wohl beabsichtigt: »Nur kühn verleumden, immer bleibt etwas hängen«, heißt es schon bei Francis Bacon. Und so ist es kein Wunder, dass Missbrauchsvorwürfe recht häufig ins Kraut schießen. Nach Angaben von Siegfried Willutzki, dem ehemaligen Vorsitzenden des Deutschen Familiengerichtstags, werden sie in vierzig Prozent aller Sorge- und Umgangsrechtsverfahren laut[61]. Nicht einmal zehn Prozent erweisen sich bei näherer Betrachtung als gerechtfertigt.[62]

Nachdem sie das Aufenthaltsbestimmungsrecht für Miriam bekommen hat, treibt Ines Blech ihre Interessen, wohl ermutigt durch die Entscheidung des Gerichts zu ihren Gunsten, trotz der Einstellung des Verfahrens gegen Koch weiter voran: Der später eingesetzten Gutachterin berichtet sie, als sie mit dem Kind noch bei Koch gewohnt habe, habe Miriam ihr erzählt, dass sie nach dem Duschen »mit dem Papa« ins Bett gegangen sei. Sie und der Papa seien nackt gewesen. Blech fügt hinzu, Miriam sage oft mit ängstlichem Gesicht zu ihr, der Papa dürfe nicht in die neue Wohnung kommen. Er sei böse und gebe ihr böse Küsse. Weiter führt Blech aus, sie wolle nicht, dass Miriam den Vater sehe. Sonst falle sie »in ihrer Entwicklung zurück in ein tiefes Loch«. Das tue ihr nicht gut. Wenn sie größer sei und den Vater sehen wolle, sei das etwas anderes. Dann verkrafte sie das eher. Ein Kind brauche einen Vater, aber keinen Vater, vor dem es Angst habe. Wenn sie mit Sicherheit wüsste, dass kein sexueller Missbrauch stattgefunden hätte, hätte sie keine Bedenken, Miriam zum Vater zu lassen. Der Vater habe Miriam allerdings auch angeschrien und ihr Alkohol zu trinken gegeben. Vielleicht werde er sie schlagen, wenn er alkoholisiert sei.

Koch hat Miriam inzwischen acht Monate lang nicht gesehen. Da kommt es zu einem Gerichtstermin, in dem es um sein Umgangsrecht geht. Er hat beantragt, Miriam alle zwei Wochen sonntags für vier Stunden in Gegenwart eines Sozialarbeiters sehen zu dürfen, außerdem am zweiten Weihnachtstag und am zweiten Osterfeiertag. Das Gericht folgt diesem Antrag auf betreuten Umgang, mit dem Koch sich in erster Linie davor schützen will, dass Blech ihm abermals etwas anhängt. Die Begründung des Gerichts für den betreuten Umgang lautet, dass Koch Miriam nun schon acht Monate lang nicht gesehen habe und sie sich erst wieder an ihn gewöhnen müsse. Dass die Unterbrechung des Umgangs allein die Schuld der Mutter ist, wird nicht thematisiert.

Einige Wochen später ist es dann so weit: Der erste Umgangstermin, der im Rahmen einer vorläufigen Anordnung vom Gericht festgelegt wurde, steht kurz bevor. Kochs Anspannung steigt, gleichzeitig ist er voller Vorfreude. Er hat ein Eichhörnchen aus Stoff gekauft, das er Miriam schenken will. »Ein Eichhörnchen, weil, einen Teddy schenkt doch jeder.«

Doch dazu kommt es nicht. Zwei Tage vor dem ersten Umgangstermin sagt Blech diesen ab: Miriam habe, als sie ihr von dem bevorstehenden Treffen berichtet habe, wild um sich geschlagen, geweint und gerufen, sie wolle den Papa nicht mehr sehen, da er ihr wehtue und sie Angst vor ihm habe. In den nächsten Tagen habe sie fast nichts mehr gegessen, wieder eingenässt und nachts unruhig geschlafen. Sie habe gesagt, die Mutter solle ihr helfen. Sie habe Angst, dass der Papa wiederkomme und »was mache«. Ein Kontakt mit dem Vater komme für Miriam einer »Folter« gleich.

»Das kann ja so nicht gehen«, denkt Koch, fassungslos darüber, dass ein vom Gericht schriftlich zugesagter Termin einfach abgesagt wird. Kurze Zeit später flattert ihm ein neuerliches Anwaltsschreiben der Gegenseite ins Haus, in dem das Gericht gebeten wird, den betreuten Umgang auszusetzen. Die Begründung: Miriam habe auf dem Töpfchen gesessen, auf ihre Klitoris gezeigt und die Mutter gefragt, ob dort das Pipi herauskomme. Die Mutter habe dies bejaht und ihr den Vorgang des Urinierens erklärt. Daraufhin habe Miriam »fest an ihrer Klitoris« gezupft, woraufhin die Mutter ihr erklärt habe, dass man mit diesem Körperteil vorsichtig umgehen müsse, da es sehr empfindlich sei. Auf die Frage der Mutter, »wer so etwas Furchtbares« mache, habe Miriam geantwortet: »Der Papa.« Die Mutter habe sich erkundigt, »ob er das mit den Händen machen würde«. »Nein, mit dem Zauberstab«, habe Miriam geantwortet. Auf die weitere Frage, wie der Zauberstab aussehe und welche Farbe er habe, habe sie auf ihre Haut gedeutet und gesagt: »So braun.« Auch habe Miriam mehrfach gesagt, sie wolle »nicht, dass der Papa kommt, der soll wegbleiben. Ich habe Angst, dass der Papa wieder kommt und mir was macht.«

Zu einem begleiteten Umgang kommt es trotz der Anordnung des Gerichts nicht. Weitere vier Monate ziehen ins Land, dann stellt sich heraus, dass Ines Blech in den vergangenen Wochen mit Miriam bei der örtlichen Beratungsstelle »Wildwasser«, an die sich die Opfer sexuellen Missbrauchs wenden können, vorstellig geworden ist: Sie legt dem Gericht einen »Abschlussbericht« des Vereins vor, in dem sich eine Wildwasser-Psychologin darüber äußert, ob ein Missbrauch stattgefunden hat oder nicht. Neunzehn Spielstunden mit Miriam haben demnach ergeben, dass es »keine zusätzlichen Hinweise auf Missbrauch, aber auch keine Anhaltspunkte dafür, dass die Verdachtsmomente der Mutter hinfällig wären« gibt. Das Fazit der Psychologin: »Nach meiner Einschätzung muss der bestehende Verdacht sehr ernst genommen werden.«

Blech und ihre Mutter geben sich damit nicht zufrieden. In einer eidesstattlichen Versicherung schreibt Anneliese Blech acht Wochen später, sie habe mit Miriam ferngesehen, und plötzlich habe Miriam gesagt: »Das ist so ein böser Papa wie mein Papa, der hat mir ganz arg wehgetan an der Scheide.«

Sie sei in diesem Augenblick abgelenkt gewesen, habe jedoch sofort zum Fernseher geblickt, »aber das Bild hat gerade gewechselt und so konnte ich nicht mehr sehen, was der Anlass war für die Aussage«.

»Was hat er dir getan?«, habe sie gefragt.

»Hier an der Scheide hat er mir ganz arg wehgetan«, habe Miriam geantwortet und mit der Hand auf ihre Scheide gedeutet.

»Wo hat er das getan?«, habe sie gefragt.

»Im Bett«, habe Miriam geantwortet, »und dann hat er mich

in den Arm genommen und hat gesagt: ›Ich hab dich ganz lieb‹, aber Oma, das hat mir doch ganz arg wehgetan in der Scheide, und dann ist er doch ganz böse, gell, Oma. Den Papa mag ich gar nicht mehr, sonst macht er mir wieder weh.«

Die unversöhnliche Haltung von Mutter und Großmutter und die insgesamt sehr zugespitzte Situation führen dazu, dass das Gericht sich selbst ein Bild von der Lage machen will. In einer nichtöffentlichen Sitzung befragen der Richter und eine psychologische Gutachterin Miriam. Ines Blech wartet derweil in einem anderen Raum. In dem zusammenfassenden Bericht des Richters heißt es: »Die Psychologin fragt dann vorsichtig, ob das Kind auch den Vater sieht. Das Kind verneint das und erwähnt, dass der Vater es immer rumgeschmissen habe. Es sagt, dass er es in der Küche mit dem Fuß an den Baumstamm geschleudert hätte.«

Auf Nachfrage habe Miriam präzisiert, er habe das getan, wenn er »sauer« gewesen sei.

Weiter heißt es in dem Bericht: »Das Kind sagt dann noch von sich aus, dass der Vater es immer ablecken will, wie einen Hund. Dabei wird auch der Fuß erwähnt. Dann sagt es, dass der Vater ihr an der ›Scheide‹ (wörtlich) wehgetan habe. Das Blut sei auf seinen Kopf geflossen.«

Auf Nachfrage habe es präzisiert, das habe »die Mama erzählt«.

Zwischendurch habe Miriam immer wieder auf entsprechende Nachfrage gesagt, »dass sie den Papa nicht sehen will«. Danach gefragt, was die Mama denkt, ob sie den Papa sehen soll, sagt sie: »Mama will das nicht.« Miriam will den Papa auch nicht mehr sehen. Sie weiß auch nicht, wie der Papa aussieht, kann sich an ihn nicht mehr erinnern. Seine Haarfarbe weiß sie auch nicht mehr«

Ergänzend zu der Begutachtung Miriams gibt das Gericht ein familienpsychologisches Gutachten in Auftrag, das ein halbes Jahr später vorliegt. In diesem halben Jahr bekommt Koch Miriam auch nicht zu Gesicht.

Die Gutachterin schreibt: »Auf die Frage, ob der Papa auch zu ihrer Familie gehöre, teilt Miriam mit, sie haben keinen Papa, der habe ihr an der Scheide weh getan. Die Gutachterin fragt Miriam, wie er das gemacht habe. Miriam teilt mit, das wisse sie nicht. Auf die Frage, woher sie wisse, dass er das gemacht habe, äußert Miriam, die Mama habe es gesagt. Die Mama und die Oma wollten nicht, dass sie den Papa noch sehe. Sonst sei sie (Miriam) weg. Sie wisse auch, dass der Papa ihr an der Scheide wehgetan habe. Sie wisse nicht, wie, aber sie kann sagen, womit. Mit Duschgel. Er habe nicht ihres genommen, denn das sei noch voll gewesen, sondern seines, und sie damit eingecremt und habe so gehauen. Miriam haut sich mit der Hand auf die Scheide. Da sei das Duschgel kaputt gewesen in ihrer Scheide. Sie habe ihre Scheide aufgerissen, und dann sei das Duschgel in die Wanne gefallen. Während Miriam das erzählt, klingt ihre Stimme lebhaft und unbeschwert. Sie lächelt beim Erzählen. Auf die Frage, wo die Mama gewesen sei, teilt sie mit, die Mama sei in der Dusche gewesen, sie (Miriam) sei mit dem Papa im Bett gewesen. Die Mama sei dabei gewesen. Der Papa habe geschlafen.«

Auch mit Ines Blech unterhält sich die Gutachterin mehrmals. Sie reagiere »ablehnend auf den Vorschlag der Gutachterin, Miriam solle den Vater in Gegenwart der Gutachterin an einem neutralen Ort treffen. Sie selbst habe ja nichts gegen ein Treffen, aber Miriam wolle nicht. Ines Blech weint. Sie teilt mit, dass sie ja vor nichts Angst zu haben brauche. Aber sie mache sich Sorgen um Miriam und wolle sie schützen. Es sei nach der Trennung so schlimm gewesen.«

Auch Anneliese Blech erzählt der Gutachterin ihre Sicht der Dinge: Miriam habe im Fernsehen einen Tierfilm gesehen. Eine

Füchsin habe ihre Jungen gesäugt. Miriam habe ihren Onkel gefragt, was vor sich gehe, und er habe es ihr erklärt. Da habe Miriam gesagt: »Die Milch, die beim Papa rausgekommen ist, war ganz bitter und ist mir am Mund runtergelaufen.«

Später habe Miriam das auch zu ihr, der Großmutter, gesagt. Das Kind habe sich beim Erzählen geschüttelt.

Das Fazit der Gutachterin: Ein Missbrauch hat nicht stattgefunden. Miriam werde von ihren Bezugspersonen »gegen den Vater beeinflusst« und berichte jetzt Dinge, die sie »vor einem Jahr noch nicht« berichtet hat. Sie befinde sich in einem »Loyalitätskonflikt«. Regelmäßige Kontakte zwischen Vater und Tochter seien zu befürworten.

Doch obwohl nun auch von der Gutachterin festgestellt wurde, dass Miriam von der Mutter gegen den Vater beeinflusst wird, geschieht nichts. Immer noch hat Koch seine Tochter nicht gesehen – seit inzwischen vierzehn Monaten. Der Anwalt des Vaters fragt beim Gericht an, ob »es überhaupt bereit ist, die Frage des Umgangsrechts zwischen dem Kindesvater und dem Kind Miriam ins Auge zu fassen, oder ob das Gericht die Auffassung vertritt, wenn es den Prozess nur lange genug hinzieht, erledigt sich dieser von selbst, da in einigen Jahren – und so lange beabsichtigt das Gericht offensichtlich weiter zu verhandeln, zu erörtern, zu ermitteln etc. – das Kind Miriam gar nicht mehr weiß, dass es jemals einen Vater gehabt hat, folgerichtig auch keinerlei Interesse an einem solchen Kontakt hat.«

Mehr als zwei Jahre, nachdem Koch Miriam das letzte Mal gesehen hat, legt die Gutachterin ihr abschließendes Gutachten bei Gericht vor. Darin spricht sie sich für den vom Gericht im Rahmen einer vorläufigen Anordnung ja bereits angeordneten begleiteten Umgang aus. Das Gericht schließt sich ihrer Auffassung an und begründet dies in seinem Beschluss damit, »dass es nicht angeht, dass der Kindsvater auf Dauer mit dem Stigma des Missbrauchers belegt wird, ohne dass dafür kaum mehr spricht als in erster Linie Vorurteile etlicher Personen aus dem Umfeld der Mutter, die diese beeinflussen. Dem Kindsvater muss die Chance gegeben werden, zu beweisen, dass er ein liebevoller, sich mit dem Kind einfühlsam befassender Vater sein kann.«

Auch zu dem Bericht von »Wildwasser«, in dem ein Missbrauch nicht ausgeschlossen wird, äußert sich der Richter: Die Wildwasser-Mitarbeiter seien »bereits dadurch vorgeprägt, dass nach Kenntnis des Gerichts Wildwasser zunächst einmal davon ausgeht, dass der von der Mutter erhobene Vorwurf des Missbrauchs zutrifft und dass es dann Sache des Missbrauchers ist, den Vorwurf zu widerlegen, was oftmals kaum gelingen kann.«

Und weiter heißt es in dem Beschluss: »Die Kindsmutter sei bereits jetzt darauf hingewiesen, dass sich das Gericht in Zukunft nicht mehr damit abspeisen lassen wird, dass das Kind ›Angst besetzt‹ auf den bevorstehenden Umgang mit dem Vater reagiere. Die Sachverständige hat [...] mit Engelszungen versucht, der Kindsmutter klarzumachen, dass das Kind damit nur ihren eigenen Erwartungshaltungen und denen ihrer Angehörigen gerecht wird, in dem es mit feinem Instinkt spürt, dass diese Personen den Umgang des Vaters mit dem Kind partout verhindern möchten.«

Ein Beschluss, gegen den aus Kochs Sicht nichts einzuwenden ist. Blech hat nun schriftlich, dass sie sich verantwortungslos und egoistisch verhält. Leider ändert das nichts daran, dass er Miriam nicht sehen kann. Denn kurz nach dem Beschluss zieht Ines Blech, die inzwischen von Koch geschieden ist, mit Miriam nach Andernach – 570 Kilometer weit weg. Sie hält es nicht für nötig, Koch darüber in Kenntnis zu setzten. Er erfährt es durch seinen Anwalt.

»Sie hat von heute auf morgen ihr gesamtes Umfeld und ihr gesamtes Leben verlassen, nur damit ich meine Tochter nicht sehen kann«, sagt Koch, und immer noch klingt Fassungslosigkeit in seiner Stimme mit. »Etwas Schlimmeres konnte mir eigentlich nicht passieren.«

Er ahnt, dass es jetzt noch schwieriger werden wird, Miriam wieder zu sehen. Und in der Tat: Der erste Umgang nach mehr als zwei Jahren zwischen Vater und Tochter, der ja nun vom Gericht per Beschluss angeordnet wurde, findet nicht statt. Das zuständige Jugendamt an Blechs neuem Wohnort unternimmt nämlich nichts, um ihn in die Wege zu leiten. Zwar hat der Richter Blech angedroht, sie habe mit einem Zwangsgeld bis 3000 Euro oder 60 Tagen Haft zu rechnen, falls sie den Umgang verhindere, da sie bereits das »im Weg vorläufiger Anordnung angeordnete Umgangsrecht torpediert« habe. Doch da das Jugendamt in Andernach sich »tot stellt«, muss Blech keine Konsequenzen fürchten. Der Umzug hat sich für sie voll gelohnt, ihre Rechnung ist aufgegangen.

Das Familienrecht macht in der Tat denjenigen Elternteil zum Sieger im Kampf um die gemeinsamen Kinder, der am frechsten ist: Das Vorgehen des entziehenden Elternteils wird »zum Wohle des Kindes« geduldet, obwohl es rechtswidrig ist, anders gesagt: Täter werden belohnt. Obwohl Blechs Umzug eindeutig dazu diente, Kochs Umgang mit seiner Tochter noch mehr als bisher zu vereiteln, würde sich Koch wohl selbst dann schwertun, das Aufenthaltsbestimmungsrecht für Miriam zu bekommen, wenn Blechs Erziehungsfähigkeit aufgrund ihrer Umgangsvereitelung von einem Gericht als eingeschränkt eingestuft würde. Denn in diesem Fall würde Miriam ja zurück zu ihm ziehen, und das so genannte Kontinuitätsprinzip würde verletzt: Psychologisch gesehen ist für das Kindeswohl eine Einheitlichkeit und Gleichmäßigkeit in der Erziehung für die Entwicklung sehr förderlich. Dieser Auffassung haben sich die Gerichte angeschlossen. Daher sollen bei einem Streit der Eltern und daraus resultierenden Konflikten die Eingriffe in das soziale Umfeld der Kinder möglichst gering bleiben. Berücksichtigt wird deswegen bei Entscheidungen die Beibehaltung von Freunden, Nachbarn und Schulkameraden. Das bedeutet, dass derjenige Elternteil Recht bekommt, der durch einen Wegzug Fakten geschaffen hat – egal, wie sehr diese Fakten dem Recht des Kindes auf beide Eltern zuwiderlaufen.

Dreieinhalb Monate vergehen nach Blechs Umzug, ohne dass sich etwas tut. Lediglich Kochs Anwalt schickt Schriftsatz um Schriftsatz nach Andernach und droht schließlich mit einer Dienstaufsichtsbeschwerde. Es folgt ein Gerangel um Zuständigkeiten zwischen den Gerichten und Jugendämtern am alten und neuen Wohnort Blechs, und schließlich wird ein Verfahrenspfleger, Jens Höfer, mit dem Fall beauftragt.

Seit drei Jahren hat Koch seine inzwischen sechsjährige Tochter nicht gesehen, als es schließlich in Gegenwart Blechs und Höfers zu einem Wiedersehen zwischen Vater und Tochter kommt. Koch ist aufgeregt und nervös vor dem Treffen, das selbstverständlich in Andernach stattfindet, sodass er 570 Kilometer weit mit dem Auto dorthin fahren muss. Als er den Wagen parkt, zittern ihm die Hände.

»Wie wird Miriam auf mich reagieren?«, fragt er sich.

Und auf dem Weg zu dem vereinbarten Treffpunkt vor einer Eisdiele denkt er: »Was soll ich bloß zu ihr sagen?«

Als er vor ihr steht, schlägt sein Herz bis zum Hals. Sie ist gewachsen, reicht ihm schon bis zur Hüfte. Ihre Haare sind knapp schulterlang und aschblond, sie trägt einen Pagenschnitt. Er findet, dass sie ihm ähnlich sieht: Sie hat seine spitze Nase, seine Gesichtsform. Gern würde er sie umarmen, doch er traut sich nicht. Sie wirkt nicht nur abweisend, sondern regelrecht gequält. Als habe sie kommen *müssen*. Und sie blickt ihn nicht an. Sie fixiert ihre Schuhspitzen und reagiert nicht auf seine Begrüßung, und so traut er sich nicht einmal, ihr die Hand zu geben.

Auch Ines Blech schweigt, als er sie begrüßt. Er denkt: »Ich würde ihr am liebsten die Fresse polieren.«

Dann gehen sie alle zusammen zum Teich, um Enten zu füttern. Alle Fragen, die er Miriam auf dem Weg dorthin stellt, beantwortet sie nicht. Irgendwann gibt er auf und spricht mit Höfer über Fußball, über die Enten und über die Schule. Miriam besucht inzwischen die erste Klasse. Als sie beim Teich angekommen sind, beugt sich Koch zu ihr hinunter und reicht ihr ein Stück Brot für die Enten, das er 570 Kilometer weit von zu Hause mitgebracht hat. Sie nimmt es nicht an. Er ist traurig und versucht sich damit zu trösten, dass er denkt: »Das Kind ist verdreht.«

Nach neunzig Minuten erklärt Miriam der Mutter, dass sie keine Lust mehr hat und nach Hause möchte. Blech wendet sich an Höfer, um sich mit ihm zu besprechen, und Koch bleibt außen vor, zum Zusehen verdammt. Höfer meint, man solle die Begegnung für heute beenden. Es ist eine Entscheidung, der Koch nur zustimmen kann. Erstens wird er nicht gefragt, und zweitens sieht er die Sache genauso. Und so verabschieden sich Blech und Miriam von Höfer, ignorieren Koch und gehen nach Hause. Höfer und Koch wechseln noch einige Worte, dann geht auch Koch zu seinem Auto. Er hat kein Wort mit Mutter und Tochter gewechselt. Frustriert fährt er die 570 Kilometer wieder zurück. Er fühlt sich bleiern, ernüchtert und ratlos.

Der zweite Umgangstermin findet vier Wochen später statt. Wieder sind Höfer und auch Ines Blech dabei – Koch weiß zwar nicht, warum sie mitkommt, doch hat er dem zugestimmt. Er denkt, dass sie eben wissen will, wie die Treffen ablaufen. Wieder findet das Treffen an einem Samstag statt, wieder ist das Jugendamt geschlossen, sodass ihnen nichts anderes übrig bleibt, als spazieren zu gehen, da Blechs Wohnung selbstverständlich tabu ist.

Als Koch sich Miriam nähert, schlägt ihm das Herz wie auch schon beim ersten Treffen bis zum Hals. Vielleicht hat sie sich ja inzwischen an den Gedanken gewöhnt, ihn wiederzusehen? Vielleicht steht sie ihm dieses Mal weniger abweisend gegen-

über? Er beugt sich zu ihr hinunter und sagt:»Hallo Miriam.«
Aber sie beachtet ihn gar nicht und blickt zu Boden.
Koch schlägt vor, man könne doch auf den Spielplatz gehen, aber Miriam schüttelt den Kopf. So gehen sie wieder zum
Ententeich, und nach einer Stunde ist die Begegnung zu Ende,
weil Miriam abermals zu quengeln beginnt. Koch hat jedoch
bemerkt, dass sie ihn gemustert hat, wenn sie glaubte, er sehe es
nicht. Das freut ihn, und so wagt er es, ihr zum Abschied das
Eichhörnchen aus Stoff zu geben, das er damals für sie gekauft
hat. Doch sie weigert sich, es anzunehmen, obwohl er es ihr
hinhält. Sie schweigt und starrt emsig auf den Boden. So stehen
sie voreinander. Koch blickt ratlos zu Höfer, doch der zuckt nur
mit den Achseln und sagt:»Dann ist es jetzt wohl besser, wenn
Frau Blech und Miriam gehen.«

Als sie weg sind, erklärt er Koch, es sei besser, wenn sie sich
beim nächsten Mal in einem Raum treffen würden, in dem es
Spielzeug gebe. Dann werde sich Miriam nicht langweilen und
vielleicht länger bleiben.

Nach dieser Begegnung schreibt die Anwältin der Mutter an
das Gericht:»Miriam lehnte den Kontakt zum Vater ab, sie
konnte ihn nicht ansehen und wollte das Kuscheltier nicht annehmen, das er ihr mitgebracht hat.« Nach beiden Terminen
habe sie sich nachts die Haare ausgerissen, sie habe geschrien,
um sich geschlagen und getreten. Aufgrund dieser psychischen
Probleme und Miriams Autoaggression beantragt die Anwältin,
die Besuchskontakte für mindestens ein Jahr auszusetzen.

Auch das ist nach Ansicht von Fachleuten ein Klassiker in
der Argumentationslinie von Frauen, die einen Missbrauchsverdacht in die Welt gesetzt haben: den Umgangsausschluss
selbst dann zu fordern, wenn der Missbrauch nicht nachgewie-
sen werden konnte. Oft stimmt das Gericht dem – aus einer
Restunsicherheit heraus – zu. Und dann können locker einige
Jahre ins Land gehen, bis der Vater sein Kind wiedersieht[63].

Um gegenzusteuern beantragt Koch vorsorglich die Festsetzung eines Ordnungsgeldes in Höhe von 5000 Euro oder von Ordnungshaft, sollte Blech das nächste Treffen vereiteln.

Beim dritten Treffen verspäten sich Blech und Miriam. Koch begrüßt Höfer, dann geht er weg und wartet in einiger Entfernung des Treffpunkts, weil er »nicht so fordernd dastehen möchte, wenn die beiden ankommen«, sondern ihnen »Zeit geben möchte, anzukommen und ein paar Worte mit dem Verfahrenspfleger zu wechseln«.

Als sie schließlich eintreffen, unterhalten sie sich kurz mit Höfer. Aus der Ferne beobachtet Koch, wie Miriam sich im Schoß der Mutter vergräbt und mit den Füßen aufstampft. Dann kommt Höfer auf Koch zu und erklärt ihm, dass Miriam ihn nicht sehen will: »Wir brauchen das gar nicht erst zu probieren, Miriam möchte keinen Kontakt zu Ihnen.«

Koch spürt eine Welle der Ohnmacht in sich aufsteigen. Er blickt hinüber zu seiner Tochter, die er mehr liebt als alles auf der Welt. Sie steht nun ganz ruhig da. Er versucht sich vorzustellen, was Blech ihr erzählt haben mag, aber er scheitert schon daran, dass er nicht einmal weiß, welchen Namen seine Ex-Frau für ihn benutzt.

Und so fährt er die 570 Kilometer wieder zurück, ohne überhaupt nur in die Nähe von Miriam gekommen zu sein.

Daraufhin holt das Amtsgericht ein neuerliches psychologisches Gutachten ein, das zwei Monate später fertig ist. Darin heißt es, dass Miriam, die inzwischen sieben Jahre alt ist, »keine genauen Vorstellungen von einer positiven Vater-Tochter-Beziehung hat, sondern diffuse Phantasien und Befürchtungen, die ansatzweise ihre existenzielle und innige Beziehung zur Kindesmutter bedrohen könnten«. Ihr gesamter Körperausdruck zeige, »dass der Themenbereich (mit dem Vater Kontakt aufzunehmen) sie stark« bedrücke. In Bezug auf den angeblichen Missbrauch sage die Kindsmutter, »dass sie die Überzeugung habe, dass er (Koch) vielleicht seinen Penis an ihrem Oberschenkel gerieben habe«. Anschließend habe sie im Gespräch mit der Gutachterin »mehr und mehr auf den Missbrauchsvorwurf Bezug« genommen, sie »nutzte dies aktiv in der Argumentation gegen eine Unterstützung des Kontakts«. Ein »Missbrauch sei nicht ausgeschlossen worden«, daher bleibe ihr Misstrauen nach wie vor bestehen. Sie behandle »die früheren Quellen des Missbrauchsvorwurfs als Beweis« und lasse »Zweifel an der Richtigkeit ihres Schutzverhaltens nicht zu«. Gegenüber der Gutachterin habe sie geäußert: »Ich kann nicht alles Vorsichtige über Bord werfen und sie (Miriam) zu ihm (Koch) lassen. Jede andere Mutter würde auch so vorsichtig sein.« Für die Gutachterin wurde »sehr deutlich, dass sie (Blech) Kontakt um jeden Preis verhindern« will. Weitere Äußerungen Blechs seien gewesen: »Warum lässt man sie (Miriam) nicht einfach in Ruhe und irgendwann alleine entscheiden? Dem (Koch) gehe ich an die Gurgel, wenn er mir hier über den Weg läuft.« Und »dass es das Beste ist, den Vater völlig auszuschließen«.

Nach Meinung der Gutachterin steht für Blech fest, »dass der Vater sich Miriam sexuell genähert« hat. Sie habe gefragt: »Wie soll ich ihm vertrauen, dass er dem Kind in einer späteren Situation nichts mehr antut?«

Miriam indessen lasse bei der Erwähnung von eventuellen Briefkontakten mit dem Vater eine latente Neugier und ein unterschwelliges Interesse erkennen.

Das Fazit der Gutachterin: Die Haltung der Mutter »lässt sich als beharrlicher Widerstand und aus einem hartnäckigen, subjektiven Schutzbedürfnis heraus entstehende Beziehungsintoleranz beschreiben und ist in diesem Punkt als einschränkender Faktor im Hinblick auf ihre elterliche Kompetenz zu werten«.

In einer neuerlichen Gerichtsverhandlung schlägt die Richterin vor, dass sich der Jugendamtsmitarbeiter, der Verfahrenspfleger Höfer, Ralf Koch, Ines Blech, Miriam und sie selbst zu einem gemeinsamen Gespräch zusammensetzen sollen, um die verfahrene Situation aufzulösen. Das Treffen findet einige Wochen später werktags im Andernacher Jugendamt statt. Als er dort eintrifft, ist Koch sehr aufgeregt. Er hofft, dass sie alle gemeinsam eine für ihn akzeptable Lösung herbeiführen können. Der Jugendamtsmitarbeiter holt ihn an der Pforte ab und sagt ihm, er solle zunächst im Flur vor dem Raum warten, in dem sich alle anderen schon versammelt haben. Denn Miriam habe sich schon wieder im Schoß der Mutter vergraben, und man wolle ihr aus dieser Verweigerungshaltung erst heraushelfen.

So wartet Koch im Gang, insgesamt eine Stunde lang. Er denkt: »Wahrscheinlich reden sie mit Engelszungen auf Miriam ein und versuchen, sie aufzutauen.«

Es geht ihm nicht gut, während er dort sitzt.

Dann öffnet sich die Tür, und er wird hereingebeten. Er weiß, dass er nun Kontakt zu Miriam aufnehmen soll, doch er kommt nicht an sie heran. Sie sitzt auf dem Schoß der Mutter, hat den Kopf in deren Halsbeuge gelegt und wimmert wie ein kleines Kind: »Ich will heim, ich will nicht!« Die Mutter versucht, sie herumzudrehen, doch nicht einmal das lässt sie zu, sie wehrt sich mit Händen und Füßen, »als sei der Teufel hinter ihr her«, erinnert sich Koch. Und wie immer redet Ines Blech kein einziges Wort mit ihm. Seit ihrem Auszug vor fast acht Jahren hat sie das nicht getan. Irgendwann sagt die Richterin, dass es keinen Sinn habe, das Kind länger zu quälen, und löst die Versammlung auf. Zuerst geht die Richterin, dann Blech und Miriam. Koch wechselt noch einige Worte mit Höfer und dem Jugendamtsmitarbeiter, dann verabschieden sie ihn. Als er zu seinem Auto geht, kämpft er mit den Tränen. Er denkt: »Was soll ich jetzt machen?«

Sein Körper rebelliert, krampft sich zusammen, und lange

sitzt er einfach nur in seinem Wagen und fühlt sich »nur noch halb: Als hätte man mir ein Stück aus der Seele gerissen«. Erst später wird er erfahren, dass seine Gefühle ihn nicht getäuscht haben: Dies war das letzte Mal, dass er seine Tochter gesehen hat.

Nach diesem Treffen kommt es zu einem weiteren Gerichtstermin, bei dem über die Begegnung zwischen Vater und Tochter im Jugendamt gesprochen werden soll. Koch hat inzwischen insgesamt 30000 Euro in seinen Anwalt und die Reisekosten investiert, die er sich von seinen Eltern geliehen hat. Nun haben auch sie kein Geld mehr. So kommt er im Gegensatz zu seiner Exfrau ohne Rechtsbeistand – auch das eine typische Entwicklung: Immer wieder kommt es in Fällen von Umgangsboykott vor, dass Frauen vom Staat finanziell unterstützt werden, wenn sie Gerichtsverfahren führen wollen. Männer hingegen gehen leer aus. Aus einem Schreiben des Oberlandesgerichts Hamm aus dem Jahre 2003 geht hervor, dass in Nordrhein-Westfalen in mehreren Fällen Verfahrenskostenhilfe (früher Prozesskostenhilfe) zu Unrecht gezahlt wurde, weil die Anträge der Frauen nicht sorgfältig genug geprüft worden waren[64]. Einem Bericht des Rechnungshofes Baden-Württemberg aus dem Jahre 2005 ist ebenfalls zu entnehmen, dass in mehreren Fällen unnötige Hilfe ausgeschüttet wurde, da die Empfänger eigentlich selbst genug Geld gehabt hätten[65].

Obwohl Koch diese Ungleichbehandlung von Vätern und Müttern nicht bewusst ist, hat er das Gefühl, nichts mehr verlieren zu können. Denn er hat sich überlegt, dass er Miriam und sich selbst nicht wieder in eine so ausweglose Situation bringen will wie bei den letzten beiden Begegnungen. Und so erklärt er der Richterin, dass er nun anderthalb Jahre lang »Gras über die Sache wachsen lassen« möchte. Im juristischen Fachjargon bedeutet das, dass er das Verfahren bis auf weiteres beenden will. Die Richterin antwortet, das sei eine vernünftige Sache. Und

Blech, die beim Hereinkommen an ihm vorbeimarschiert ist wie ein Soldat, entspannt sich, das merkt er ganz deutlich. Er denkt: »Jetzt hat sie einen Teilsieg errungen, weil ich aufgebe.« Als Blech geht, wirkt sie beschwingt. Er selbst hingegen fühlt sich wie ein Verwundeter, der sich vom Schlachtfeld schleppt.

Die nächsten Monate lebt Koch wie unter einer Taucherglocke, in der der Sauerstoff langsam knapp wird: Zu Beginn hat er noch das Gefühl, die von ihm freiwillig gewählte Zeit ohne Miriam durchstehen zu können, denn er glaubt daran, dass sich die Situation zwischen ihnen danach normalisieren wird. Doch je mehr Zeit verrinnt, desto mehr schwindet seine Zuversicht, und desto schlechter geht es ihm. Nach einem halben Jahr erhält er Post von der Gerichtskasse – eine Forderung über 6700 Euro. Er soll die Gerichtskosten bezahlen, weil er das Verfahren nicht weiter anstrengen will. Er klagt dagegen und bekommt Recht: »Angesichts der ausreichend dokumentierten jahrelangen Verweigerungshaltung der Antragsgegnerin in Verbindung mit dem ständig wiederholten Hinweis auf einen angeblich ›selbst durch das Sachverständigengutachten nicht ausgeräumten Missbrauchsverdacht‹ – für den nach dem Inhalt des Gutachtens sowie aufgrund der angestellten Ermittlungen allerdings keinerlei Anhaltspunkte vorliegen«, muss er auf Weisung des Amtsgerichts nur die Hälfte der Kosten tragen. Die andere Hälfte muss Blech zahlen.

Bis heute fühlt sich Koch wie betäubt. Als hätte man ihn angeschossen und schwer verwundet irgendwo liegen lassen. Er klammert sich an den Gedanken, dass Miriam irgendwann von selbst zu ihm kommen wird. Seit drei Jahren tut er das.

Wenn er an sie denkt, wird ihm immer noch ganz flau im Bauch. Er möchte nichts lieber, als sie sehen – sie ist sein Ein und Alles. Aber ihm fällt nichts mehr ein, was er tun könnte, um sich ihr anzunähern. Es ist, als sei er aus ihrem Leben getilgt worden, dabei besitzt er ja sogar noch das Sorgerecht für sie. Er erfährt nicht, ob sie im Krankenhaus ist, ob sie einen Unfall hat – ein großes Schweigen umgibt sie. Als sei er für sie und ihre Mutter ein Niemand. Kein Gericht und kein Jugendamt tut etwas dagegen, niemand bestraft Ines Blech. Koch fühlt sich vom Staat allein gelassen. Irgendwann wird er das Verfahren wieder aufnehmen. Wenn Miriam vierzehn oder sechzehn ist.

Heinrich Kupffer, Emeritus für Sozialpädagogik und einstiger Leiter von Landerziehungsheimen, weist noch auf einen weiteren Sachverhalt hin, der dazu führt, dass Väter, denen auch nur der Verdacht anhängt, sie hätten ihr Kind missbraucht, in Sorge- und Umgangsrechtsverfahren vom Moment der ersten Anschuldigung an quasi »ausgeschaltet« sind[66]. Seiner Meinung nach lohnt sich die Jagd auf Sexualtäter nämlich für alle, die sich an ihr beteiligen – auch wenn der Beschuldigte tatsächlich unschuldig ist. Jeder Außenstehende wird die »Jäger« zu ihrem Engagement in dieser Sache beglückwünschen. Man kann bei diesen Ermittlungen moralisch gesehen nur gewinnen. Und Geld verdienen. Auch wenn kein Körnchen Wahrheit an den Vorwürfen des Missbrauchs ist. Die Fahndung nach Vätern, die angeblich ihre Kinder missbraucht haben, schafft Arbeitsplätze, einflussreiche Positionen und damit gesellschaftliche Anerkennung. Die »Jäger« fühlten sich als Erweckte, die auf einmal einen unmittelbaren Zugang zur Wahrheit gefunden hätten, so Kupffer. Indem ihre Motivation über den sozialen und pädagogischen Bereich weit hinausführe, ähnelten sie in ihrem Gebaren den fanatisierten Anhängern religionsähnlicher Sekten. Sie hätten eine eingeschränkte Perspektive und konzentrierten sich ausschließlich auf bestimmte Übel. Andere Phänomene als diese würden nicht wahrgenommen. Darin drücke sich eine bornierte Grundhaltung, eine tiefe antidemokratische Sehnsucht aus: nicht Interessen abwägen, nicht verhandeln oder abstimmen, keine Kompromisse schließen, sondern das durchsetzen, was sie für die Wahrheit halten. Dort stehen, wo es gar keine Abstimmung mehr gibt und keine Verhandlung mehr nötig ist. So kämen diese »Jäger« gleich zweimal auf ihre Kosten. Einmal befriedigten sie ihren Hang, geheimdienstlich tätig zu sein, Böses aufzudecken, Gefahren abzuwenden, wichtig für das Wohlergehen des Ganzen zu sein, das Persönliche dem höheren Zweck unterzuordnen, Mitmenschen zu denunzieren und mit allen diesen Aktivitäten eine höhere Sinnstufe zu erklimmen. Zum anderen könnten sie direkt und umfassend in das Leben von Kindern und Familien eingreifen, obwohl sie in Wirklichkeit gar nicht bis ins Letzte beurteilen könnten, was Sache sei.

Die Jugendämter leisten im Übrigen einen ganz eigenen Beitrag, wenn es darum geht, unschuldige Väter in Sippenhaft zu nehmen. Seit sie sich immer öfter dafür rechtfertigen müssen, dass Kinder in Kühlschränken oder Blumenkübeln aufgefunden werden – grausam misshandelt und getötet von ihren Müttern und Vätern –, seitdem greifen sie lieber hart durch, als sich hinterher vorwerfen lassen zu müssen, weggeguckt zu haben. Sie greifen lieber frühzeitig ein und nehmen es in Kauf, dass sie sich auch mal täuschen, als einen denunzierten Familienvater einfach ungeschoren zu lassen. Einen Fehler kann man ihnen hinterher selten nachweisen. Sie können immer sagen: Es bestand zumindest ein hinreichender Verdacht.

Laut Kupffer bewegen sie sich in einem rechtsfreien Raum, in dem sie weder Verantwortung tragen müssen noch für die Folgen ihres Tuns haftbar gemacht werden können. Es gibt keine Kontrollinstanz für Jugendämter, denn selbst die Gerichte sind nicht deren Vorgesetzte, sondern entscheiden aus Zeitmangel und mangelnder Fachkenntnis meist so, wie die Jugendämter es empfehlen. Und selbst wenn sich der Missbrauchsvorwurf nicht belegen lässt, lassen die Jugendämter nicht locker.

Sie konzentrieren sich dann oft auf andere Probleme, die es in der betroffenen Familie auch noch geben soll. »Stellen wir uns einmal Folgendes vor«, schreibt Kupffer, »eine Familie meldet einen kleinen Kellerbrand. Die Feuerwehr rückt an und löscht ihn in wenigen Minuten, zieht aber nach getaner Arbeit nicht wieder ab, sondern erklärt: Wenn wir schon mal im Haus sind, dann suchen wir doch gleich gründlich nach verbotenen Dingen, vielleicht nach Pornos, Kopfläusen oder geschmuggelten Zigaretten.« Natürlich will das Jugendamt in der Regel nur das Beste für die Kinder. Aber das ist auf Grund der vorgegebenen Strukturen gar nicht möglich: Erstens, weil das Jugendamt selber eigene Interessen vertritt, und zweitens, weil es auch selbst Exekutive ist, also nicht zugleich Anwalt des Kindes sein kann[67].

Kupffer zieht ein ernüchterndes Fazit aus der gesamten Missbrauchsdebatte: »Der ganze Streit um den sexuellen Missbrauch entzündet sich am Wohl des Kindes. Aber in seinem Verlauf geht es überhaupt nicht mehr um Kinder, sondern fast ausschließlich um Erwachsene: Sei es, dass Eltern sich gegenseitig beschuldigen, um bei einer bevorstehenden Trennung möglichst viele Pluspunkte und vor allem die Verfügungsgewalt über die Kinder zu ergattern, sei es, dass Funktionäre und Helfer es auf einmal als ihr Privileg entdecken, andere zu kontrollieren, ohne selbst kontrolliert zu werden, und sogar ganze Familien zu zerstören; sei es schließlich, dass Pädagogen, die sonst von Selbstzweifeln und Schuldgefühlen geplagt werden, hier eine Möglichkeit wittern, das zu erfüllen, was die Gesellschaft ihnen aufträgt: die unübersichtlich gewordene heutige Welt wieder übersichtlich zu machen und moralisch zu desinfizieren.«

185

5. DIE SICHT EINER ENTSORGENDEN MUTTER

Die Gedankenwelt einer bewusst alleinerziehenden Mutter soll in diesem Kapitel anhand mehrerer Briefe wiedergegeben werden, die diese Frau im Laufe von knapp zehn Jahren geschrieben hat. Dies ist aufschlussreicher als die Auswertung eines einzelnen Interviews, weil so die Gedanken dieser Frau von der Zeit vor der Geburt bis zum Beginn der Pubertät des Kindes jeweils in »Echtzeit« dargestellt werden.

Gunda Holsten und Michael Ebert lernen einander 1984 in der Schule kennen. Sie ist sechzehn, er siebzehn. Dreieinhalb Jahre lang sind sie ein Paar. Gunda wohnt in dieser Zeit längere Zeit bei Michael und seinen Eltern, weil sie sich zuhause unglücklich fühlt. Ihre Eltern sind geschieden, sie lebt bei ihrer Mutter und ihrem Stiefvater. Michaels Eltern sind hingegen seit 25 Jahren verheiratet und machen einen glücklichen Eindruck auf sie. Michael sagt heute: »Es war für uns beide eine intensive Liebe. Wir haben immer wieder darüber geredet, dass wir irgendwann gemeinsame Kinder haben wollten.« Dennoch beendet er die Beziehung während seines Studiums, weil er das Gefühl hat, dass Gunda und er sich auseinandergelebt haben. Auch Gunda habe die Beziehung damals in Frage gestellt. Im April 1988 schreibt Gunda Michael einen ersten kritischen Brief. Damals sind die beiden noch ein Paar, die Trennung steht aber kurz bevor:

Du bist zu rational. Gefühle — es scheint, als ob du allergisch gegen sie wärst, obwohl du dich von deinen eigenen Gefühlen leiten lässt, wenn du so negativ über bestimmte Sachen sprichst. Ich denke, du verstehst noch immer nicht, dass ich mich verändert habe, aber ich kann es dir nicht erzählen, weil ich dann immer gegen eine Wand rede. Unsere Beziehung sieht jetzt so aus: streiten, Witze machen, über Dinge sprechen, die aktuell, aber weit von uns weg sind, wir vermeiden es, auch nur ein Wort über ›tiefere Gedanken‹ zu sagen, und Spaß im Bett. Kurzum, ein oberflächliches Verhältnis. Manchmal denke ich: ›Wir bleiben nur beieinander, weil wir es gewohnt sind.‹

Fürs Erste weiß ich nicht mehr, ob ich dich noch liebe. Ich habe nur noch einen sehr sensiblen Platz in meinem Herzen für dich, und irgendwo liebe ich dich auch. Aber ich liebe nicht den Michael, den ich jetzt täglich erlebt habe. Ich finde dich schon oft sehr lieb und hege mütterliche Gefühle, aber das ›lieb sein‹ von dir gilt nur für meine Anwesenheit. Du findest es schön, wenn ich weiterhin zum Schlafen oder Essen komme, und bist dann sehr lieb zu mir, aber du würdest nie gerne zu mir kommen, du brauchst fast eine Woche, um dich darauf einzustellen. Deswegen habe ich beschlossen, erst mal nicht mehr mit dir ins Bett zu gehen. Ich werde erst dann wieder mit jemandem schlafen, wenn er mich sehen lässt, dass er mich wirklich liebt und nicht nur meinen Körper. Wenn er mir wirklich das Gefühl vermittelt, dass er Interesse an mir hat. Bei dir weiß ich es nicht, weil ich nicht weiß, wie es in dir aussieht. Von mir selbst weiß ich, dass ich mich für dich interessiere. Genau deswegen tut es so weh, dass ich nichts von dir weiß. Wenn ich jemanden treffe, der echt bereit ist zu lieben, werde ich mich wieder total hingeben. Fürs Erste bleibe ich allein (bin ich eigentlich schon ganz lange), und es gefällt mir bis jetzt gut. Ich weiß schon, dass man niemals Trost bei anderen findet. Man muss erst selber glücklich sein, um mit anderen glücklich zu sein. Prinzipiell verändert sich nicht viel für mich in unserer Beziehung, den Platz in meinem Herzen werde ich für dich bewahren, und auf jeden Fall wird die Freundschaft bestehen bleiben. Aber ich werde nicht mehr mit dir schlafen, ich hoffe, dass du mich ein bisschen verstehst und nicht enttäuscht bist. Weißt du, körperliche Liebe ist keine wahre Liebe, es muss mehr sein.

Bis bald, Liebe und Küsse von

Gunda

Nach der Trennung treffen sich Gunda und Michael hin und wieder und schlafen auch miteinander. Dennoch haben nun beide neue Beziehungen: Gunda mit Gert und nebenbei auch noch mit Florian, und Michael mit Stefanie. Die emotionale Verbindung sei nach der Trennung nicht ganz abgerissen, begründet Michael dieses Verhalten: »Die Beziehung war, obwohl wir beide andere Partner hatten, nicht zu Ende. Und wir waren beide nicht glücklich in unseren neuen Beziehungen.«

Im August 1990 schreibt Gunda nach einem solchen Besuch bei Michael:

Es tut wirklich weh, das muss ich ehrlich zugeben. Es ist so fremd für mich, hierherzukommen, und dann hörte ich, dass du eine Freundin hast. Ich dachte zunächst: Er ist einfach verliebt und am Anfang einer Beziehung. Aber dann sah ich euch als zwei aneinander gewöhnte Menschen. Sie ist nun diejenige, die ich früher für dich war: Sie bringt dir Tee, sie macht dir ein Ei, sie schläft bei dir, und sie heult nachts, sodass du nicht schlafen kannst. Es war ein befremdlicher Anblick. Aber was mich am meisten verletzt hat, ist, dass du nicht glücklich bist und ich so wenig über dich weiß, genauso wie wahrscheinlich auch Stefanie nicht viel über dich wissen wird.

Jeder Mensch hat zwei oder mehr Gesichter. Auch du, und darum bist du manchmal schwierig zu verstehen. Manchmal bist du so höflich, charmant, interessiert, so männlich und beschützend, und dann bist du wieder so müde, uninteressiert und suchst nur danach, dass du versorgt wirst, suchst nach Geborgenheit an einer Frauenbrust. Aber auch Gert hat zwei Gesichter, manchmal der mich Liebhabende, Wärme gebende, durch Liebe strahlende, dann wieder der kalte, harte, grausame und brutale Gert. Und ich? Manchmal bin ich glücklich, lieb, nett und intelligent, und dann wieder heule ich, klammere mich an jemandem fest, der es wirklich nicht gebrauchen kann, und bin fürchterlich egoistisch. Vielleicht ist das Wichtigste in einer Beziehung, dass man den anderen ernst nimmt und ihn das auch merken lässt. Dass man jemanden versucht zu verstehen, so schwer es auch ist, und ihn so akzeptiert, wie er ist.

Wie aber kann man jemanden lieben, den man nicht kennt?

Ich bin jetzt an dem Punkt angelangt, an dem ich das Vertrauen in mich verloren habe – es ist einfach weg. Ich sehe kein bisschen Gutes mehr an mir. Durchgehend sehe ich das Schlechte. Ich liebe Gert. Warum? Weil ich sonst so einsam bin. Ich liebe dich. Warum? Weil ich weiß, dass du mich ein bisschen liebst, und das fühlt sich gut an. Ich mache gerne etwas Nettes für jemanden. Warum? Weil man mich dann nett findet. Ich kann nur interessiert sein, wenn über mich oder über mir bekannte Probleme gesprochen wird. Ich kann stundenlang meine schlechten Seiten aufzählen. Wenn nicht ab und zu jemand sagen würde: ›Komm schon, so schlecht bist du gar nicht, ich liebe dich, dann würde ich noch durchgedrehter sein, als ich nun bin. Mich selbst kann ich jetzt nicht lieben, und deswegen kann ich auch andere nicht wirklich lieben.

Ich weiß nur, dass ich damals sehr traurig war, weil du mich nicht hast merken lassen, dass du mich als Menschen siehst – ich war immer das kleine Küken, das dir Eier macht und dir Kaffee und Tee serviert. Ich finde es komisch, wieder wegzugehen und du bleibst hier in Hamburg, in einem süßen kleinen Zimmer mit einem melancholischen Mädchen und dem Wissen, dass wir uns auch dieses Jahr kaum sehen werden. Die Vergangenheit macht es mir nicht leicht. Es zieht sehr an meinen Nerven, und manchmal würde ich einfach gerne wieder zurückspringen, zu dem was vorher war, mit dir zusammen sein, in Hamburg wohnen, genau so wie früher bei dir sein. Aber ich darf nicht – ich trage Gert in meinem Herzen –, auch wenn mein Herz gestern und darum auch heute mit dir gefüllt war. Jetzt muss ich wieder alleine und selbstständig sein – stark und intelligent werden und viel arbeiten und lernen.

Lieber Michael, ich hoffe sehr, sehr stark, dass es dir gut geht, und ich hoffe auch, dass du bald mal wieder ein paar Tage bei mir in Berlin bist.

Ein Kuss

deine Gunda

P.S.: Ich werde Heimweh nach dir haben! Bitte grüße deine Mutter von mir!

Als Gunda 21 ist und Michael 23, erklärt Gunda ihm nach einem Besuch bei ihm in Hamburg telefonisch, dass sie schwanger sei: »Lieber Michael, ich kriege ein Kind von dir.« Michael bietet ihr an, sofort zu ihr nach Berlin zu kommen. Sie lehnt ab. Sie will Michael nicht sehen, weil sie Angst um ihre Beziehung mit Gert hat. Michael seinerseits ist klar, dass seine Beziehung zu Stefanie unhaltbar geworden ist. Im Oktober 1990, zwei Monate nach der Entstehung von Anna, schreibt Gunda:

Ist es mit Stefanie gut gelaufen, oder hast du es noch nicht erzählt? Ich hoffe aber, dass es nicht zu schlimm für dich und für sie war! Wenn ich mir vorstelle, wie ich reagieren würde, wenn Gert ein Kind von einer anderen Frau haben würde! Das hängt alles von der Liebe ab, die man für den anderen fühlt. Und wie haben deine Eltern reagiert? Es ist so komisch! Ich bekomme ein Kind, ich bin fröhlich, glücklich, freu mich drauf, aber aus meiner Umgebung werde ich viele Mahnungen, Urteile und Sorgen hören. Ich werde mir aber die Freude nicht nehmen lassen!

Gert kam also, und ich erzählte es ihm. Er musste erst sehr laut lachen – keine Freude, kein Unverständnis. Als er hörte, dass es von dir ist, war er sehr erleichtert, denn er hatte gedacht, dass es von Florian sein könnte. Er verstand meine Reaktion vom Samstagmittag sehr gut und war nicht böse oder verbittert oder traurig – das finde ich gut von ihm! Schon glaube ich, dass er ein bisschen eifersüchtig auf dich war, weil es dein Kind ist und nicht seins. Aber vor allem fühlte er sich ein bisschen mitverantwortlich, weil ich letztendlich aus Trauer und Liebe zu ihm mit dir geschlafen habe. Wir haben uns des Weiteren das ganze Wochenende miteinander gefreut, dass ich Mutter werde. Gert sagte nicht, dass ich zu ihm kommen könnte, aber da war ich eigentlich auch ganz froh drüber, denn was soll ich schon dort, wo ich nichts machen kann.

Ich denke, dass das Verhältnis zwischen mir und Gert wieder besser geworden ist. Nicht nur durch das Kind, es begann schon davor. Ich denke, das kommt daher, dass ich ihn jetzt frei lassen kann und für mich selbst ein Leben aufbauen möchte. Ich liebe ihn, und das wird für immer so bleiben. Und ich weiß auch, dass er mich liebt, wenn auch nicht immer so stark. Aber wir werden auf jeden Fall immer sehr gute Freunde bleiben, auf eine andere Art und Weise als andere Freunde. Zum Beispiel war unsere Reaktion auf das Kind genau dieselbe – »das ist zu komisch!« Auf jeden Fall wird Gert sich immer sehr mit meinem Kind verbunden fühlen und sich auch um uns kümmern.

Für mich ist es, als ob ich plötzlich aus der Dunkelheit gekrochen bin und jetzt in der strahlenden Sonne stehe. Ich fühle die ganze Wärme, die ich so lange (als es mir so schlecht ging in den letzten sechs Monaten) vermisst habe. Die Bäume sind aus Gold, bunt gefärbt, die Sonnenblumen in meinem Zimmer sind herrlich, und ich freu mich auf das Leben – was auch immer kommen.

mag! Lieber Michael, ich muss jetzt zur Universität gehen, ich werde dir öfter schreiben als früher, damit du auf der Höhe bleibst, und mach dir mal nicht zu viele Sorgen über alles. Das ist leichter gesagt als getan, aber ich habe bis jetzt noch alles geschafft und habe das starke Gefühl, dass das jetzt auch klappt. Ich bin ein Glückskind! Ich hoffe, du kannst akzeptieren, dass ich nicht nach Hamburg zurückwill – in Hamburg kann ich nicht so sein, wie ich möchte – das ist schon immer so gewesen – und dann bin ich traurig. Ich will für mein Kind eine fröhliche, standhafte Mutter sein. In Hamburg kann ich das nicht sein. Ich würde die ganze Zeit Heimweh nach Berlin haben! Es ist vielleicht egoistisch von mir, aber ich weiß, dass es so sein muss. Es ist schließlich auch mein Leben, das jetzt weitergeht – mein Leben und das des Kindes. Ich hoffe, dass du das begreifen kannst. Ich bin mir bewusst, dass ich dich, ziemlich egoistisch, gänzlich aus meinen Plänen lasse – und dass das für dich sehr schwierig sein kann. Wir sprechen da schon noch drüber, wenn du hier bist. Lieber Michael, lass es dir gut gehen! Und verzweifle nicht.

Viel Mut und ein Küsschen

Deine Gunda

Vier Wochen später schreibt Gunda einen Brief an Michaels Freundin Stefanie. Als Grund für diesen Brief nennt sie, dass ihr das Schreiben »wieder ein bisschen Kraft und Mut« gebe, »weil ich für mich selbst noch mal alles der Reihe nach durchgegangen bin, das tut wirklich gut«. Außerdem hat sie von Michael gehört, wie schlecht es Stefanie geht. In dem Brief erklärt sie Stefanie, wie es zu ihrer Schwangerschaft gekommen ist:

Als ich das letzte Mal in Hamburg war, hat Gert mich angerufen, um mir zu sagen, dass er mich nicht wiedersehen wollte. Ich war damals gerade ein wenig über eine lange, schwere Krise hinweggekommen, die ein halbes Jahr gedauert hatte, und fiel unmittelbar wieder in ein Loch. Ich wäre am liebsten gestorben. Ich verlor den Boden unter meinen Füßen. Ich hatte Trost nötig und ging zu Michael. Ich verachte mich jetzt selbst, dass ich so dumm war.

Es war auch eine Art Rache an Gert. Es war mir vollkommen egal, was da passierte. Für Michael fühlte ich nichts, was man Liebe nennen könnte, auch keine Begierde, es war nur allein Gleichgültigkeit – und ein furchtbar tiefer Kummer. Michael wollte mich trösten – aus so einem Augenblick entsteht ein Kind. Denk nicht, dass ich es mit Absicht getan habe. Ich habe mir hunderte Male gewünscht, ein Kind von Gert zu kriegen. Angst habe ich davor, dass Michael sich nun verantwortlich fühlt und sich mit meinem Kind in Verbindung bringen will – und folglich mit mir. Ich habe ihm deutlich gemacht, dass ich unter keinen Umständen will, dass er mir entgegenkommt – ich will es nicht! Wir machen uns nur gegenseitig todunglücklich. Außerdem ist das Kind weder »von« ihm, noch »von« mir. Das Kind ist von sich selbst, und ich bin die Einzige – weil es in mir wächst –, die wissen kann, was für das Kind gut ist. Und an erster Stelle steht für mich fest: Die Mutter muss frei und glücklich sein.

Mit Michael kann ich nicht glücklich sein. Es ist vielleicht hart, das zu jemandem zu sagen, aber es ist die Wahrheit. Ich würde mich nie selbst dafür entscheiden, bei Michael zu sein, weshalb sollte ich es jetzt auf einmal, nur wegen eines Kindes? Unsinn!

Dieses Wochenende war eins der schlimmsten Wochenenden meines Lebens. Aber am zweiten Tag, nachdem ich wusste, dass ich schwanger war, freute ich mich schon auf das Kind. Nicht weil es von Michael ist. Das spielte keine einzige Rolle mehr für mich. Sondern weil ich ein Kind kriege. Ich dachte, es ist nun mal so, es gibt nichts mehr daran zu ändern, ich muss es akzeptieren und mich freuen, da es für ein Kind schlimm sein muss, wenn die Mutter es hasst oder wegwünscht.

Gert kam an jenem Wochenende, ich erzählte es ihm, er freute sich auch. Er begriff, was mit Michael passiert war (es war schließlich auch ein wenig Gerts Schuld). Wir haben das ganze Wochenende gestrahlt und gelacht – das Kind würde doch Gerts Kind. Und die ganze Welt war gut. Mein schönster Traum! Gerts Kind in mir tragen – und zusammen mit ihm alles erleben, alle Freude teilen, auch alles Leid. Ich dachte: Jetzt können wir ein anderes Verhältnis zueinander finden! Es war ein herrliches Wochenende. Dann kamen schnell die Probleme, wie soll es mit mir weitergehen, mit einem Kind alleine (ich hatte keinen Augenblick daran gedacht, dass Gert mir helfen würde). Wie soll es mit meinem Studium weitergehen? Ich bin nun jeden Tag unglücklich und kann kaum etwas tun, habe keine Lust auf irgendetwas – es lässt mich alles kalt. Das Einzige, wonach ich mich sehne, ist Wärme, Liebe, und das finde ich nicht. Ich ging zu Gert, der wieder Zweifel an unserer Beziehung hatte, und dieses Mal so stark, dass er beschlossen hatte, mich nun ganz alleine zu lassen. Ich hasse die Männer, ich hasse es, eine Frau zu sein, die Männer haben es doch einfacher, sie können ihren eigenen Weg gehen. Ich aber muss jetzt nicht nur für mich selbst sorgen, sondern auch für ein anderes Wesen. Ein Wesen, das ich hoffentlich irgendwann wieder lieb haben kann. Jetzt empfinde ich bloß Gleichgültigkeit für mein Kind. Ich hoffe, dass es nicht geboren wird, in mir ist alles kalt. Dass Gert mich verlassen will, ist nicht das Schlimmste, sondern dass er all das Selbstvertrauen, das ich mit Mühe wieder ein bisschen aufgebaut hatte, kaputt macht. Das kann ich ihm niemals verzeihen. Kann eine Frau Liebe geben, wenn sie weiß, dass derjenige, den sie lieb hat, sie nicht liebt? Ich bin gewiss eine ganz schlechte Frau, denke ich, weil Gert mich nicht lieben kann.

Michael und ich waren drei Jahre zusammen, Michael geht seines Weges, er ist schon lieb und ein wertvoller Junge, aber ich vermisste immer eine Art innerliche Verbundenheit von seiner Seite aus – eine innerliche Teilnahme an meinem Leben –, und das vermisse ich immer noch. Ich glaube, dass es teilweise auch daher kommt, dass er seine Gefühle so schlecht äußern kann. Er verachtet das Gefühl – der Verstand ist das Allerhöchste für ihn, seit er studiert. Deshalb kann er auch nicht die Gefühle anderer Menschen begreifen, er will sie nicht begreifen. Michael muss lernen, dass das Gefühl genauso wichtig ist wie der Verstand, und dass vor allem in dieser Zeit von Verhärtung und Versteifung (die Technik usw.) das Band zum Gefühl nicht verloren gehen darf – sonst werden wir alle leere, kalte Menschen.

Als ich es nicht mehr aushielt mit Michael, beschloss ich eines Tages, nach Berlin zu gehen. Da fand ich eine neue Heimat, ein neues Leben, eine neue Identität, und die will ich nicht mehr verlieren, auch wenn es mir schlecht geht und ich fürchterlich allein bin. Ich bin kein guter Mensch – ich lasse meine Eltern im Stich, meine alten Freunde, und will alles nach meinen eigenen Vorstellungen biegen und hinkriegen. Dafür büße ich mehr als genug, und es hat mich noch immer nichts gelehrt.

195

Michael wusste, dass er ein einzigartiger Freund war (in meiner Klasse war ich eine Außenseiterin), und deshalb fühlte er sich gefangen. Ich glaube, dass ein Mann sich ein bisschen mehr darum bemühen muss, eine Frau zu begreifen. Sie muss einen eigenen Weg finden, auf dem sie glücklich ist, sodass sie neben dem Mann frei sein kann. Eine Sache weiß ich sicher: In meinem folgenden Leben will ich ein Mann sein!

Vergiss das Kind, es ist nicht von Michael, es ist von sich selbst, dessen müssen wir uns alle bewusst sein.

Viele Grüße und alles Gute von

Gunda

Als Stefanie Michael diesen Brief zeigt, hat er das Gefühl, Gunda hoffe, dass Stefanie sich nicht von ihm trennen möge. »Gunda wollte nicht, dass ich mich als Vater sehe, weil sie nicht mehr mit mir zusammen sein wollte. Wenn Stefanie bei mir bliebe, so dachte sie wohl, würde ich mich weniger für das Kind interessieren.« Gert jedoch – Gundas Partner – trennt sich von Gunda. Gunda ist todunglücklich. Michael schreibt ihr in dieser Zeit mehrere Briefe, in denen er anbietet, für sie und das Kind zu sorgen. Gunda erlebt dies zunehmend als Bedrohung, da er sich immer noch vorstellen kann, wieder mit ihr zusammen zu sein. Sollte sie dies nicht wollen, so sagt er ihr, komme auch eine Umgangsregelung in Frage. Doch auch das schließt Gunda aus. Stattdessen wird sie wütend auf ihn: »*Man hat mir nun schon genug wehgetan, ich muss nun auch anderen wehtun.*« Wenn Michael erklären soll, warum Gunda ihm von nun an so feindselig gegenübertritt, nennt er ihr Verlassenwerden von Gert als entscheidenden Grund.

Kurz nachdem sie Stefanie geschrieben hat – im November 1990 –, teilt sie ihm ihren Entschluss mit:

Ich muss dir ein paar Dinge sagen, die ich einfach loswerden muss, auch wenn sie gemein und hart sind. Man hat mir nun schon genug wehgetan, ich muss nun auch anderen wehtun. Ich hätte dir überhaupt nichts von dem Kind erzählen sollen, ich will nicht, dass du der Vater bist, und ich will auch nicht, dass du auf mich zukommst. Das Einzige, was du mit dem Kind zu tun hast, ist, dass der Samen von dir gekommen ist. Ich liebe dich nicht, du liebst mich nicht. Zufälligerweise ist das Kind von dir, es hätte genauso gut von Florian oder Gert sein können, vergiss es bitte. Ich ertrage es nicht, dass du dich auf ein Kind freust, das eigentlich von Gert hätte sein müssen. Es ist nicht dein Kind, es ist auch nicht von mir – es ist von sich selbst. Ich habe selbst keine Freude mehr und würde noch weniger haben, wenn du Vater spielen würdest. Das tut mir zu sehr weh, weil Gert der einzige Vater sein soll. Wenn er mich jetzt nicht im Stich lassen würde. Ich tue lieber alles allein, als dass du dich auf ein Kind freust, das nicht von dir sein soll. Bitte, lass mich in Ruhe, es ist für mich schon schwierig genug, meine Identität zu finden, einen Lebenssinn und mein Selbstvertrauen. Vielleicht dass ich langsam, sehr langsam, zu mir zurückfinde und zu dem Kind, das ich jetzt beinahe hasse, weil es alles kaputt macht, was ich aufgebaut hatte und aufbauen wollte. Und es ist von dir – was soll ich mit so einem Kind? Wenn du mit dem Kind etwas zu tun haben willst, kannst du es, wenn du willst, bekommen. Wenn ich bloß nicht mit dir Vater und Mutter zu spielen brauche! Das geht über meine Kräfte! Ich bin ausgelaugt und sehr unglücklich und wünsche mir, in Ruhe gelassen zu werden. Man soll sich nicht zu eigen machen, was durch Zufall entstanden ist. Ich habe nicht mit dir geschlafen, weil ich es wollte, sondern aus Verzweiflung, Rache und Leid, und es grauste mir vor dir und vor mir selbst, während wir beschäftigt waren. Verstehst du? Deshalb will ich nicht mehr daran erinnert werden, jetzt nicht, und vor allem nicht, wenn mein Kind da ist. Weil ich es dann hasse, weil es damals entstanden ist. Schicksal? Lass sie doch alle reden. Wenn sie denken, dass ich es mit Absicht getan habe, dann lass sie diesen Brief lesen.

Auf Wiedersehen

Gunda

P.S.: Entschuldigung für alle diese gemeinen Worte, aber ich bin echt fertig. Und versuch endlich zu begreifen, dass »Verstand« nicht alles ist, sondern dass es Gefühle gibt und dass du einfach zu frustriert bist, um das zuzugeben. Es ist immer dasselbe – Männer: Wenn ihr so bleibt, spucke ich auf euch.

Auf diesen Brief hin kommt es zu einem Treffen bei ihr in Berlin, das Gunda aber nicht umstimmen kann. Sie ist nun fest entschlossen, das gemeinsame Kind vaterlos zu erziehen, und schreibt kurz nach dem Treffen:

Ich muss dir noch auf die eine oder andere Art und Weise deutlich machen, wie ich dir im Moment gegenüberstehe. In deinen Briefen, und auch als du hier warst, hörte ich neben der Besorgtheit und allen Problemen, die das Kind für dich bringt, einen bestimmten Unterton, der durchschimmern lässt, dass du es eigentlich wirklich schön findest, dass ich ein Kind bekomme, und dass sich eine Art Vaterstolz in dir entwickelt. Ich wollte nicht dich als Vater für mein Kind, und ich will das jetzt auch nicht. Durch einen Unfall, durch eine Dummheit von uns beiden, ist es doch passiert, das ist schon schlimm genug. Aber dass du stolz sein sollst auf das Ergebnis, das aus deiner Dummheit entstanden ist, kann ich nicht akzeptieren. Es ist keine Kunst, ein Kind zu zeugen, ihr Männer habt genug Samen. Die Kunst liegt irgendwo anders, erst dann kannst du stolz sein: Wenn du eine Frau liebst und sie dich und du der glückliche Vater eines aus Liebe entstandenen Kindes sein kannst. Es geht nicht um den materiellen Samen, sondern um die Fähigkeit zur Liebe. Das ist die Saat, aus der das eigentliche Leben entsteht. Ein Kind ist auch nicht das Produkt zweier Menschen. Nur seinen Körper und die damit verbundenen Dinge bekommt es von seinen Eltern, aber das Wesentliche, seine Persönlichkeit, sein »Ich«, nimmt es von dort mit, wo es herkommt.

Ich habe Ehrfurcht und Respekt vor dem Kind, das in mir wächst – Stolz fühle ich nicht. Ich bin mir noch immer meiner Dummheit bewusst und versuche, das Beste daraus zu machen. Ich hoffe, dass ich für das Kind eine gute Mutter sein kann. Die Aufgabe ist schwierig genug. Ich versichere dir, deine Aufgabe liegt jetzt nicht bei dem Kind und folglich auch nicht bei mir, sondern in deiner Beziehung zu Stefanie. Ich habe auch viel für mich selbst gelernt, so hart es auch gewesen sein mag, und es hat mich ein Stück selbständiger und stärker gemacht. Für mich ist das Kind ein Abschluss unserer Beziehung, es macht allen Spielchen ein Ende, die wir, seitdem wir zusammen waren, so kindisch weitergespielt haben, um die nackte Wahrheit, nämlich das Fehlen wirklicher Liebe, zu umgehen. Es ist nun eine Wahrheit geworden, unser Spielchen, und ich muss das alles hinter mir lassen, um alles verarbeiten zu können. Was folglich bedeutet, dass ich alleine sein muss, allein mit meinem Leid, meiner Freude, meinen Problemen, ich muss nun auf eigenen Beinen stehen, glaube mir, das ist das Beste, für mein Kind und für mich. Es kann vielleicht sein, dass ich, wenn alles verarbeitet ist, wieder flexibler und weniger verwundbar werde und auch dir gegenüber milder sein kann. Jetzt kann ich dich nicht als Vater akzeptieren, ich will auch kein Geld für das Kind – ich will nicht von dir abhängig sein. Vergiss das Kind, versuche es zumindest. Ich bin mir bewusst, dass ich dir vielleicht wehtue und egoistisch handele, aber es ist nicht nur wegen mir, es ist jetzt auch ein anderes Wesen im Spiel. Ich weiß auch, dass alle deine Sorgen und Gedanken aufrichtig und lieb gemeint sind, oder besser gesagt – sehr verständlich sind, und deshalb finde ich es auch so schlimm, dass ich alles abweisen muss. Aber was ich hier geschrieben habe, ist die Wahrheit und wird sich auch nicht mehr sehr verändern.

Gunda bedient sich in diesem Brief eines gängigen Argumentationsschemas, wie der psychologische Sachverständige Walter Andritzky schreibt[68]: »Fragen an entziehende Elternteile, welche Rolle sie z.B. dem Vater für die Sozialisation des Kindes zumessen, enthüllen oftmals Muster wie ›Er war für mich eigentlich nur der Samenspender‹, oder er sei für die Erziehung verzichtbar.« Michael lässt sich allerdings dadurch von seinen Vatergefühlen nicht abbringen, und so versucht Gunda plötzlich, seine Vaterschaft anzuzweifeln: Wieso, so fragt sie ihn, sei er sich eigentlich so sicher, dass es sein Kind ist? Sie habe doch in der gleichen Zeit auch noch mit Gert und Florian geschlafen. So wertet sie seine Vaterschaft immer weiter ab. »Die zutiefst beleidigende Sprachregelung, durch die sie mich zum biologischen Vater degradiert hat, der mindestens eine Stufe unter dem geistigen Vater stünde, ist in dieser Zeit entstanden«, sagt Michael. Eigentlich gilt diese Beleidigung jedoch nicht nur dem Vater, sondern auch dem Kind, das dieser Argumentation zufolge ja zur Hälfte aus etwas Minderwertigem bestünde. Die Sorge der Mutter um das Kind bekommt dadurch etwas vermeintlich Aufopferndes.

Ende Januar 1991 schreibt Gunda Michael:

Ich finde es sehr lieb von dir, dass du besorgt bist, aber ich muss dir deutlich machen, dass ich das Kind vollkommen von dir und deiner Familie getrennt sehe. Nur auf diese Weise kann ich alles akzeptieren und lernen, das Kind lieb zu haben. Es geht mir gut, solange du mich in Ruhe lässt und ich nicht an dich erinnert werde. Ich glaube, dass ich noch nie so hart zu jemandem gewesen bin, aber ich muss es jetzt sein, um meines Seelenfriedens willen und folglich um den des Kindes. Lass mich bitte in Ruhe, schreib mir nicht und vergiss das Kind, es ist nicht dein Kind, es ist ein Unfall gewesen, das ist schon schlimm genug, ich kann nur versuchen, dich zu vergessen. Und das gelingt mir sehr gut, ich bin sehr glücklich. Sorry für all diese Härte, aber es ist der einzige Weg. Es tut mir leid, dich so abzuwimmeln, aber vielleicht kennst du mich nun so gut, dass du verstehst, dass ich so etwas nur dann tue, wenn ich nicht anders kann – und ich bin jetzt an dem Punkt. Ich will keinen Kontakt mehr, bis ich weiß, wer der Vater des Kindes ist. Für meine Person bist du nicht der Vater, sondern Gert. Auch wenn er vielleicht nicht der biologische Vater ist, ist er umso mehr der geistige Vater – Verwandtschaft entsteht nicht allein durch Blut. Du musst das akzeptieren, du musst akzeptieren, dass ich dich nicht als Vater meines Kindes will. Wenn der Augenblick, der Tag kommt, dass das Kind seinen Vater kennenlernen will, werde ich es gehen lassen. Solange es nicht danach fragt, wird es mit dir nichts zu tun haben – tut mir leid. Ich hoffe aber immer, dass Stefanie auch schwanger wird, dann hast du ein anderes Kind, für das du sorgen kannst. Ich schreibe dies vielleicht schlampig auf, und es kommt emotional rüber, das ist bloß deshalb so, weil ich sonst zu sanft und undeutlich werde und Mitleid bekomme. Lass mich los.

Deine Gunda

Am Telefon, erinnert sich Michael, habe sie ihm gedroht, abzutreiben, falls er sich weiterhin verantwortlich für das Kind fühlen würde. »Damit war mir klar, dass sich unser Kind in größter Gefahr befand und ich mich zurückziehen musste.« Das tut er auch. Drei Monate später, im April 1991, bedankt Gunda sich dafür:

Ich wollte dir danken, dass du mich in Ruhe gelassen hast, das war für mich sehr wichtig, und ich nehme an, für dich auch, und für Stefanie. Ich konnte durch diese Ruhe wieder zu mir selbst kommen und Liebe für das wachsende Kind entwickeln. Es ist wirklich nicht einfach gewesen, so wie es auch für dich und die anderen Betroffenen nicht einfach ist. Nun ja – mir geht es jetzt seelisch wieder so gut, dass ich Gott sei Dank auch wieder objektiver an dich denken kann.

Eigentlich bin ich so egoistisch wie nur etwas: dass ich dir schreibe, dass du dich nicht mehr um mich bemühen sollst! Es tut mir irgendwie leid – aber ich musste einfach sehr deutlich Grenzen für mich selbst und andere aufstellen, als eine Art Verteidigung. Ich muss in meinem Leben so viel umwerfen, alle meine Träume, die ich hatte: mit Gert leben, schreiben – das ist alles vorbei, zumindest verändert. Ich habe nun die Verantwortung für ein anderes Wesen zu tragen, und das verändert alles – um dies alles zu akzeptieren, zu begreifen, zu verarbeiten, muss ich eine Art Härte aufbauen, die viel mit Selbstvertrauen zu tun hat. Ich habe viel gelernt, und dass ich alles alleine tun musste, hat mir das Vertrauen gegeben, das ich brauche, um den Rest auch noch zu vollbringen. Es gibt nur eine Art, Unsicherheit zu besiegen: genau auf das Ziel zuzugehen und sich da durchzukämpfen, um herauszufinden, ob man es kann. Ich weiß, dass ich ein schwacher Mensch bin. Bestimmte Probleme kommen immer wieder auf mich zu, etwa das Problem »Mann« – ich bin in jenem Punkt wirklich sehr unerwachsen und schwach, aber vielleicht lerne ich es durch Schaden und Schande. Böse Absicht ist es nie gewesen – noch waren es Egoismus und Rache –, höchstens Verzweiflung und absolute Leere. Wie kann ich das jemals einem Menschen deutlich machen? Ich hoffe, dass du mir vergeben kannst, dass ich auf diese Art reagiere.

Nach der Geburt der gemeinsamen Tochter, von der Michael nur indirekt erfährt, schickt Gunda eine Geburtskarte an Michaels Mutter, auf der zu lesen ist: »Am 11. Juni 1991 wurde **meine** Tochter Anna geboren.« Michael regt sich bis heute über die Fettung des Possessivpronomens auf.

Ende März 1992, also fast ein Jahr nach Annas Geburt, hat er seine Tochter noch kein einziges Mal gesehen. Gunda schreibt ihm:

Ich spüre, dass du an mich denkst (an uns denkst) und dass du es nicht leicht hast, und ich fühle mich gefangen. Ich weiß, dass du mich innerlich nicht loslassen kannst, und das macht mich vollkommen allergisch auf alles, was mit dir zu tun hat. Umso mehr, da du der Vater von Anna bist (der leibliche Vater) und ich dadurch stets mit meiner Nase drauf gestoßen werde, dass ich Anna einen Vater schuldig bin und dir ein Kind. Für mich ist das ein Gefängnis. Diese Allergie – denn das ist es – beruht auf einem Problem, das ich nun endlich erkannt habe. Es liegt in meiner Pubertät begründet – als ich mit dir (und deiner Familie) zusammen war. Es geht um die Mann-Frau Frage. In der Pubertät sucht jeder Mensch, ob Frau oder Mann, seine Identität. Er schärft seine Persönlichkeit an Eindrücken, die von außen auf ihn eindringen, und an den Reaktionen auf diese Eindrücke. So jedenfalls empfinde ich das. In der Pubertät war ich sehr damit beschäftigt, auf das zu hören, was mein Gefühlsleben mir sagte. Ich las und schrieb viel. Du bist aber ein ganz anderer Mensch. Irgendwann lautete dann dein Leitsatz: Nur das Denken zählt, Gefühle sind nichts wert – oder besser: Objektivität ist mehr wert als Subjektivität. Ganz ehrlich gesagt, haben wir uns überhaupt nicht mehr verstanden. Ich fand den Michael, in den ich mich verliebt hatte, nicht wieder, und du warst allergisch gegen meine Subjektivität.

Ich glaube, dass das sogar verständlich ist. Du bist in einer Familie aufgewachsen, in der Wissen und Denken sehr wichtig sind. Alle sind erfolgreich. Du musstest auch etwas Großes werden, konntest aber nicht mit deiner Subjektivität fertig werden, denn du bist ein sehr sensibler Mensch. Jetzt kann ich das sehen. Jetzt verstehe ich dein Verhalten von damals. Damals konnte ich es nicht, weil ich selbst noch ein Kind war. Ihr wart mein

Ersatz-Zuhause, da ich mich bei meinem Stiefvater nicht zuhause fühlen konnte. Schon bald, als unsere Kommunikation nicht mehr so richtig klappte, fingen wir ein Spielchen an: Du nanntest mich im Spaß Mama, mahntest mich, lieb zu sein, sanft und zart. Ein richtiges Gespräch kam nicht mehr zustande, denn wir hatten vollkommen verschiedene Meinungen. Du hast verleugnet, was für mich am wichtigsten ist: zu schreiben aus einem Schaffensdrang heraus – und die Menschlichkeit der Menschen. Natürlich ahnte ich schon, dass das nicht der richtige Michael war, aber irgendwann habe ich es aufgegeben, zu argumentieren. Vor allem, weil es auch die Jahre danach nicht anders wurde, bis hin zu unserer letzten Begegnung. Diese Haltung von dir hat mir große Wunden geschlagen, an denen ich bis auf den heutigen Tag leide. Dieses Bild der Frau als Opfernde, Sanfte, pflegende Gehilfin des Mannes ist gesellschaftlich ziemlich anerkannt – ich kann mich darin aber nicht wiederfinden. Es mag stimmen, dass die Frau anders ist als der Mann, aber so lange man so deutlich den Unterschied zwischen beiden betont, wird niemandem eine Chance gegeben, sich zum Menschen zu entwickeln.

Wie dem auch sei, in mir hat es jegliches Vertrauen zerstört. Ich dachte: Wenn das alles stimmt, was die Männer über die Frauen sagen, nun, dann will ich keine Frau sein, dann sterbe ich lieber!

In dem Moment fingen bei mir die Fress-Probleme an, ich wurde magersüchtig.

Jetzt habe ich das Gefühl, das alles einigermaßen überwunden zu haben, weil mir dieses Problem bewusst geworden ist und ich es daher auch gedanklich durchdringen kann. Es hat aber eine Mauer in mir aufgebaut gegen dich und gegen viele andere Männer und Frauen, die eine Rolle gespielt haben für mich. Diese Mauer aus Misstrauen, Schmerz und Wut kann erst dann eingerissen werden, wenn ich mir selbst beweise, dass ich »Mensch« werden kann und nicht »Frau« bin. Das ist mein Kampf. Für dich ist da kein Platz, auch für Gert nicht, und für viele andere – ich muss alleine klarkommen. Meine Liebe für dich ist schon lange tot, die Anziehungskraft, die noch bis vor Kurzem da war, ist die, die man zu allen alten »Geliebten« hat.

Dass Anna deine leibliche Tochter ist, hat sicher eine schicksalhafte Bedeutung. Aber ich kann das noch gar nicht akzeptieren. Ich fühle mich vom

203

Schicksal in die Falle gelockt – es hat mich gefangen, und die ganze Welt nickt freundlich dazu. Nur ich selber will nicht. Ich fühle mich in etwas hineingezwungen, in dem ich nicht sein will. Es fesselt mich. Gut, es ist viel Verfolgungswahn drin – aber die Umgebung tut ihr Bestes, diesen Wahn noch zu nähren und zu pflegen. Ich muss mich dauernd verteidigen, dass ich dich nicht haben will. Das macht mich wütend. »Du Rabenmutter! Das arme Kind braucht doch einen Papi! Und du brauchst einen Mann!«, rufen sie.

Wenn ich einen Mann hätte, wären alle zufrieden. Und du würdest mich auch in Ruhe lassen. Das schöne Bild »Kinder, Küche, Kirche« wäre wieder erfüllt, Gott sei Dank.

Ich habe aber keinen Mann und will auch keinen, und ich bin davon überzeugt, dass es auch so geht. Außerdem: Vielleicht braucht ein Kind einen Vater. Aber dann doch nur einen Vater, der sich mit der Mutter versteht!? Ich verstehe mich nicht mit dir. Du bist nicht der Vater, den ich für mein Kind anerkennen kann. Wenn sie dich später kennenlernen will – nun, dann soll sie dich halt aufsuchen.

Verstehst du, ich habe Angst, dass du mich nie loslassen wirst. Du ziehst an mir und machst mich unfrei. Ich will nicht, dass du deine Tochter einmal im Monat hast und Papa spielst. Ich will es nicht, weil ich dich nicht geliebt habe, als sie entstanden ist. Ich habe Gert geliebt. Ich glaube, du hast mir gegenüber immer noch andere Gefühle als ich dir gegenüber.

Erst wenn du mich innerlich ganz und gar loslassen kannst, werde ich wieder weniger ängstlich auf deine Annäherungsversuche (die ich verstehen kann) reagieren. Jetzt aber bin ich sehr verletzlich und anfällig. Ich brauche Freiheit. Nicht nur äußerliche Freiheit, sondern innere Freiheit. Du musst mich loslassen. Und das Verdammte ist, dass ich spüren kann, dass du dich innerlich noch mit mir verbunden fühlst. Es ist ja immer nur die innere Freiheit, die Weg und Ziel zu gleicher Zeit ist.

Wenn ich ein Mann wäre, würde jeder meinen Entschluss, das Kind alleine zu erziehen, respektieren. Warum kann man mir nicht die Chance geben, das zu leben, was ich will – den Weg zu gehen, den ich will?

Gott sei Dank sehen die Leute langsam, dass es geht. Dass wir es alleine schaffen und dass uns nichts fehlt. Im Gegenteil, ich glaube, es gibt nur wenige Kinder, die eine Mutter haben, die sich nicht aufteilt zwischen Kind, Mann und

Haushalt, sondern die zu ihrer eigenen Persönlichkeit steht und so dem Kind viel mehr bieten kann. Oh, Fehler werde ich viele machen – wie alle Eltern –, da mache ich mir nichts vor, aber Fehler sind da, um daraus zu lernen.

Manchmal aber wünschte ich mir, ich hätte einen Partner, dann würde man mich in Ruhe lassen und ich müsste nicht dauernd kämpfen, um das Bild aufrechtzuerhalten, das die Außenwelt von mir hat. Es macht so müde – immer wieder dieses Erklären, Verteidigen, sich beweisen. Hätte ich einen Partner, könnte man mich nicht mehr beschuldigen, eine »Rabenmutter« zu sein. Es gibt wenige Leute, die an mich glauben. Darum muss ich selbst stärker an mich glauben, als ich eigentlich kann. Aber eine gute Lehre ist es. Jeder trägt die Verantwortung für seine Taten. Insoweit er sie bewusst tut. So musst du auch die Verantwortung für dich selbst tragen – und das tust du ja auch. Versuche dich bitte von mir zu lösen, sonst wird es für alle eine Qual bleiben. Für mich, für dich, für Anna und für meine Umgebung. Vielleicht findest du eine Frau, die dir all das geben kann, was du suchst. Dann wäre es für mich auch wieder leichter, Kontakt mit dir aufzunehmen. Aber ich habe mich auch von Gert gelöst, ohne dafür die Liebe eines anderen Menschen bekommen zu haben – also ist es möglich.

Ich empfinde es sehr stark so, dass Gert Annas geistiger Vater ist und du ihr leiblicher Vater. Gert ist nun auch ihr Patenonkel geworden. Kontakt haben wir aber trotzdem kaum. Er hat noch immer Angst.

Ich hoffe, dass du nun besser verstehst, wieso ich auf diese Art handle. Es tut mir leid, wenn ich dir wieder wehtue in diesem Brief, oder wenn ich dich irgendwie verletze. Ich habe genau so ehrlich geschrieben wie du in deinem letzten Brief. Ich finde es sehr schön von dir, dass du mich trotz allem so lange in Ruhe gelassen hast.

Also, ich wünsche dir alles Gute und kann nur sagen, dass du schreiben kannst, wann du willst. Ich werde, je nachdem, auch zurückschreiben. Nur sei bitte ehrlich in deinen Briefen und zeige nicht nur deine Maske. Das hat keinen Wert. Ich weiß nämlich, dass es eine Maske ist und nicht der richtige Michael.

Mach's gut

Deine Gunda

In diesem Brief legt Gunda erst mal ein Verhaltensmuster an den Tag, das laut Andritzky[69] typisch für Elternteile ist, die den Entfremdungsprozess aktiv vorantreiben: Sie betont den Unterschied zwischen Michael und sich selbst (»Du bist aber ein ganz anderer Mensch. Irgendwann lautete dann dein Leitsatz: Nur das Denken zählt, Gefühle sind nichts wert – oder besser: Objektivität ist mehr wert als Subjektivität. Ganz ehrlich gesagt, haben wir uns überhaupt nicht mehr verstanden«). Andritzky schreibt dazu: »Selbst wenn äußerlich keine Kontakte mehr bestehen, spielt der ausgegrenzte Partner [...] als Sündenbock eine entlastende Rolle. Im projektiven Wahrnehmungsmodus wird er im Nachhinein als sehr unterschiedlich, meist oberflächlich und ohne Tiefgang bezeichnet, das eigene Defizit an Selbstsicherheit und Strukturlosigkeit kann projektiv nur im Mangel an narzisstischer Bestätigung durch den Partner wahrgenommen werden, der nicht genug Wärme oder Unterstützung gibt.«

Und noch eine weitere typische Argumentationslinie lässt sich hier beobachten: Wenn Gunda schreibt: »Vielleicht braucht ein Kind einen Vater. Aber dann doch nur einen Vater, der sich mit der Mutter versteht!?«, dann billigt sie ihrem Kind laut Andritzky keine eigene Persönlichkeit mit eigenen Rechten und Vorlieben zu und spricht ihm eigenständige Bindungen und Kontaktwünsche ab. Das Kind ist sozusagen ein von der Mutter geschaffenes »Ding«, das sie wie einen unabgegrenzten Teil ihrer selbst erlebt, über den sie beliebig verfügen kann. Stattdessen stülpt sie ihm narzisstische Bedeutungen über, die auf ihre eigene Person bezogen sind; sie idealisiert das Kind und spricht ihm Eigenschaften und Verhaltensweisen zu, die allein ihren Vorstellungen darüber, wie das Kind sein sollte, entspringen. Das Kind hat in einer solchen Beziehung die Aufgabe, das als mangelhaft empfundene Ich der Mutter zu vervollständigen und das ›Loch im Ich‹ der Mutter wie eine Plombe zu füllen. Die Mutter ist davon überzeugt, das Kind besser zu

206

kennen, als es sich selber kennt. Besser als das Kind meint sie zu wissen, was es wirklich denkt, fühlt, will und braucht und was es demzufolge zu denken, zu fühlen, zu wollen und zu tun hat.

Kurze Zeit später kommt es dann in Berlin doch zu einer ersten Begegnung zwischen Michael, Gunda und Anna, die fast ein Jahr alt ist. »Damals waren Spuren unserer gegenseitigen Zuneigung spürbar, die bei Gunda eine große Verunsicherung hervorgerufen haben«, erinnert sich Michael. Gunda reagiert Ende April 1992 in einem Brief auf das Treffen:

Nach diesem seltsamen Wochenende, das teilweise schön, teilweise aber auch zweifelhaft war, ist alles in mir durcheinandergeraten. Ich habe wieder sehr stark das Gefühl, dass ich in etwas hineingezogen werde, das ich nicht aus eigenem Willen gewählt habe. Auf eine bestimmte Art hast du mich um den Finger gewickelt. Du bist so nett und fürsorglich, und außerdem ist es schrecklich schmeichelnd, dass du mich nötig hast. Eine bestimmte Strömung meines Gefühlslebens wird durch dein Verhalten angesprochen; es ist alles so verlockend, materiell gesehen. Ich habe jedoch große, große Zweifel. Erstens fehlt bei uns das tiefe gegenseitige Verständnis. Du wirst meine Schriftstellerseele nie begreifen können, ja, sie sogar mehr oder weniger verachten, da du selbst nicht so empfindest. Und ich kann nicht begreifen, dass du das nicht begreifen wirst. Und da für mich »Schreiben« dasselbe bedeutet wie »Leben«, kann ich kaum ein fruchtbares Band knüpfen zu jemandem, der dieses »Leben« aus Unverständnis leugnet. Ich merke sehr deutlich, dass wir in zwei vollkommen unterschiedlichen Welten leben und dass das Einzige, was uns verbindet, ist, dass wir einmal zusammen waren und nun, vielleicht für dich stärker als für mich, Anna da ist. Aber ein Kind darf nicht der Grund für eine Beziehung sein, wenn zwei Menschen nicht denselben geistigen Hintergrund haben. Für dich war das Wochenende angenehm – Mutter und Kind (ein sehr liebes und braves Kind!), Gemütlichkeit, ein bisschen Spannung, Sonne im Park. Aber in mir war es so leer. Ich kann nicht mit jemandem die Sonne genießen, wenn es keine geistige Begegnung gibt. Ich habe dir das alles in der Nacht bereits erzählt, aber du hast darauf nicht oder kaum rea-

207

giert, und mir wurde, wie üblich, deutlich, wie schwer es dir fällt, Gefühle zu zeigen und sie auszudrücken. Für mich ist keine Freundschaft möglich, geschweige denn etwas Intimeres, wenn nicht die Fähigkeit besteht, miteinander in Kontakt zu treten. Körperlich geht es wohl, natürlich, aber wie leer ist das körperliche Beisammensein ohne die Kräfte aus der geistigen Zeit, die in einem wirken.

Ich glaube, dass du ein sehr gestörtes Gefühlsleben hast. Das schließe ich aus deinem Verhalten, das ich bereits kenne, obwohl du diese Maske in Bezug auf mich dieses Wochenende teilweise abgelegt hast. Es muss noch eine Menge passieren, bis ich dich als Freund akzeptieren kann. Ich mutmaße jetzt sogar, wer du eigentlich bist, und vielleicht habe ich wieder ein bisschen Hoffnung, dass ich eines Tages noch den echten Michael kennenlernen werde. Wenn du sagst, dass du mich brauchst, nun ja, was kann ich darauf antworten? Du musst dich ändern, sonst kann ich dich nicht annehmen. Ich muss merken, dass du den Willen hast, an dir zu arbeiten. Ich möchte, dass Anna einen Vater hat, der in unsere Welt passt, wo geistig einfach alles stimmt. Ich glaube, dass es ihr mehr bringt, mit mir allein zu sein und in einer eindeutigen Welt zu leben, als dass sie zwischen zwei Welten, die so weit auseinanderliegen, dass sie einander nie erreichen werden, hin- und hergerissen wird. Ich glaube, dass ich ihr mehr Kraft geben kann (ihr zeigen kann, wie sie Kraft aus sich selbst schöpft, denn das ist schließlich das Wichtigste am Erwachsenwerden) durch das Alleinsein als dadurch, dass du mir »helfen« möchtest. Denn das kannst du nicht, da ich davon überzeugt bin, dass jeder Mensch nur sich selbst helfen kann.

Ich weiß nicht, was du möchtest, aber ich fühle mich bedroht, da ich merke, dass du mein Wesen und meine Lebensweise nicht verstehen kannst. Vielleicht wohl rational, aber nicht aus dem Herzen heraus, vielleicht nimmst du mich sogar nicht ernst. Und das ist für mich sehr schlimm.

Ich sehe keine gemeinsame Basis für uns. Anna kommt auch gut ohne Vater aus. Ich sagte dir bereits (und jetzt hast du es selbst sehen können), dass sie sehr selbständig ist und auch mich nicht so sehr braucht. Sie hat ein starkes »Ich«, und ich bin davon überzeugt, dass ich dieses »Ich« auf einen richtigen Weg führen kann – sofern sie das nötig hat. Ich glaube, dass viele Kinder, die jetzt geboren werden, weiter entwickelt sind, als wir das waren, auch wenn ich weiß, dass ich ein starkes Ich habe (ab und zu wohl zu stark).

Ich weiß auch nicht, inwieweit es dir um Anna geht. Ich werde ihr später, wenn sie auf eigenen Beinen steht, sicher keine Steine in den Weg legen, wenn sie dich besuchen möchte. Wir können uns gerne ab und zu sehen, darum geht es mir nicht. Es geht mir darum, dass du weißt, wie ich dir gegenüberstehe, da ich nicht in einer Sache, die ich nicht möchte, gefangen sein will – wie auch immer das aussehen mag.

Ich bin mir dessen bewusst, welch hohe Erwartungen ich an dich stelle, aber, so arrogant es auch klingen mag, ich glaube, dass es gut für dich ist, wenn ich das mache. Ich glaube, dass du wenig davon hast, irgendwo ein liebes Weibchen zu haben, das für dich bereitsteht, wenn du Lust hast, sie und das liebe Kind zu sehen. Ich glaube, dass viele Männer ein verzerrtes Bild von einer Frau und Kindern haben und dass sie oft die Neigung haben, das Leben und Denken von anderen nicht ernst zu nehmen.

Entschuldige die bösen Worte. Ich weiß im Moment wirklich nicht, was ich mit dir machen soll.

Deine Gunda

P.S. Schreib zurück

Michaels Freundin Stefanie schreibt Gunda einige Wochen später einen Brief, in dem sie andeutet, dass Anna einen Vater braucht und Gunda und Michael ihrer Meinung nach wieder zusammenkommen sollten. Gunda antwortet ihr im Juni 1992.

Ich liebe Michael nicht mehr, schon lange nicht mehr. Ich mag ihn so, wie ich andere Menschen mag, mehr ist da nicht. Denkst du wirklich, dass wir dann glücklich werden würden? Ich würde weich werden, der sichere Hafen sein für unseren lieben Michael. Anna würde zwischen zwei verschiedenen Welten hin- und hergerissen werden, sie würde Spielball werden, erst von unseren unterschiedlichen Ideen, dann von unserem Hass, unseren Zweifel und enttäuschten Gefühlen – denn Liebe herrscht nicht. Anna kann die Liebe *nicht anregen, denn sie ist für mich nicht sein Kind. Die Zeiten der festen Blutsbande gehen vorüber.*

Denkst du wirklich, dass ein Zusammensein mit uns für Michael das Beste ist? Ich glaube, dass das eine Illusion ist. Was er braucht, ist nicht Liebe und Fürsorge, sondern Ehrlichkeit und Klarheit. Keine halben Kompromisse, hinter denen niemand steht. Die Wahrheit ist wichtig für ihn. Grenzen, die ihm von seiner Umgebung aufgezeigt werden. Das ist alles, was ich ihm geben kann: Ein klares »Nein!«.

Ich bitte meine gesamte Umgebung: Erkennt meinen Entschluss an, nehmt mich ernst, gebt mir das Vertrauen und lasst mich frei, lasst mich los. Je mehr man an mir zieht, in Gedanken und Gefühlen, umso schwieriger wird es für mich. Warum können wir andere Menschen in ihren Entscheidungen nicht frei lassen? Wenn ein Mann einen Entschluss trifft, wird das viel eher akzeptiert, als wenn eine Frau das tut. Das Bild einer Frau ist immer noch das einer Opfernden, Gebenden, Empfangenden, Liebevollen, Sanftmütigen. Ein Mann darf kopflos sein, stolz und teilweise auch egoistisch. Eine Frau wird von allen Seiten so lange in ihren Entscheidungen, den eigenen Weg zu gehen, angegriffen, bis sie beginnt, an ihrer eigenen Überzeugung zu zweifeln.

Ich war schwanger von dem Mann, den ich nur verachten konnte. Ich hasste ihn, während ich mit ihm im Bett lag: Weil er nicht einmal sah, wie kaputt ich war. Gert, den ich liebte, stieß mich weg, und ich musste meine Zukunftspläne umwerfen. Ich stand kurz vor dem Selbstmord. Was mich am Leben gehalten hat, war der Protest gegen diesen Abgrund. Ich wurde böse, und das gab mir die Kraft, mich selbst zu finden, bei den Haaren zu packen und mich selbst herauszuziehen.

Gunda versucht nun immer mehr, die Bindung zu Michael wegzureden, indem sie sämtliche früher einmal vorhandenen Gemeinsamkeiten leugnet. Das Verantwortungsgefühl, das er für Anna empfindet, wirkt auf Gunda wie eine Bedrohung. Der Konflikt bekommt dadurch immer neue Nahrung, dass Michael weiterhin Verantwortung für sein Kind spürt und ebenfalls für es sorgen möchte. Im Juni 1992 schreibt Gunda ihm:

Ich merke nun langsam, aber sicher, dass Klarheit, Konsequenz und auch Härte im Leben nur allzu nötig sind. Ich denke, dass ich sehr lange befürchtet habe, dir keinen Widerstand leisten zu können, wenn du zu mir kamst. Und dass ich notgedrungen zu dem Schluss komme, dass ich nicht anders kann, als einen bestimmten Weg mit dir zu gehen. Aus Verantwortungsgefühl und vielleicht auch aus Mitleid. Ich habe eine Zeitlang gezweifelt, ob ich dich vielleicht doch liebe und das nur nicht zugeben will. Aber jetzt, wo du hier gewesen bist, wird es für mich immer klarer, immer objektiver, dass ich dich nicht liebe und es auch nicht kann/will. Es gibt von meiner Seite aus schon lange kein großes Interesse mehr an dir – ich begreife dich nicht. Ich verstehe dich vielleicht ein bisschen, aber ansonsten kann ich hinter deiner Art zu leben, zu denken, zu fühlen überhaupt nicht stehen. Du bist mir fremd. Das Miteinanderschlafen war in der Tat eine Brücke, vor allem aus Verlegenheit: »Wie nähere ich mich einem Menschen, den ich mit so vielen verschiedenen Gefühlen betrachte?« Der einfachste Weg dabei ist das gegenseitige Berühren, da es einen an früher erinnert – und man muss sich dabei nicht angucken. Nicht, dass ich daran keine Freude hätte – aber es hatte »seelisch« gesehen keine starke Wirkung. Das wird für dich auch so gewesen sein – nehme ich an.

Das emotionale »Nein!« ist nun ein objektives, ruhiges »Nein« geworden. Ich glaube, dass es keinen Sinn hat, einen neuen Weg zusammen zu suchen. Der Eindruck, den ich von dir habe, ist der von einem suchenden Menschen, suchend nach etwas, das er selbst nicht kennt – aber es hat viel mit Geborgenheit zu tun. Ich möchte nicht dein sicherer Hafen sein, kein unterhaltsames Mädchen, keine schöne Helena, ich will nicht. Ich brauche dich nicht, Michael, und du kannst mir noch so oft erzählen, dass du den Kontakt zu mir brauchst. Aber du fragst mich nie, wie es für mich ist. Von einer Frau erwartet man immer, dass sie offen für die Bedürfnisse anderer Menschen ist – opfernd, empfangend, tröstend, umhüllend. Ich will zurzeit nicht die Wünsche von anderen Menschen erfüllen. Bloß meine eigenen, damit ich später aus eigenem freien Willen damit arbeiten kann. Das ist alles, was ich dir geben kann: meinen klaren Weg, auf dem du nicht zu Hause bist – mein klares »Nein!«. Noch einmal möchte ich sagen, dass ich nicht mit dir umgehen kann, solange du die Gefühle eines gemeinsamen Etwas, einer Ver-

211

bindung, eines Verantwortungsgefühls, einer Art Recht aufeinander (also du auf Anna und mich) nicht überwinden kannst. Dass wir freundschaftliche, angenehme Dinge miteinander unternehmen, soll in unserem Fall ein noch viel schleppenderes ungenaues Getue ohne klare Grenzen und Gedanken entstehen lassen. Bindungen, die nur ungesund auf uns einwirken. Mach dich los von mir – allein. Ich kann dir dabei nicht helfen, ich kann dir nur mein »Nein!« geben. Ein Nein, dass jetzt ruhiger gemeint ist, ohne emotionales Getue, aber das ein sehr ekelhaftes Nein wird, falls du das jetzt nicht begreifst und anerkennst. Nimm es ernst! Respektiere diese Entscheidung!

Und pass auf mit Geschenken. Sie machen es nur noch schwieriger – auch für mich. Wir sollten wieder einen positiveren Zugang zueinander finden können, wenn du dich von mir abkoppelst, dein Leben von meinem trennst. Das kannst du. Klappt das nicht, bleibt unsere Verbindung immer ungesund und angespannt, auf jeden Fall von meiner Seite aus (da ich mich dann gefangen fühle), und das hat auch negative Auswirkungen auf die Umgebung, auch auf Anna. Begreifst du das nicht?

Lass es dir gut gehen. Deine Gunda

Michael erfährt, dass Gunda auf eine Tagung gehen wird, und entschließt sich, ebenfalls hinzufahren. »Bei der ersten Begegnung hat sie mich voll ins Gesicht geschlagen und ist weggelaufen«, sagt er. Ihr Brief vom Juli 1992 folgt auf diese Begegnung.

Es tut mir leid, dass ich gestern Abend so emotional wurde, das ist schon einige Zeit nicht mehr meine Art. Ich war hin und hergerissen zwischen Mitleid und Zweifel, dann wieder bin ich zeitweise ruhig (wenn ich dich nicht sehe) und kann fühlen, was ich für mein weiteres Leben brauche. Ich bin sehr enttäuscht, dass du auch auf der Tagung warst und stets (wie es mir erscheint) auch meine Nähe suchst. Dass du nicht begreifst, wie gerne ich allein sein möchte. Du zwingst dich auf. Diese zwei Wochen (die einzigen zwei Wochen seit einem Jahr und vorläufig die letzten) ohne Anna, in denen ich nun echt frei sein kann! Einmal nur an mich selbst denken, ohne stets mit einem anderen Menschen teilen zu müssen! Das ist sehr wichtig für mich. Es ist nicht so, dass Mutter und Kind in einer Art harmonischem Gehäuse zusammenleben, aber das ist vermutlich kaum zu begreifen für einen Außenstehenden.

Du wirfst mir vor, dass ich mich für dich nicht öffne. Nun, du hast vollkommen Recht. Ich habe keine Lust, mich dir groß zu öffnen, da ich kein Interesse an dir habe. Ich habe es einfach nicht, und das bedeutet, dass ich mich darum auch nicht öffnen kann. Ich glaube, dass ich genau weiß, was in dir vorgeht, und dass ich es auch verstehe. Aber was du nicht verstehst, ist, dass es mir egal ist, was du denkst und fühlst. Dass du immer wieder versuchst, Kontakt mit mir aufzunehmen, macht es für mich unmöglich, dich objektiv und ruhig zu betrachten. Du machst dadurch alles kaputt, was ich mit großer Mühe an Ruhe in mir aufgebaut habe. Denk nicht, dass ich mir meiner Fehler und Probleme nicht bewusst bin, ich arbeite Tag und Nacht daran. Dass ich im Moment an etwas anderem arbeite, als du für nötig hältst, sagt nichts darüber aus, ob ich asozial bin oder nicht. In Bezug auf dich bin ich das, ja, das denkst du. Aber ich habe, neben meinen emotionalen Gründen, auch triftige Gründe, die an erster Stelle stehen. Diese sind, dass unsere Welten zu unterschiedlich sind und dass ich nicht möchte, dass Anna ein Spielball von zwei Menschen wird, die sich nicht verstehen. Und wir verstehen uns nicht. Das ist die letzten fünf Jahre so gewesen und wird sich auch nicht ändern. Ich habe nicht die Kraft und den Willen, das zu ändern, da ich den Willen und die Kraft brauche, um ein eigenes Leben, in dem Anna und ich gesund leben können, aufzubauen. Du nimmst mir die Kraft. Das habe ich schon oft erlebt. Ich bin davon überzeugt, dass Anna dich nicht braucht und dass es alles nur in Unordnung bringt, wenn du mit uns Kontakt hast. Lieber kennt sie dich überhaupt nicht, dann akzeptiert sie es, so wie es ist, als dass sie dich kennt und immer erlebt, wie du unter der größten Spannung kommst und gehst. Und Spannungen wird es geben. Sei realistisch. Ich möchte ihr und mir die Chance geben, ein Leben zusammen aufzubauen, in dem eventuell eine dritte Person, jemand, den wir beide lieben können und der auch Anna viel geben kann, einen Platz einnehmen kann. Ich habe die Aufgabe mit Anna auf mich genommen unter der Bedingung, dass du dich aus unserem Leben heraushältst — das wusstest du auch ziemlich schnell. Sonst hätte ich sie abtreiben müssen, und das konnte ich nicht, da ich wusste, dass sie zu mir gehört. Anna wusste, was auf sie zukam, und versteht mich.

Ich will nicht, dass du in die Harmonie, die noch zwischen uns besteht, eingreifst. Je mehr du drängst, umso schwieriger wird es für mich, Anna objektiv zu sehen. Wenn du etwas für uns tun möchtest, dann lass uns in Ruhe. In dem Moment, in dem sie selbständig wird, werde ich ihr von ihren zwei Vätern erzählen und wie alles abgelaufen ist. Dann liegt es an ihr, was sie daraus macht. Ich bin froh, dass ich ihr das freistellen kann.

Ich habe kein großes Vertrauen in dich als Mensch. Aus den Erfahrungen, die ich mit dir gemacht habe, auch die von unseren letzten Gesprächen und Treffen, zeigt sich, dass du dir nicht klar darüber bist, was du denkst und fühlst und willst. Oft habe ich gemerkt, dass du bestimmte Dinge sagst, um mich ruhigzustellen, damit du mich für dich gewinnen kannst. Dass du mich brauchst, wie du sagst, ist dann sehr schade. Ich brauche dich nicht. Such das, was du in mir dachtest zu finden, lieber in dir. Lass mich frei. Du hast weder ein Recht auf mich noch auf Anna, da wir nicht in Liebe mit dir verbunden sind. Anna ist nicht durch Liebe zwischen uns entstanden. Ich muss lernen, zu akzeptieren, dass du der Vater bist. Du musst akzeptieren, dass du an Annas Leben, solange das mit meinem (notwendigerweise) verbunden ist, nicht teilhaben kannst. Mein Gedanke, dass ich sie dir geben sollte, um alles los zu sein, ist ein großes Unrecht gegenüber Anna, da die Abmachung, die ich mit ihr während der Schwangerschaft und der Geburt (und sie mit mir — es war mehr ein Gespräch) getroffen habe, dadurch gebrochen würde. Ich weiß, dass ich, solange du uns in Ruhe lässt, genug Kraft habe, um einen schwierigen Lebensweg zu gehen und Verantwortung für Anna und mich selbst tragen zu können. Und dass ich immer am Kämpfen bin, um die dunkle Seite (den Mephisto in mir) zu besiegen.

Hoffentlich ist dies also der letzte Brief. Es hat wirklich keinen Sinn, näher hierauf einzugehen. Ich bleibe bei meiner Entscheidung. Ich werde im November untersuchen lassen, wer der Vater ist. Geld werde ich nie von dir annehmen. Ich hoffe, dass du jetzt einfach einsiehst, dass es keinen Sinn mit uns hat.

Lass es dir gut gehen.

Gunda

Gunda wollte Michael beim Jugendamt bis jetzt nicht als Vater nennen und lebte finanziell gesehen gut von einem »Mutter-Kind-Projekt«. Als Anna drei Jahre alt ist, läuft dieses Programm jedoch aus, sodass Gunda nun einen Unterhaltsvorschuss beim Jugendamt beantragt. Das Jugendamt will zunächst den Namen des Vaters erfahren. Michael besteht in diesem Moment darauf, seine Vaterschaft, von der er fest überzeugt ist, feststellen zu lassen, um Anna für den Rest ihres Lebens gegen Gundas Gerede über mehrere mögliche Väter zu schützen. Weil Gunda fürchtet, dass das Jugendamt nicht zahlt, wenn sie ihn nicht als Vater nennt, einigen sich beide darauf, den Vaterschaftstest auf dem privaten Markt durchführen zu lassen. Der Test, durchgeführt im Jahr 1995, bestätigt Michaels Vaterschaft. Fortan zahlt er Kindesunterhalt an Gunda, obwohl er Anna seit ihrer Geburt erst zweimal kurz gesehen hat.

Gunda zieht 1995 mit Jacques zusammen, und Michael, der schon seit längerer Zeit von Stefanie getrennt ist, heiratet 1995 Sabine. Gunda fühlt sich daraufhin sicher und erlaubt sporadische Besuche Michaels, während derer er Anna sehen darf. Als Michaels Frau Sabine 1997 für eine Weiterbildung nach Berlin muss, kann sie ein Zimmer im Haus von Jacques und Gunda anmieten. Dadurch kann Michael Anna, die inzwischen sechs Jahre alt ist, fast jeden Monat kurz sehen. »Die Begegnungen mit Anna fanden aber ausschließlich zu Gundas Bedingungen statt«, erinnert er sich. So habe er Anna gegenüber weder Vatergefühle zeigen noch sich Vater nennen dürfen, weil Gunda Anna noch nicht eröffnet hatte, dass Michael ihr Vater war. Anna erfährt dies erst, als sie neun ist.

Michael weiß, dass er als nicht-ehelicher Vater sich – verglichen mit anderen Vätern in seiner Situation – noch glücklich preisen darf, sein Kind als eine Art Besuchsonkel sehen zu dürfen, auch wenn es ihm unter diesen Bedingungen nicht möglich sein wird, eine gelebte Bindung zu seinem Kind aufzubauen.

Diese Situation dauert bis 1998, als das Umgangsrecht für nichteheliche Väter eingeführt wird. Gunda erklärt jetzt, dass sie sich für die Kontakte von Anna zu ihrem Vater nicht verantwortlich fühlt und dass Michael dies mit Anna selbst ausmachen muss. Für Michael eine unmögliche Ausgangssituation, solange Anna bei ihrer Mutter lebt. Dennoch zögert er, den Gerichtsweg zu beschreiten. Er hofft, dass Anna von selbst zu ihm kommt – dass sie dem Druck, den ihre Mutter auf sie ausübt, ihren eigenen Willen entgegensetzt.

Es kommt 2001 zu einer Begegnung zwischen Michael und Anna in Berlin, die von beiden als äußerst schön empfunden wird – so erinnert sich Michael. Abends ruft Gunda an, dass Anna völlig durcheinander sei und sie den Kontakt erst mal nicht mehr erlauben werde. Bei einem späteren Anruf hört Michael nur noch Angst in Annas Stimme und realisiert, dass er auf diese Art nicht weiterkommt.

Weil er weiß, dass er die Unterstützung des Jugendamts braucht, wenn er den Umgang einklagen will, bittet er das Jugendamt um Hilfe. Nach mehreren Monaten des Wartens führt das Jugendamt ein Gespräch mit Anna, die inzwischen zehn Jahre alt ist. Gunda wartet derweil draußen auf dem Korridor. »Das Ergebnis war vorhersagbar«, sagt Michael. Das Jugendamt schreibt ihm nach diesem Gespräch:

Sehr geehrter Herr Ebert,
in Bezug auf unser heutiges langes Telefonat möchte ich Ihnen nun schriftlich die Botschaft von Anna übermitteln. Anna möchte keinen Kontakt zu Ihnen. Sie möchte, dass Sie als Vater zur Ruhe kommen, und sie selbst möchte auch zur Ruhe kommen können. Des Weiteren möchte sie den Kontakt und die Nähe zu Ihnen selbst bestimmen. Wie bereits im Telefonat schon erwähnt, hatten mein Kollege und ich ein langes Gespräch mit Anna geführt. Wir sind zu dem Ergebnis gekommen, dass Annas Wille nicht manipuliert wurde von außen, sondern ihr eigentlicher Wille ist.

Das Jugendamt maßt sich hier ein Urteil an, für das Gerichte normalerweise – wie im Fall von Volker Bode und Ludger Widmann – psychologische Gutachten in Auftrag geben. Ein Vorgehen, das das Kinder- und Jugendhilfegesetz nicht erlaubt, da die Jugendamtsmitarbeiter hierfür nicht ausgebildet sind.

Michael wünscht sich daher, in Gegenwart einer Mitarbeiterin des Jugendamtes mit Gunda reden zu können. Doch sein Wunsch findet kein Gehör, obwohl er persönlich im Jugendamt vorspricht und seine Situation erklärt: Gunda wird nicht zu einem Gespräch eingeladen. »Im Nachhinein war es naiv, zu glauben, dass man als Vater vom Jugendamt Hilfe bekommen könnte«, sagt Michael heute.

Gunda antwortet auf seinen neuerlichen Vorstoß im Mai 2001:

Was das »Miteinander-ins-Gespräch-kommen« betrifft, sehe ich aufgrund der Erfahrungen der Vergangenheit und vor allem der letzten Telefonate hierin wenig Sinn. Außerdem glaube ich nicht, dass es zurzeit nötig ist: Die Vergangenheit, die vorhandene Familiensituation und die Verwandtschaftsprobleme spielen für Anna nicht die Rolle, die du vermutest. Die Fragen, die dich verständlicherweise beschäftigen, haben für Anna nicht dieselbe Aktualität und Dringlichkeit wie für dich. Vielmehr tut es ihr gut, dass seit ihrem Gespräch mit dem Jugendamt eine gewisse Ruhe, was diese Fragen anbelangt, eingetreten ist.

Grüße
Gunda

Daraufhin erspart Michael es sich und Anna, den Umgang einzuklagen. Ihm ist klar, was sie vor Gericht sagen würde. Er möchte sie nicht quälen. Und daran, dass er als unverheirateter Vater das gemeinsame Sorgerecht einklagen kann, glaubt er ohnehin nicht.

Gunda trennt sich dann von Jacques und heiratet später einen anderen Mann. Sie hat jetzt eine Tochter mit Michael, ein Kind mit Jacques und ein weiteres Kind mit ihrem neuen Mann. Im Mai 2003 schreibt sie an Michaels Mutter:

Es ist wichtig für mich, dass du weißt, dass ich, auch wenn es vielleicht einen anderen Eindruck gemacht hat, immer deine Seite wahrgenommen habe und bis in das Tiefste meines Herzens weiß und fühle, wie schlimm alles für Michael, aber auch für dich ist. Das war bis jetzt das schwierigste Dilemma in meinem Leben. Warum ich gehandelt habe, wie ich gehandelt habe, ist vor diesem Hintergrund wahrscheinlich kaum zu verstehen. Und doch war es keine willkürliche, rein emotionale Handlung, sondern gerade eine Maßnahme, um mir die Chance zu geben, Geradlinigkeit und Stabilität zu entwickeln; die wichtigsten Eigenschaften einer Mutter. Um die Dinge deutlich machen zu können, möchte ich dir beschreiben, wie die Situation entstanden ist.

Als ich Michael kennenlernte, war er siebzehn und ich fast sechzehn. Michael war mein erster »echter« Freund. Was mich an ihm faszinierte, war, dass er auf der einen Seite charmant und liebevoll war, aber daneben die in ihm vorhandene Liebe scheinbar immer verstecken musste hinter einer Art Zynismus. Es war das erste Mal, dass ich mit Zynismus in Berührung kam, und ich verstand nichts davon. Neben der Beziehung mit Michael war es mir wichtig, seine Familie kennenzulernen. Die Anwesenheit meines Stiefvaters in unserer Familie hatte es mir immer sehr schwer gemacht. Ich bewunderte ihn, aber gleichzeitig »hasste« ich ihn, da er nichts akzeptierte, was ich tat oder gut fand. Eigentlich hatte ich sehr viel Angst vor ihm. Alles, was ich sagte, war falsch. Alles, was ich tat, war lästig und verkehrt und deplatziert. Als ich Klavier spielen lernte, störte es ihn, als ich sang, flötete oder Geige spielte, war ich zu laut oder zu falsch. Alles, was ich in der Schule gelernt hatte und zu Hause erzählte, wurde mit dem Wörterbuch verbessert oder widerlegt. Kurz und gut, nichts war richtig. Meine Mutter hat unter den Spannungen, die hierdurch entstanden, sehr gelitten. Sie liebte ihn und auch uns, aber sie hielt sich meistens raus. Ich bin, mehr oder weniger, von zu Hause geflüchtet. Das größte Problem, dass durch diese Erfahrungen in mir angelegt ist, ist das Erkennen der Realität, was mich selbst und meinen Platz in der Welt angeht. Auf der einen Seite war da meine Mutter, die alles wunderbar fand, was ich tat, meine guten Leistungen als Klassenbeste, und daneben mein Stiefvater, der alles schlecht fand, was ich tat. Ich konnte nie einschätzen, wie die Dinge nun wirklich aussahen.

Als ich mit Michael zusammenkam, genoss ich es, eine Familie kennenzulernen, wo die Dinge nicht so waren wie bei mir zu Hause. Ich hatte das Gefühl, zum ersten Mal in meinem Leben ein »Zuhause« gefunden zu haben. Ich konnte immer zu euch zu Besuch kommen, und niemand sagte, dass es nicht gut sei. Nach einer Weile sah ich, dass es nicht nur in meiner Familie Probleme gab, sondern auch bei anderen Menschen. Das relativierte meine Jugend ein wenig.

Neben dem Zynismus kam ich durch Michael in Berührung mit anderen Aspekten, über die ich noch nie nachgedacht hatte. Aus dem einen oder anderen Grund schien das Thema: »Männer denken, Frauen fühlen« in Michaels Leben eine große Rolle zu spielen. Zu Beginn dachte ich: Na ja, das wird wieder vergehen. Aber es verging nicht. Es wurde immer schlimmer. Es faszinierte mich. Warum faszinierte es mich? Weil es vollkommen neu für mich war und auf mich einen vollkommen absurden Eindruck machte. Ich hatte mich eigentlich immer als ein eher ungeschlechtliches Wesen wahrgenommen. Es hat für gewöhnlich nie eine Rolle für mich gespielt, ob ich ein Mann oder eine Frau bin. Nun schien mein gesamtes Weltbild sich verändern zu müssen. Ich vermutete damals bereits, dass Michael ein Problem mit seinem Gefühlsleben bzw. seiner Männlichkeit hatte. Darum musste er darüber auch immer reden. Er machte auf mich immer einen besonders verletzlichen, eher zarten Eindruck, und damit schien er große Probleme zu haben, da er vielleicht Angst davor hatte, kein echter Mann zu sein. Ich kann ihm das alles nicht vorwerfen. Er war schließlich auch nur im Wachstum mit all seinen Problemen und Identitätsfragen.

Dies wurde verstärkt durch Vorstellungen der Religion, die dieser Mann-Frau-Einstellung noch die theoretische Basis zu geben schienen. Und unter anderem dadurch glaubte ich teilweise, dass Michael vielleicht Recht hatte und ich die Wahrheit über das Wesen von Männern und Frauen nicht sehen wollte. Dass ich in diesem Punkt in meiner eigenen innerlichen Überzeugung nicht gefestigt war, liegt unter anderem an meiner durch meine Jugenderfahrungen gestörten Realitätswahrnehmung. Ich war, mehr oder weniger, immer noch auf der Suche nach der objektiven Autorität, die mir ein richtiges, auf der Wirklichkeit basierendes Spiegelbild geben konnte.

Ich habe es dir noch nie erzählt, aber ich bekam nach einiger Zeit einen Hang zur Magersucht. Ich schämte mich hierfür. Auf der einen Seite, weil es bestätigte, dass Michael Recht hatte: Ich hatte meine Gefühle nicht unter Kontrolle, ich ließ mich leiten von »typisch weiblichen Neigungen«. Es mündete in ein Dilemma und dauerte lange, bis ich darüber hinweg war. Ich hasste es, eine Frau zu sein. Es schien mir nur eine Gefangenschaft in einem übermächtigen Körper zu sein. Nicht zu leben, aber gelebt zu werden von Hormonen, Gefühlen, durch die Natur. Ein zu schwaches Ich, das den übermächtigen Körper nicht durchdringen und durchbrechen kann. Keine Möglichkeiten, über dich selbst hinauszuwachsen, da die Natur, und was schlimmer ist, die geistige Welt es so bestimmt hat. Gleichzeitig war es paradoxerweise so, dass ich mit Vorstellungen darüber, wie Frauen fühlen und denken sollen, sehr wenig anfangen konnte. Ich hatte mich ja immer als ungeschlechtliches Wesen gefühlt. Dachte ich an mich selbst, sah ich immer einen Knappen vor mir, der auf dem Weg ist, ein Ritter zu werden. Das ist bis heute so geblieben. Ich hatte also das Gefühl: Die Welt möchte, dass ich etwas werde, was ich nicht bin und was ich auch nicht kann, da ich mich sonst selbst verleugnen würde, mich selbst verletzen würde und sterben würde. Ich identifizierte mich nicht mit meinem körperlichen Zustand, aber mit meinem nach Erkenntnis strebenden Geist. Der Körper und mein Geschlecht spielten dabei eine geringe Rolle. Die Welt, mit der ich zu tun hatte, schien mich nur allein in meiner Geschlechtlichkeit wahrnehmen und verstehen zu wollen, nicht in meinem eigentlichen, geistigen Kern, dem Wesen des Menschen.

Nachdem Michael und ich uns getrennt hatten, beschäftigte mich die Sache weiterhin. Das Trauma, das durch die entstandenen Fragen und die Mann-Frau-Problematik entstanden war, war für mich eine Wunde, die nur durch Ruhe und andere Erfahrungen heilen sollte. Ab und zu sahen Michael und ich uns und sprachen über die gute alte Zeit. Leider hatte ich immer nach etwa einer Stunde genug von unseren Gesprächen, da sie immer

220

nach demselben Schema verliefen, auf dasselbe herauskamen und nie etwas Neues brachten. Aber das brauchten sie auch nicht: Er war schließlich nicht mehr mein Freund. Ich rang mit mir allein mit den Erfahrungen, die ich gemacht hatte. Ich ging nach Berlin, meiner » Wahlheimat« und traf andere Menschen.

Meine große Liebe war Gert, ein Junge, der mir ähnlich war und in dem ich so viel von mir selbst erkannte, dass ich manchmal dachte, dass wir füreinander bestimmt waren. Gert war jedoch sehr labil. An einem Tag dachte er, dass er mich liebt, dann wieder, dass er mich nicht liebt. Am Anfang hoffte ich noch, dass es allein daran lag, dass wir einander noch nicht so gut kannten, und war geduldig. Doch es wurde immer schlimmer. Er zweifelte immer mehr. Wir hatten einen gemeinsamen Herbsturlaub geplant. Ich war für eine Woche in Hamburg, und wir wollten am Telefon noch die näheren Details besprechen. Ich musste ihn an einem bestimmten Tag anrufen. In dem Moment war ich bei Michael zu Besuch. Ich rief Gert an, und er erzählte mir, dass er endgültig Schluss machen wolle. Es war ihm klar geworden, dass es nichts mit uns war. Alles um mich herum wurde schwarz, ich konnte nicht mehr. Michael war da und tröstete mich. Unter diesen Umständen ist Anna entstanden, wie du weißt. Komischerweise habe ich an diesen Tag keine klare Erinnerung mehr. Ich weiß nur, dass ich am liebsten sterben wollte.

Da stand ich dann: verlassen von dem Mann, den ich liebte, blutjung, schwanger von einem Mann, mit dem ich es ungefähr eine Stunde und nicht länger aushalten kann und dessen Lebenseinstellung und Umgang mit Frauen für mich absolut inakzeptabel waren. Meine Zukunft war ein Scherbenhaufen. Alle meine Träume, meine Ideale waren ad absurdum geführt. Das ganze Leben schien plötzlich eine Falle zu sein, in die ich gelaufen war. Es hatte mich in seinen Klauen, das Leben, und es gab keinen Ausweg mehr. Selbst eine Abtreibung erwog ich. Aber ich war damals so geschwächt, dass ich nicht mehr in der Lage war, klar zu denken. Mehrere Menschen warnten mich: »Mach nie eine Abtreibung, du wirst sehen, das kommt immer wieder zurück, dann geht alles noch mehr schief. Mach das nicht!« Im Nachhinein denke ich, dass es ziemlich unverschämt ist, einem jungen Mädchen derart Angst einzujagen.

Damit war das Dilemma vorprogrammiert: Schwanger, aber nicht von dem Mann, den ich liebte. Und darüber hinaus in einem psychischen Zustand, dem ein Trauma zu Grunde lag, das sich größtenteils durch die frühere Beziehung mit dem biologischen Vater des kommenden Kindes entwickelt hatte. Es stand außer Zweifel, dass dieses Kind vor allem als ein würdiges Mitglied der Familie des Vaters zur Welt kommen sollte. Das wurde mir von Michael drei Wochen vor der Geburt klargemacht. Ich hatte bereits einige Erfahrung mit diesem Familienmythos gesammelt und wusste eines sehr deutlich: Ich gehörte nicht dazu. Und ich wollte auch nicht dazugehören.

Für mich war es auch nicht so, dass dieses Kind in einer Beziehung mit Michael entstanden war und sich uns beide als Eltern ausgesucht hatte. Es war schließlich dreieinhalb Jahre her, dass die Beziehung mit Michael, die etwa anderthalb Jahre gedauert hatte, zerbrochen war. Dreieinhalb Jahre – das waren damals fünfzehn Prozent meines Lebens –, eine Zeit, in der man große Entwicklungen durchmacht. Für mich war dieses Kind entstanden in einem Moment tiefster Einsamkeit, in einem Moment, in dem ich vollkommen allein war. Das Kind gehörte zu mir, es kannte mich, es wusste, wer ich war. Es war meine Aufgabe, dafür zu sorgen, dass ich das Kind so gut wie möglich empfangen und begleiten konnte. Als mir das bewusst wurde, begann ich, es in Angriff zu nehmen. Zuerst musste ich Seelenruhe finden. Vollkommene Seelenruhe. Ich beschloss, meine neue Zukunft als Begleiter eines Kindes auf mich zu nehmen. Ich wollte mein Leben selbst in die Hand nehmen und es so einrichten, dass ich sowohl meine Ideale verwirklichen als auch meine Aufgabe als Mutter würde erfüllen können. Die Seelenruhe war der erste Schritt.

Also begann ich mich von allem, was meine Vergangenheit war, zu isolieren. Viele Kontakte nach Hamburg, auch zu vielen guten Freunden, habe ich damals abgebrochen. Ich musste eine vollkommen neue, autonome Identität finden, die wirklich mir entsprach, und dafür musste ich mich von allen alten Gedanken, die mich von außen bestimmten, befreien.

Als ich das Kind dann kommen ließ, wollte ich mir nicht tausende gut gemeinte Ratschläge anhören und allen Anforderungen meiner Umwelt gerecht werden. Ich wollte nicht die Mutter werden, die meine kirchliche Umgebung von mir erwartete – nämlich eine Art Seelen-Hülle für das

Kind. Allein zu akzeptieren, dass ich eine Frau bin, war bereits schwer, nun auch noch in der weiblichsten Eigenschaft, die möglich ist zu leben, war fast unmöglich zu akzeptieren. Es ging nur, wenn ich eine eigene Form der Mutterschaft finden würde. Ich wusste, dass ich eine authentische, starke Persönlichkeit werden musste, die nicht gelebt wird, sondern selbst lebt, da ich der Meinung war und bin, dass dies die einzige Möglichkeit ist, ein gesundes Kind großzuziehen und selbst gesund zu sein. Ich musste den Menschen in mir entwickeln, um ein gutes Beispiel für das Menschlein, das so viel Vertrauen in mich hat, dass es zu mir kommt und bei mir geboren werden möchte, zu sein. Ich war davon überzeugt, dass es meine Pflicht war, mein Kind in einem harmonischen Klima voller Lebensfreude aufwachsen zu lassen. Ich habe all die Faktoren zugelassen, von denen ich wusste, dass sie zu diesem gesunden Klima beitragen können. Wenn ich das so schreibe, klingt es fast oberflächlich und zu einfach, aber es war natürlich ein langer, schwerer Prozess. Es war, als ob ich zwei Kinder vor mir sah: das Kind, das geboren wurde, und mich. Erst musste ich selbst großgezogen werden. Ich sah, wie schwach ich war und in welchen Punkten, und ich wusste, dass ich bestimmte Dinge aus meinem Leben verbannen musste, um die ganze Sache meistern zu können.

Am Anfang war mir noch nicht klar, dass Michael nicht dabei sein konnte. Das wurde mir erst mit der Zeit klar, als ich fühlte, dass er sich noch immer vorstellen konnte, mit mir zusammen zu sein, ja sogar, mich zu heiraten. Das Mann-Frau-Trauma, dass jetzt erst eine große Rolle in meinem Leben zu spielen begann, wurde durch alle Kontakte, die ich mit Michael und seiner Familie hatte, zu einer großen Wunde in meiner Identität. Darüber hinaus muss ich ehrlich sagen, dass ich mein Kind vor einem Vater beschützen wollte, der solche Gedanken hat. Es tut mir leid, wenn ich dich damit verletze, aber ich sehe es noch immer so: Entweder, ich treibe ab, oder ich gehe die Sache so an, dass ich es kann, dass es mit mir übereinstimmt. Wie viele Frauen haben Kinder großgezogen und ihnen unbewusst das Gefühl gegeben: »Du bist schuld daran, dass ich alles aufgegeben habe! Wärst du nicht geboren, hätte ich den Kerl nicht geheiratet! Wärst du nicht geboren, wäre ich jetzt nicht unglücklich!« Ich gab diesem ungeborenen Kind dieses Gefühl, sobald ich es als Michaels Kind ansah, und ich wusste, dass ich auch nach der Geburt diese Gefühle haben würde, wenn ich weiterhin Kontakt mit Michael und seiner Familie hätte.

Ich musste lernen, das Kind als eine eigene Persönlichkeit zu sehen und nicht als Spross der Familie. Ich musste lernen, sie um ihrer selbst willen zu lieben und sie nicht als etwas, das mein Leben durcheinandergebracht und mich in eine Falle gelockt hat, zu sehen. Nicht als mein Schicksal, aber als einen in Freiheit gewählten Lebensweg.

Jedes Mal, wenn Michael auftauchte und das Thema »Familie« auf den Tisch kam, wollte ich Anna wegtun, sie nicht sehen, sie nicht fühlen, nichts mit ihr zu tun haben. Ich habe ein paar Mal versucht, doch den Kontakt zu halten, aber es ging nicht. Ich war dafür nicht stark genug. Das kann man mir natürlich vorwerfen und sagen: Du hättest stärker sein müssen. Das ist wahr, ich hätte natürlich stärker sein können. Aber ich war es nicht. Ich war jedoch realistisch: Ich wusste, was ich konnte und was nicht. Ich musste Anna und mich vor »mir« beschützen. Das habe ich getan.

In dem Moment, in dem ich mich stabil genug fühlte, habe ich den Kontakt mit Michael gesucht. Das war, als er mit Sabine verheiratet war und ich Jacques, meinen neuen Freund, kennengelernt hatte. Anna war damals vier. Ich begann langsam, eine eigene Identität, losgelöst vom »Muttersein« und »Weibchen-sein«, zu entwickeln. Es half mir sehr, dass Jacques kein gläubiger Mensch war, aber sehr normal, mit einem gesunden Verstand. Er nahm Anna liebevoll auf und ging mit ihr in einer entspannten, fantastischen Art um. Anna lernte Michael kennen und auch Sabine.

Ich konnte also erst Kontakt aufnehmen, als ich meine schlechten Gefühle Michael gegenüber überwunden hatte – auch da ich vermeiden wollte, dass ich Anna unbewusst gegen Michael »aufstachelte«. Ich habe das selbst bei meiner Mutter mitgemacht und weiß, wie sehr sie, meine Schwester und ich darunter gelitten haben. Als wir zu meinem Vater gingen, hatte meine Mutter immer schlechte Laune. Sie gab uns unbewusst das Gefühl, dass wir es bei ihm nicht schön haben würden. Dass die meisten Eltern mit diesem Problem konfrontiert werden, wenn beide einander nicht mehr mögen, ist eine Tatsache. Ich wollte so lange wie möglich versuchen, dies zu vermeiden.

Der Kontakt zwischen Michael und mir kann jetzt, von meiner Seite aus, in einer relativ neutralen Stimmung ohne große Emotionen verlaufen, eben

auch weil ich gewartet habe, bis ich es verkraften konnte. Die Neutralität
kommt auch darin zum Ausdruck, dass es möglich war, dass Sabine ein
Jahr bei uns leben konnte, mehr oder weniger im selben Wohnzimmer. Michael
war oft zu Besuch, und es ging alles seinen Gang. Anna hatte nicht viel zu
tun mit Michael. Das hat sicher auch damit zu tun, dass Michael nicht der
Typ ist, auf den alle Kinder fliegen.

Eines Tages, als sie neun war und zum ersten Mal etwas über Fortpflan-
zung gehört hatte, fragte sie mich, mit wem ich sie eigentlich bekommen
hatte. Sie wusste nämlich, dass Jacques nicht immer bei uns gewesen war. Ich
habe ihr damals erzählt, dass Michael ihr biologischer Vater ist. Sie war
ziemlich erstaunt, wusste erst nicht genau, wen ich meinte, und sagte dann,
dass sie selbst gedacht hatte, dass es Gert sei (ihr Patenonkel). Weiter war
es kein Problem für sie. Bei den nächsten Besuchen beobachtete sie ihn inten-
siver, und es kam so etwas wie ein persönlicher Kontakt zustande.

Inzwischen – sie ist zwölf – hat sich etwas verändert. Sie denkt mehr
darüber nach, wer sie ist und was sie ist. Sie ist auf der Suche nach ihrer
eigenen Persönlichkeit, wie alle Kinder in dem Alter. Und nun beginnt sie die
Situation und die Konstellation zum ersten Mal zu stören. Sehr deutlich
kommt darin auch zum Ausdruck, dass sie durcheinander ist, da Michael ein
ganz anderer Mensch ist, als wir es sind. Sie weiß nicht genau, wie sie
damit umgehen soll, für sie ist das alles fremd.

Natürlich werden jetzt alle Kritiker rufen: Ja, kein Wunder! Die Mutter
hat ihr auch immer den Vater vorenthalten! Aber das ist nicht wahr. Sie
haben einander ein Jahr lang beinahe jedes dritte Wochenende gesehen.

Ich habe immer versucht, aus den Gründen, die ich oben angegeben habe,
so objektiv wie möglich in Bezug auf Michael zu sein. Ich muss sagen, dass
selbstverständlich sowohl die Gefühle als auch die Einstellung der Mutter das
Kind stark beeinflussen, und ich habe bereits zugegeben, dass Michaels
Umgang mit dem Leben ganz anders ist als meiner. Das heißt, ich muss zugeben, dass Anna von mir beeinflusst ist. Aber es ist nicht so, dass ich
Michael vor ihr schlechtmache.

Gut, noch ein Argument für Kritiker (diese Kritiker sind alle in mir vorhanden): Stell dir vor, dass ich Anna von Anfang an so großgezogen
hätte, dass Michael eine aktive Rolle in ihrem Leben spielt. Dann hätte sie

225

jetzt eine andere Beziehung zu ihm. Dann hätte sie ihn sicher besser begriffen und ihn wie einen Vater geliebt. Auch das ist wahr. Aber wie ich bereits erklärt habe, verkraftete ich das damals nicht. Hätte ich trotz allem so gehandelt, dann wäre meine Beziehung zu ihr sehr schlecht geworden, und das ist mindestens so schlimm wie eine schlechte Beziehung zu ihrem Vater. Außerdem sind Michaels und meine Lebenseinstellungen so konträr, dass Anna dann konstant emotional und auch geistig zwischen zwei Welten hin- und hergezogen werden würde. Eine so instabile Welt ist für ein Kind sehr schlecht. Stattdessen habe ich ihr die Möglichkeit gegeben, mit einer Mutter und einem »Vater« (Jacques) aufzuwachsen, die, was Erziehung und Weltbild betrifft, größtenteils einer Meinung waren, auch wenn die Beziehung zwischen Jacques und mir nicht in jeder Hinsicht ideal ist (welche Beziehung ist das schon?). Auch die Geburt ihres Halbbruders hat dazu beigetragen, dass Anna in einer »normalen« Familie aufwachsen kann und eine runde Persönlichkeit geworden ist. Anna ist glücklich in unserer Familie.

Zurück in die Gegenwart. Wie ich bereits sagte, ist Anna auf der Suche danach, wer sie ist. Darum begann ich vor ungefähr einem Jahr, sie mehr loszulassen. Das war auch der Moment, in dem ich wieder Kontakt zu dir aufnahm. Ich muss ehrlich sagen, dass ich das bereits länger machen wollte, aber mich nicht recht traute. Ich fand es sehr schwer, den ersten Schritt zu machen.

Ich hatte den Eindruck, dass Anna nun alt genug war, um selbst Freundschaften mit der anderen Seite der Familie zu entwickeln. Als Michael jetzt zu Besuch kam, ließ ich sie oft etwas zusammen unternehmen (Schwimmbad). Ich fand es normal, dass es nun an ihr lag, die Beziehung aufzubauen. Mir fiel wohl auf, dass sie immer still und zurückgezogen war, aber ich dachte, dass es daran lag, dass sie mich nicht verletzen wollte, indem sie mir erzählte, dass sie sich gut mit Michael verstand. Also ließ ich sie noch mehr los. Anna ist ein liebes, bescheidenes Kind, das niemandem wehtun und niemand enttäuschen möchte. Sie tut meistens, was man von ihr erwartet.

Das Wochenende Ende November 1997 war Michael wieder zu Besuch, und wir gingen zusammen zum Schulbasar, wo Anna und ich auch noch einige Zeit arbeiten mussten. Ich ließ Michael und die inzwischen sechsjährige

Anna stets alles zusammen machen. Anna kam immer wieder zurück zu mir und hing bei mir rum. Schließlich wurde es ihr zu viel: Sie fühle sich so schlecht, sie wolle nicht immer alles mit Michael machen, sie würde gerne mit ihren Klassenkameraden zusammen sein und mit mir, und sie wollte außerdem nicht, »dass jemand denken könne, dass Michael ihr Vater sei«. Sie fühlte sich gefangen und gezwungen und war sauer auf ihn, da er stets an ihr zog und sie nicht in Ruhe ließ. Auf der anderen Seite fühlte sie sich schuldig, da es »ihre Pflicht« sei, Michael nicht zu enttäuschen. Sie sagte, dass sie sich wie ein »zusammengerollter kleiner Hund« fühlen würde. Sie war vollkommen durcheinander.

Ich wusste nicht, wie ich reagieren sollte. Das Problem ist, dass ich immer unter dem Verdacht stehe (auch laut des Kritikers in mir selbst), sie von Michael fern halten zu wollen. Ich nahm also die Einstellung an: Tja, da muss sie nun mal durch. Ich kann nichts daran ändern. Am folgenden Tag gingen Michael und Anna gemeinsam ins Schwimmbad, Anna kam ohne Schuhe zurück. Sie hatte ihre Schuhe vergessen! Für mich war das ein Bild für Annas Verwirrung. Es war ein Grund für Michael, gut gemeint, jeden Tag anzurufen, ob wir ihre Schuhe wiederhaben. Anna brach nach jedem Anruf in Tränen aus. Er sollte sie endlich in Ruhe lassen. Sie rief: »Ich will, dass Jacques aus Frankreich zurückkommt, dann weiß Michael endlich, dass es bereits einen Vater gibt!«

Ich habe damals mit einigen Menschen gesprochen und sie um Rat gebeten und habe beschlossen, Michael zu bitten, ein wenig mehr Abstand zu halten. Man sagte mir, dass es meine Pflicht als Mutter sei, das Kind zu beschützen und dafür zu sorgen, dass es im Gleichgewicht bleibt. Da es irgendwo in mir natürlich ein Schuldgefühl in Bezug auf Michael gibt und vielleicht auch eins verborgen in Bezug auf Anna (dass ich ihren »echten« Vater von ihr ferngehalten habe), ist es sehr schwierig für mich, in diesem Punkt von meiner eigenen Objektivität überzeugt zu sein. Ich habe Michael damals dennoch angerufen und ihn gebeten, Abstand zu halten. Was von ihm natürlich verständlicherweise als ein erneuter Versuch meinerseits aufgefasst wurde, Anna von ihm fernzuhalten und den Kontakt abzubrechen.

Ich hoffe, dass du nach dieser Erklärung verstehst, warum ich so gehandelt habe. Ich habe versucht, Michael dies zu erklären, aber es ist sehr schwer, dies zu tun, ohne ihn zu verletzen. Auch der letzte Besuch bei Michael und Sabine war schwer, vor allem für Anna und Michael.

Anna hat es wirklich nicht leicht im Moment. Sie hat Angst, dass, wenn ich tot sein sollte, sie von Jacques und ihrem Halbbruder weggeholt werden würde und bei Michael wohnen müsste. Wie ich bereits sagte, weiß ich nicht genau einzuschätzen, wie viel von dieser Angst durch meine unbewussten Gefühle verursacht wurden und wie viel von ihr kommt. Das Einzige, was ich tun kann, ist, so objektiv wie möglich mit allem umzugehen. Interessant ist, dass ich in diesem Prozess immer wieder an einen Punkt komme, wo ich mir alle von mir als besonders positiv empfundenen Eigenschaften von Michael ins Bewusstsein rufe und versuche, auch die schönen Seiten der Vergangenheit und meine Liebe zu ihm wieder neu aufleben zu lassen. Meine Hoffnung ist, dass Anna mit der Zeit selbst einen Weg findet, mit dieser Konstellation umzugehen. Wichtig ist, dass nicht an ihr gezogen wird. Nicht von mir, aber auch nicht von Michaels Familie. Es ist wichtig, dass sie sie nicht als Gesamtheit von Chromosomen sehen und insgesamt so viele Züge der einen und der anderen Familie in ihr sehen. Dass wir sie als eigene Persönlichkeit sehen, unabhängig von Blutsbanden und Erblasten. Vielleicht ist das etwas, was aus dieser Konstellation gelernt werden kann, wenigstens habe ich das gelernt: Wahlverwandtschaft statt Blutsverwandtschaft. Ich denke, dass alle Umstände von Annas Geburt ein Beweis dafür sind.

Ich habe alles, was ich getan habe, so gut wie möglich, wie es in meiner Macht stand, getan. Was das betrifft, muss ich mit Luther sprechen: »Hier stehe ich und kann nicht anders!« Und wie ich erklärt habe, waren nicht nur emotionale Beweggründe die Basis für mein Handeln. Ich habe den besten, für mich lebbaren Weg suchen müssen, mit einer Situation umzugehen, die schwer war und ist.

In allen meinen Entschlüssen und in allem, was ich getan habe, habe ich nach Seelenruhe gestrebt, da ich glaube, dass dies ein wichtiger Kompass in dieser turbulenten Zeit ist. Ich habe es vor allem um mich herum gesehen: Ist die Mutter labil, geht es den Kindern schlecht, leidet die Mutter, leiden die Kinder auch. Die Mutter ist die stärkste Säule, auf der das Haus gebaut wird. Wackelt diese Säule, stürzt alles ein. Dass ich durch meine Entschlüsse vie–

len Menschen wehgetan habe, war mir immer bewusst, und das werde ich auch tragen.

Ich muss hier noch anfügen, dass es nach außen hin nie einfach war, mein Handeln zu rechtfertigen. Man akzeptierte schließlich, was ich tat, aber ich wurde auch kritisiert deswegen. Das war auf der einen Seite sehr schwer, da ich immer das Gefühl hatte, allein zu sein, auf der anderen Seite war es jedoch gut, da ich auf diese Art und Weise nie die Chance bekam, Dinge zu vertuschen oder sogar zu vergessen. Außerdem wurde ich immer wieder mit der Frage nach meinen Beweggründen und meiner Haltung konfrontiert.

Ich hoffe, dass der Kontakt, den wir aufgenommen haben, ruhig verlaufen kann, ohne allzu hohe Erwartungen an Anna. Wenn Anna fühlt, dass sie frei ist, und wenn nicht von allen Seiten an ihr gezogen wird, hat sie die Chance, selbst ihre Liebe für Michael und für dich zu entdecken. Das geht nur in Freiheit.

Gunda

P.S.: Ich hatte immer das Gefühl, dass Anna eigentlich zwei Väter hatte: Gert war für mich der geistige Vater und Michael ihr biologischer. Anna ist aus Liebe zwischen Gert und mir entstanden, und der Anfang ihrer Entwicklung stand im Zeichen der Liebe. Eine andere Bestätigung für meine Überzeugung war das Band zwischen Gert und Anna, das von Beginn an, obwohl sie einander selten sahen, sehr stark ist. Dass Gert als geistiger Vater von Anna gesehen werden kann, schließt nicht aus, dass es noch einen anderen Vater gibt. Anna lebt nun bereits einige Zeit hier auf dieser Erde. Dazu gehören nun auch mal die biologischen, erblichen Aspekte. Anna trägt, ebenso wie viele andere Menschen, viele verschiedene Faktoren in sich, aus denen sie ein Instrument bauen kann, das zu ihrem Leben als Mensch passt, und es ist ihre Aufgabe, dieses Instrument zu bauen.

Die alleinige Tatsache, dass er sich für das gemeinsame Kind mitverantwortlich fühlt, ist in Michaels Augen der Auslöser des Konflikts mit Gunda. Sein Wunsch, Kontakt zu Anna zu halten, wird von Gunda interpretiert als ein »Er lässt uns nicht in Ruhe«. Laut Andritzky ist dies ebenso ein typisches Verhaltensmerkmal umgangsvereitelnder Mütter wie die Tatsache, dass Gunda konsequent keinen Unterschied zwischen ihren eigenen Bedürfnissen und denen ihrer Tochter macht. Ihr Wille soll Annas Wille sein.

Insgesamt hat Michael seine inzwischen achtzehnjährige Tochter sechzehn Stunden lang alleine erleben können. Er schreibt ihr an jedem Geburtstag und jedes Weihnachten einen Brief, aber bis heute hat er keinen Kontakt zu ihr.

6. ES GEHT JA DOCH, ODER: DAS COCHEMER MODELL

Wenn Cochem überall in Deutschland wäre, dann gäbe es dieses Buch nicht, dann gäbe es keine entsorgten Väter. So einfach ist das. Das Cochemer Modell ist ein Wunder, inzwischen wird es in einigen Ecken Deutschlands kopiert, doch noch immer viel zu selten. Es ist tröstlich, zu sehen, dass es Möglichkeiten gibt, Kindern nach der Trennung beide Eltern zu erhalten – auch wenn die das ursprünglich gar nicht wollten und sich gehasst haben wie Daniel Widmann und Anja Rohloff, wie Volker Bode und Kerstin Prinz, wie die anderen Paare in diesem Buch. Und zugleich beunruhigend. Denn: Wenn das in Cochem seit 1993 geht, wieso dann nicht überall in Deutschland? Warum wird in Deutschland nicht per Gesetz ein flächendeckender Zwang für Familiengerichte eingeführt, das Cochemer Modell zu kopieren? Die Antwort lautet: weil es dieses Gesetz eigentlich schon gibt. Es müsste lediglich durch Prozessordnung und Gebührenordnung noch ein wenig gestützt werden, um verpflichtend gemacht zu werden. Denn theoretisch hat jedes Gericht auch jetzt schon die Pflicht zur Beratung der Expartner und die daran geknüpfte Möglichkeit, das Sorgerecht des Elternteils, der den Umgang vereitelt, einzuschränken oder zu entziehen[70]. Praktisch kommt es aber nur selten vor, dass einer umgangsvereitelnden Mutter das Aufenthaltsbestimmungs- oder Sorgerecht entzogen wird. Obwohl man auch im Justizministerium weiß, dass eine Mutter, die den Vater entsorgt, »nicht lediglich das Recht des anderen Elternteils, sondern vielmehr auch das Recht des Kindes vereitelt und damit grundsätzlich nicht im Interesse des Kindes« handelt[71]. Doch einer Mutter das Kind »wegzunehmen« und es hauptsächlich beim Vater leben zu lassen – die innere Einstellung, dies wirklich zu tun, haben eben nicht alle Richter und sonstigen Verantwortlichen. Bitter, aber wahr!

In Paragraph 156 des Gesetzes über das Verfahren in Familiensachen ist festgelegt, dass das Familiengericht zwischen den Eltern vermitteln muss, wenn die sich über den Umgang nicht einigen können. Es muss die Eltern auch darauf hinweisen, dass demjenigen Elternteil, das den Umgang vereitelt, das Sorgerecht entzogen werden kann. Ziel der Einmischung durch das Gericht soll es sein, dass die Eltern sich einigen und einen Kompromiss finden. Diese Gespräche am runden Tisch finden tatsächlich vielerorts statt, denn es hat sich inzwischen herumgesprochen, dass die Sprachlosigkeit der Eltern stets die der Umgangsvereitelung zugrunde liegende Ursache ist. Wichtig ist es bei diesen Gesprächen insbesondere, weder Vater noch Mutter Vorhaltungen zu machen. Das bringt nämlich nichts, es führt zu keiner Verhaltensänderung. Vielmehr muss man den Müttern erklären:»Du trägst die Verantwortung für euer Kind, und euer Kind braucht den Vater ebenso wie dich. Wenn du ihm den Vater vorenthältst, nimmt es bleibenden Schaden, davon einmal abgesehen, dass du auch die biologische Vaterschaft des Vaters mit Füßen trittst. Das Entsorgen des Vaters ist ein Akt der Selbstjustiz; wer so etwas tut, lädt Schuld auf sich, und wenn euer Kind erst mal erwachsen ist, wird es das erkennen und sich vielleicht sogar von dir abwenden. Außerdem verstößt du gegen Paragraph 1634 I des Bürgerlichen Gesetzbuches (BGB), wo steht, dass du alles unterlassen sollst, was das Verhältnis des Kindes zum Vater beeinträchtigt. Du hast vielleicht bisher gedacht, weil nur du das alleinige Sorgerecht für euer Kind hast, hättest du das Recht, den Vater zu entsorgen. Aber da täuschst du dich. Es ist deine Pflicht, den Streit mit deinem Ex beizulegen und eurem Kind den Vater zurückzugeben, beziehungsweise gar nicht erst wegzunehmen.«

Das alles geschieht im rheinland-pfälzischen Cochem, und noch viel mehr. Und das kam so: Als 1991 das Kinder- und Jugendhilfegesetz eingeführt wurde, nahm man das im Jugendamt des Landkreises Cochem-Zell sehr ernst. In dem Gesetz heißt es:»Eltern, die sich trennen, haben einen Rechtsanspruch auf Beratung durch das Jugendamt.« Schön formuliert und sogar sinnvoll, befand der Amtsleiter, aber woher nehmen, wenn nicht stehlen? Zusätzliches Geld gab es nicht für die Beratung, zusätzliches Personal konnte also nicht eingestellt werden. Man behalf sich, indem man zunächst mit der Lebensberatung des Bistums Trier zusammenarbeitete. Das funktionierte gut, das Jugendamt sah sich nach weiteren Kooperationspartnern um, fand Anwälte, Familienrichter und Sachverständige, und 1993 gründeten diese fünf Partner gemeinsam den Arbeitskreis Trennung-Scheidung im Kreis Cochem-Zell. Zunächst einmal beschnupperte man sich, denn so komisch es klingen mag: Anwälte, Richter, Jugendamtsmitarbeiter und Sachverständige sitzen normalerweise selten gemeinsam an einem Tisch und unterhalten sich über das, was sie im Berufsalltag tun. In Cochem aber geschah das, und die erste Konsequenz dieser Gespräche war, dass sich alle Beteiligten besser verstanden. Alte Vorurteile wie »Die Anwälte hetzen nur ihre Mandanten auf, die Interessen der Kinder kümmern sowieso niemanden« wurden zwischen den Mitgliedern des Arbeitskreises ausgeräumt.

Dann wurden Tatsachen geschaffen: Die Mitglieder des Arbeitskreises verpflichteten sich, ihr gesamtes Handeln so auszurichten, dass es dem Interesse der Kinder diente. Was in den Anfangsjahren nicht immer klappte, weil es, wie überall, auch in Cochem Jugendamtsmitarbeiter und Anwälte gab, die unbelehrbar waren. So wie im Fall von Bernd Bergmann und Silke Peters:

Das Paar hat vier Kinder – drei Jungen, geboren zwischen 1994 und 1998 – und Maxi, die Nachzüglerin, die sie bekommen haben, als Johann, der Jüngste, schon drei war. Verheiratet waren Peters und Bergmann nie, es schien ihnen, als lenke dieser Verwaltungsakt ihre Beziehung in allzu starre Bahnen. Als nehme er ihr alles Leichte, Spontane.

Dennoch leben beide sich auseinander. Peters gibt an, sie habe zunächst an drei bis vier Tagen in der Woche als Art Direktorin in einer Werbeagentur in Cochem gearbeitet, Bergmann sagt, sie sei von montags bis freitags fort von zu Hause gewesen, und ein halbes Jahr vor der Trennung habe sie auch offiziell begonnen, Vollzeit zu arbeiten. Wie dem auch sei, Bergmann hält ihr jedenfalls während ihrer Abwesenheit den Rücken frei, er ist Landwirt und kümmert sich um die Kinder, fühlt sich jedoch von ihr dabei unterschätzt und nicht genug geliebt. Peters indessen hat das Gefühl, die Familie zu ernähren und keinen Dank dafür zu ernten.

Als Maxi drei ist, bittet Bergmann Peters, auszuziehen. Sie ist nicht überrascht. Beide wissen, dass die Beziehung kaputt ist und sie sich schon früher getrennt hätten, wenn Maxi nicht gekommen wäre. Dennoch sträubt sich wegen der Kinder alles in Peters gegen einen Auszug. Sie kann sich nicht vorstellen, ihnen zu sagen: »So, Kinder, ich habe mir mein Leben anders vorgestellt, wir gehen jetzt.«

Die beiden beginnen eine Paartherapie. Der Alltag wird dadurch erträglicher, aber an ihren Gefühlen füreinander ändert sich nichts: Beide wissen, dass sie nicht mehr zusammenleben wollen. So gehen sie einander aus dem Weg und versuchen, sich das Leben nicht schwerer zu machen, als es an der Seite des anderen ohnehin schon ist.

Die endgültige Trennung kommt ein Jahr später, und bis zum heutigen Tag gibt es bei beiden keine Einigkeit darüber, wo sich Maxi in dieser Zeit aufgehalten hat. Bergmann sagt, sie sei bei ihm geblieben, weil ihre Betreuung am aufwendigsten gewesen sei und er als Landwirt von zu Hause aus habe arbeiten können. Sein Betrieb ist nicht besonders groß, seine Einkünfte genügen ihm, doch lebt er nicht auf großem Fuß. Auch vor der Trennung hat er sich nachmittags schon von Beginn an um die Kinder gekümmert, während Peters in der Agentur war. Er hat für sie gekocht, mit ihnen die Hausaufgaben gemacht, sie auch mal zum Arzt gebracht und nur so viel gearbeitet, wie er nebenbei geschafft hat. Dass er es sich leisten kann, für seine Kinder da zu sein, empfindet er als sehr angenehm, geradezu luxuriös. Peters indessen gibt an, Maxi sei nicht beim Vater geblieben, sondern sie sei mit allen vier Kindern ausgezogen.

Bergmann behält nach der Trennung das Haus, es liegt um die Ecke von Peters' neuer Wohnung, zu Fuß braucht man zwanzig Minuten bis dorthin. Sie hat sich bewusst für die räumliche Nähe entschieden, damit die Kinder möglichst viel von ihrem gewohnten Umfeld behalten.

Bergmann sagt, beide Eltern hätten vor der Trennung ausgemacht, dass sie gleich viel Zeit mit den Söhnen verbringen wollen: Eine Woche lang sollten sie bei der Mutter wohnen, eine Woche beim Vater, immer abwechselnd. Und jeder Elternteil sollte das bezahlen, was anfällt. Aber drei Tage später, so erinnert sich Bergmann, habe sich Peters nicht mehr an die Abmachung erinnern können. Peters indessen erklärt, diese ganze Abmachung habe es nie gegeben, weil sie so etwas den Kindern gegenüber für unverantwortlich gehalten hätte.

Unstrittig ist, dass Peters nach ihrem Auszug Geld von Bergmann will – Unterhaltszahlungen für die Kinder. Bergmann geht nicht darauf ein, weil er sich mehr um die Kinder kümmert als sie.

Tatsächlich scheinen sich die drei jüngeren Kinder unabhängig von den Zwistigkeiten ihrer Eltern zunächst erstaunlich gut mit der Trennung abzufinden: Jan, der Zweitälteste, hat vor der Trennung jede Nacht ins Bett gemacht. Seit dem Umzug ist das nie wieder vorgekommen. Auch Johann und Maxi scheint es gut zu gehen. Aber Nils, der Älteste, leidet sehr unter der Situation. Er ist schlecht in der Schule, und seine angeborene Introvertiertheit verstärkt sich noch. Es kommt Peters vor, als sitze er in einem Kokon und könne sich nicht entfalten. Als sei er in sich selbst gefangen. Sie spürt, wie er leidet, und weiß nicht, wie sie ihm helfen soll. Sie fühlt sich hilflos und überfordert – als sei ihr der Boden und damit die Sicherheit unter den Füßen weggezogen worden. Am Abend sitzt sie am Bett ihres schlafenden Sohnes und weint. Hinzu kommt die materielle Unsicherheit. Sie weiß nicht, wie es weitergehen soll, denn sie hat Miete zu zahlen, und Bergmanns Einkommen fehlt ihr auch. Sie empfindet die ganze Situation als zutiefst bedrohlich.

Zum offenen Konflikt zwischen Peters und Bergmann kommt es, als Bergmann beschließt, insgesamt nur noch 200 Euro Unterhalt pro Monat für die Kinder zu zahlen, da er alle vier unter der Woche nach wie vor den ganzen Nachmittag über betreut, außerdem an jedem zweiten Wochenende. Peters hingegen, die den ganzen Tag in der Werbeagentur ist, bekommt das gesamte Kindergeld.

Peters findet Bergmanns Verhalten schäbig und ist der Meinung, er solle mehr zahlen. Schließlich hat er das Haus behalten, das er seinen Eltern abgekauft hat und nun langsam abstottert. Hinzu kommt, dass Peters und Bergmann sich nicht einig sind, wer die Kinder wann betreuen soll. Die beiden älteren Jungen gehen auf ein Gymnasium, Johann auf eine Ganztagsgrundschule und Maxi in den Kindergarten. Nach und nach verschieben sich aufgrund dieses Konflikts die Betreuungszeiten. Bergmann sieht seine Kinder weniger – auch Maxi. Bald schon hat er den Eindruck, dass er von den Kindern weggedrängt werden soll. Er fürchtet, ein Wochenend-Vater zu werden, aus ihrem Alltag verdrängt zu werden. Er kann keinen Sinn erkennen in dem, was Peters tut. Auch für die Kinder nicht. Insbesondere, da Peters seiner Meinung nach nicht in dem Maße für die Kinder da ist, wie sie es sein sollte. Sie arbeitet zu viel.

Er beginnt, Tagebuch zu schreiben:

In der Zeit vom 12. Juli bis zum 31. Oktober wohnte Maxi in 80 Prozent der Tage und 63 Prozent der Nächte bei mir. Die Jungs waren 64 Prozent der Tage und 53 Prozent der Nächte bei mir. Also weit mehr als die Hälfte der Zeit. Diese Zeiten werden von Silke seit dem 1. November bis heute reduziert auf durchschnittlich 45 Prozent der Tage und 27 Prozent der Nächte bei Maxi und 50 Prozent der Tage und 23 Prozent der Nächte bei den Jungs.

Da Bergmann die Kinder nun nachmittags nicht mehr immer betreuen soll, engagiert Peters stattdessen zwei Kindermädchen und ihre Mutter. Sie hofft, dass Bergmann durch dieses Modell dazu verdonnert wird, wieder mehr Unterhalt zu zahlen, da er ja die Kinder nun seltener hat. Bergmann regt sich auf über sie, er findet sie unmöglich.

Günther Struck, ein Mitarbeiter »alter Schule« des Cochemer Jugendamtes, den Peters und Bergmann daraufhin um Rat fragen und der kurze Zeit später pensioniert wird, bestärkt Peters indessen in ihrem Vorgehen und erklärt beiden Eltern, dass es nicht sinnvoll sei, die Kinder jeden Nachmittag zum Vater zu schicken: »Sie sind noch klein, sie müssen wissen, wo ihr Lebensmittelpunkt ist. Es ist ihnen nicht zuzumuten, dass sie mittags zum Vater gehen und abends zur Mutter. Sie müssen wissen: Hier lebe ich, und dorthin gehe ich zu Besuch.«

Es sei völlig ausreichend, wenn Bergmann die Kinder jedes zweite Wochenende sehe.

Struck stellt die Weichen so, dass Peters sich voll und ganz durchsetzen kann. Als Bergmann Struck erklärt, dass Peters den ganzen Tag außer Haus sei, er selbst hingegen von zu Hause aus arbeite, meint dieser nur: »Das ist egal. Frau Peters hat das Sorgerecht und das Aufenthaltsbestimmungsrecht, und sie kann festlegen, wo die Kinder sein sollen.«

Im Übrigen habe Bergmann sich seine Lage ja selbst ausgesucht: vier Kinder zu zeugen und nicht zu heiraten …

Bergmann findet ihn unmöglich und glaubt ihm kein Wort. Er hat das Gefühl, niemand erkenne an, was er für die Kinder tue. Auch das Jugendamt nicht. Daher möchte er nicht von einem Cochemer Modell sprechen, sondern alles Positive oder Negative, das in seinem Fall geschehen ist, an Personen festmachen.

Peters indessen hat den gleichen Eindruck wie Struck. Sie befürchtet, dass die drei, sieben, neun und elf Jahre alten Kinder sich nie an ihr neues Leben gewöhnen werden, wenn sie ständig zwischen den beiden Wohnungen hin- und herwechseln. Sie billigt Bergmann aber zu, die Kinder nicht nur, wie von Struck vorgeschlagen, jedes zweite Wochenende, sondern auch noch jeden Donnerstag und Freitag nach der Schule zu sehen.

Bergmann fühlt sich in den kommenden Monaten, als schwappe eine riesige Welle über ihn hinweg. Es ist für ihn eine zutiefst bedrohliche Erfahrung, dass er überhaupt nichts zu sagen hat, nur weil er das Sorgerecht nicht hat. Dabei wusste er bloß nicht, dass er es hätte beantragen müssen. Den Begriff »Sorgerecht« hat er zwar vor der Trennung schon mal gehört, beschäftigt hat er sich aber nicht damit. Und mit dem Jugendamt hatte er vor der Trennung überhaupt nur ein einziges Mal zu tun, nämlich als er die Vaterschaft für seine beiden ältesten Sohne förmlich anerkannt hat. Bergmann findet, die Anerkennung der Vaterschaft sei eigentlich für die dortigen Mitarbeiter eine gute Gelegenheit gewesen, ihn darauf hinzuweisen, dass er auch das Sorgerecht beantragen könnte. Aber nichts dergleichen geschah. Und wegen der beiden jüngeren Kinder musste er nicht mehr aufs Jugendamt, weil die Vaterschaft gleich im Anschluss an die Geburt im Krankenhaus anerkannt wurde.

Auf ihn wirkt es so, als werde sein Umgang mit den Kindern vom Jugendamt und von Peters als sein ganz persönliches Hobby angesehen. Jedes Kindermädchen, das von Peters engagiert wird, kann nun mehr Einfluss auf seine Kinder ausüben als er. In seiner Hilflosigkeit fährt er zu Peters' Eltern und bekniet sie, ein gutes Wort für ihn bei ihrer Tochter einzulegen. Aber das tun sie nicht, weil sie sich nicht auf seine Seite schlagen wollen.

Es geht ihm sehr schlecht, so schlecht wie nie zuvor in seinem Leben. Welchen Sinn, so fragt er sich immer wieder, sollte es haben, die Kinder von ihm wegzuzerren, wo Peters doch tagsüber gar nicht zu Hause ist? Er fürchtet, dass sie sich von ihm entfremden, wenn er sie so selten sieht.

Hinzu kommen die finanziellen Forderungen. Das Jugend-

amt »begutachtet« ihn – seine Einkommens- und Vermögens-
verhältnisse werden durchleuchtet. Er lernt, dass er, wenn er
Geld für die Kinder ausgibt, anstatt es in seinen Betrieb zu in-
vestieren, umso mehr Unterhalt zahlen muss. Denn in der Lo-
gik des Jugendamtes stellen Aufwendungen für Essen, Trinken,
Fahrräder oder homöopathische Mittel »private Entnahmen«
aus seinem Betrieb dar. Je mehr er entnimmt, umso mehr Ge-
winn hat er in den Augen des Amtes gemacht. Und umso mehr
schuldet er Peters.

Ein Mitarbeiter des Jugendamtes rechnet aus, dass Berg-
mann monatlich etwa 500 Euro für alle vier Kinder zahlen soll.
Als er sagt, dass er das Geld nicht aufbringen könne, meint der
Mitarbeiter, das sei egal, er müsse trotzdem zahlen.

So leiht sich Bergmann Geld von seinen Eltern. Seine Anwältin hat ihm geraten, Peters nichts schuldig zu bleiben, da
seine Chancen, die Kinder zu sehen, sonst sänken.

Es folgen weitere Treffen im Jugendamt, doch Peters weigert
sich standhaft, Regelungen zu schaffen, die dazu führen würden, dass die Kinder den Vater so oft sehen wie zuvor. Dann
wechseln beide auf Bergmanns Wunsch hin die Beratungsstelle
und wenden sich an die Cochemer Lebensberatung, deren Träger das Bistum Trier ist. Der dortige Berater, Klaus Fischer, rät
ihnen, zum ursprünglichen Modell zurückzukehren und alle
vier Kinder wieder jeden Tag nach Schule und Kindergarten
sowie weiterhin jedes zweite Wochenende zum Vater zu schicken. Nach der Arbeit soll Bergmann sie gegen 19 Uhr zu
Peters zurückbringen.

Irgendwann kommt es bei einer Übergabe der Kinder an der
Haustür zu einem neuerlichen Streit um Unterhalt. Bergmann
kündigt an, er wolle nichts mehr für die Kinder bezahlen, da er
sie unterm Strich immer noch mehr als Peters betreue. Sie ist
stinksauer und erklärt ihm: »Weißt du was, Bernd, du kannst
mich mal. Wenn du so weitermachst, melde ich Maxi im Ganz-
tagskindergarten an. Das ist für mich ohnehin viel einfacher in

der täglichen Abwicklung. Und dann sollst du mal sehen, wie schnell sie dich vergisst.«

Er ist so wütend, dass ihm die Worte fehlen, und so ohrfeigt er sie. Die Brille fliegt ihr von der Nase und zerspringt in tausend Stücke. Im gleichen Moment wird ihm klar: »Jetzt ist alles verloren.«

Denn nun kann Peters durchsetzen, was bislang nur als Drohung im Raum stand. Und tatsächlich: Von da an ist der Ofen aus zwischen den beiden. Peters' Vertrauen in Bergmann ist völlig erschüttert, und sie sagt, sie habe die Kinder weniger als bisher, nämlich nur noch am Wochenende, zu ihm gelassen. Bergmann hingegen berichtet, er habe die Kinder gar nicht mehr sehen dürfen – auch nicht am Wochenende.

Bergmann entschuldigt sich bei seiner Frau für den Schlag; anwesend ist ebenfalls Günther Struck, der kurz vor der Pensionierung stehende Mitarbeiter des Jugendamtes. Doch diese Entschuldigung kommt nach Meinung von Struck und Peters nicht von Herzen. So entschuldigt Bergmann sich abermals, diesmal in schriftlicher Form:

Silke, ich gehe davon aus, dass du weißt, dass ich jeden Satz, jedes Wort und jede Silbe genau so meine, wie ich es sage. Körperliche Übergriffe sind kein Mittel zur Konfliktlösung. Ich lehne diese ausdrücklich ab. Der Schlag tut mir leid, dafür bitte ich um Entschuldigung. Ich halte auch eine persönliche Entschuldigung bei dir für angebracht. Als eine Möglichkeit dafür habe ich den Gesprächstermin bei Herrn Struck angesehen.

Bernd

P.S.: Ich vermisse die Kinder total.
P.P.S.: Da Herr Struck in seinem Schreiben, welches auch dir zuging, davon abrät, die Kinder jetzt zu mir zu lassen, muss ich davon ausgehen, dass dies auch deine Position ist. Solltest du die Kinder doch zu mir lassen, bitte ich dich um einen Anruf.

Doch nichts geschieht. Günther Struck, den Bergmann um Rat fragt, ist der Meinung, dass die Entschuldigung immer noch zu schwach sein könnte, und rät ihm: »Wenn die Entschuldigungen nicht reichen, machen Sie Frau Peters doch eine kleine Freude – vielleicht einen Strauß Blumen.«

Bergmann fragt sich, ob der Mann noch bei Sinnen ist.

Seine Tagebucheinträge in diesen Tagen erschöpfen sich in verzweifelten Notizen:

Silkes Putzfrau lässt Jan nicht zu mir. Ihr Personal hat mehr Rechte als ich.

An meinem Wochenende kommen die Jungs nicht. Silke behält Maxi Dienstagabend bei sich, obwohl ich anrufe und anbiete, sie selbst abzuholen.

Silke teilt mir am Mittwoch mit, dass Maxi wieder nicht heimdürfe. Seitdem keine Maxi. Nicht im Kindergarten, nicht auf dem Sankt-Martins-Zug. Keine Jungs.

Das Jugendamt will mehr Geld für die Kinder, da sie alle nicht mehr bei mir wohnen würden.

Donnerstag: Mein Anruf – Silke legt auf.

Drei Wochen lang geht das so, aber Bergmann kommt es vor, als seien es Jahre. Er vermisst die Kinder schrecklich und weiß nicht, wann er sie wiedersehen wird. Und er will nicht, dass sie später denken, er hätte nicht um sie gekämpft. Also klagt er auf Umgang.

Peters indessen ist nicht unglücklich darüber, dass sie nun einen guten Grund hat, den Umgang zu unterbinden. In der Tat war es ihr nicht recht, dass die Kinder mehr Zeit mit Bergmann verbracht haben als mit ihr selbst. Denn sie ist der Meinung dass der Vater die Kinder nicht optimal betreut. Immerhin muss er ja am Nachmittag auch in seinem Betrieb arbeiten. »Es ist

242

nicht so, dass er sich mit den Kindern nachmittags vergnügt, sondern die Kinder laufen im Haus herum«, erklärt sie. »Er behauptet zwar immer, dass er mit den Kindern stundenlang an den Hausaufgaben sitzt, aber das stimmt nicht. Ich muss abends mit ihnen nacharbeiten und lernen. Er verkauft sich in dieser Hinsicht besser, als er eigentlich ist.«

Sie glaubt, Bergmann strebe an, dass Johann, der jüngste Sohn, keine Ganztagsschule mehr besuchen solle. Dann nämlich hätte der Vater gute Argumente, keinen Unterhalt mehr zu zahlen. Doch sei er nicht in der Lage, die Kinder so zu fördern, wie es nötig sei. Anders als Johann brächten seine beiden älteren Brüder, die nicht auf der Ganztagsschule seien, schlechte Noten nach Hause. Beide blieben wahrscheinlich sitzen. Es wäre in Peters' Augen besser für sie, wenn sie auch eine Ganztagsschule besuchen würden. Sie will Bergmann zwar nicht unterstellen, dass er sich keine Mühe mit den Kindern gibt. Aber es könnte sein, dass er sie nicht richtig fördere: »Vielleicht hat er die falsche Methode zum Lernen. Jedenfalls klappt es hinten und vorne nicht.«

Bergmann hingegen meint: »Sie macht es sich zu leicht, wenn sie sagt, dass ich für die schlechten schulischen Leistungen verantwortlich bin, nur weil ich es bin, der mit den Kindern lernt. Sie kommt nicht auf die Idee, dass ihre ständig aufrechterhaltene Drohung, die Kinder von mir wegzuziehen, kein gedeihliches Lernklima aufkommen lässt. Und ihre eigenen Alternativen sind immer nur das Abgeben der Kinder an Dritte.«

Zwei Wochen, nachdem Bergmann auf Umgang geklagt hat, kommt es zu einer Gerichtsverhandlung. Das ist ungewöhnlich schnell, aber typisch für das Cochemer Modell, wo das Familiengericht Eltern, die wegen Sorge- und Umgangsangelegenheiten streiten, nie länger als vierzehn Tage auf einen Prozesstermin warten lässt. (Seit 1. September 2009 gilt eine ähnliche Regelung in ganz Deutschland, der Gesetzgeber hat sich dabei am Cochemer Modell orientiert.) Im Fall von Bergmann und Peters ist in der Gerichtsverhandlung neben dem Richter auch der Nachfolger des inzwischen pensionierten Günther Struck anwesend. Bergmann tritt mit einer Anwältin dort auf, Peters nicht. Sie will nicht, dass die Sache weiter eskaliert, und denkt: »Wir sind erwachsene Menschen, wir müssen doch in der Lage sein, uns ohne große Aufregung auf den Umgang zu verständigen.«

Im Nachhinein hat sie den Eindruck, dass das ein Fehler war, denn sie fühlt sich Bergmanns Anwältin schutzlos ausgeliefert. Ständig zitiert die irgendwelche Urteile, die man gegen sie, Peters, verwenden könnte, und außerdem hört Peters zwischen den Zeilen heraus, dass sie eine Rabenmutter sein soll und immer nur gearbeitet und die Kinder abgegeben habe. Sie hat den Eindruck, alles an ihr sei plötzlich nur noch schlecht. Nach dreizehn Jahren Zusammensein soll das, was sie für die Familie getan hat, nichts mehr wert sein. Sie hat das Gefühl, sie werde »gegen die Wand gefahren«, und empfindet die Situation als extrem ehrverletzend. Nach der Verhandlung legt sie sich ebenfalls einen Anwalt zu.

Auch die Anwälte tragen indessen im Cochemer Modell normalerweise ihren Teil zum Gelingen bei: Sie »prügeln« in Sorge- und Umgangsrechtsverfahren nicht verbal aufeinander ein und bringen die Eltern nicht noch mehr gegeneinander auf, als sie es ohnehin schon sind. So kann sich Bernd Bergmann auch nicht daran erinnern, dass seine Anwältin explizite ehrverletzende Bemerkungen gemacht haben soll. Außerdem ermuntern die Cochemer Anwälte die Eltern, sich vom Jugendamt oder der Lebensberatungsstelle beraten zu lassen. Falls beide Elternteile einen Anwalt haben, schließen sich deren Anwälte kurz und versuchen gemeinsam, ihre Mandanten zur Besinnung zu bringen. Anders als es normalerweise in Zivilprozessen üblich ist, pflegen die gegnerischen Anwälte im Vorfeld der Gerichtsverhandlung eine höfliche Ausdrucksweise, sowohl im direkten Gespräch als auch in Schreiben an den jeweils anderen

Anwalt. Während in einem gewöhnlichen Zivilprozess durch schikanöse oder gar unlautere Einlassungen der Anwälte der Streit zwischen den Parteien eskaliert, ist in Cochem das Gegenteil der Fall.

Das hört sich traumhaft an und war nur mühsam durchzusetzen: Rechtsanwälte, die in der Gründungszeit des Arbeitkreises nicht kooperierten und nach wie vor strittige Schriftsätze einreichten, wurden vom Familienrichter in den Sitzungen des Arbeitskreises ermahnt und nachdrücklich aufgefordert, an den Arbeitskreistreffen teilzunehmen. Inzwischen ist es aber meistens tatsächlich so: Die gegnerischen Anwälte arbeiten nicht gegen –, sondern miteinander und erklären ihren Mandanten im Vorfeld des Prozesses, dass sie sich am Kindeswohl orientieren und nicht bereit sind, bestehende Konflikte weiter anzuheizen und Ziele anzusteuern, die mit dem Kindeswohl unvereinbar sind. Sie führen zum Teil lange Gespräche mit den Eltern und weigern sich schlichtweg, nach deren Wünschen zu handeln, falls dies deren Kindern schaden würde. Selbst wenn eine Mutter ihrem Ex-Partner im Vorfeld gedroht hat, ihr Anwalt werde »so richtig loslegen«, wenn bestimmte Ziele nicht außergerichtlich erreicht werden können, wird ihr Anwalt vor Gericht deeskalierend und kompromissbereit auftreten und auf Schlichtung bedacht sein. Die Anwälte stellen also normalerweise die Interessen ihres Auftraggebers – der Eltern – zurück und berücksichtigen vor allem die der Kinder.

So sollte es eigentlich in allen Kindschaftsprozessen sein, und das Bundesverfassungsgericht hat dies auch schon in zahlreichen Entscheidungen herausgearbeitet – allerdings verhallten diese Rufe weitgehend ungeachtet. In Cochem indessen sehen sich die Anwälte als Organe der Rechtspflege und damit – vor ihren Mandanten – in erster Linie dem Recht verpflichtet. Daher können sie bei der Vertretung des Vaters oder der Mutter die Belange des Kindes nicht außer Acht lassen. Sie lassen sich nicht vor den Karren der Eltern spannen, sondern legen sich für deren Kinder ins Zeug. Dazu hat sich die Anwaltschaft im Landkreis Cochem-Zell auf folgende Vorgehensweisen geeinigt: Im Vorfeld des Prozesses gibt es so wenig Schriftverkehr wie möglich – Fälle von mutmaßlicher Gewalt oder Missbrauch würden den Richtern vor der Verhandlung aber auf jeden Fall angezeigt. Stattdessen wird miteinander geredet. So etwas wäre in einem gewöhnlichen Zivilprozess undenkbar. In Cochem ist es möglich, weil sich alle Anwälte und auch Richter auf diese Vorgehensweise verständigt haben. Sie haben festgeschrieben, dass eine Partei, die bis zur ersten Verhandlung noch nicht alle Argumente schriftlich fixiert hat, keine Nachteile hat. Die Anwälte müssen also die gegnerische Partei im Vorfeld des Prozesses nicht schriftlich angreifen und so auch noch das letzte Porzellan zwischen Mann und Frau zerschlagen. Wenn Anwälte von auswärts zur Verhandlung nach Cochem kommen, kann man diese natürlich nicht dazu zwingen, sich den Gepflogenheiten anzupassen. »Hier kommt uns aber zugute, dass wir Umgangsverfahren innerhalb von zwei Wochen nach Antragstellung verhandeln«, sagt Familienrichterin Regina Schmitz, die Nachfolgerin des inzwischen pensionierten Richters Rudolph, der das Cochemer Modell mitbegründet hat, »so schnell können die ihre Schriftsätze gar nicht fertig stellen, sondern sie bringen sie meist direkt mit zur Verhandlung, wo wir sie lesen sollen. Dann erklären wir ihnen: ›Wir reden hier lieber, als dass wir lesen, erzählen Sie doch mal.‹«

In der mündlichen Verhandlung geht es auch nicht, wie in gewöhnlichen Zivilprozessen, um prozessuale Fragen, sondern hauptsächlich um Inhalte: Die Anwälte tragen ihre Argumente vor, die Richter gewichten sie, und immer sitzt noch jemand vom Jugendamt als Berater dabei. Eine solche Verhandlung könne bis zu zwei Stunden dauern, erklärt Schmitz. Heraus kommt meistens ein vernünftiges Ergebnis. 98 Prozent der Eltern im Landkreis behalten nach Trennung und Scheidung das gemeinsame Sorgerecht.

Auf Bernd Bergmann macht Richter Jürgen Rudolph, der zu diesem Zeitpunkt noch im Amt ist, einen unscheinbaren und gutmütigen Eindruck: Er ist schlank, hat eine Halbglatze und spricht zunächst nicht viel, sondern lässt Bergmann, der emotional sehr aufgewühlt ist, sein Pulver verschießen, was der gerne tut: »Ich musste ja etwas erreichen«, erinnert er sich, »ich habe Silke ordentlich Dinge an den Kopf geworfen, denn ich durfte die Kinder ja nicht mehr sehen. Ich stand unter Erfolgsdruck. Im Nachhinein tut mir das leid.«

Als Jürgen Rudolph schließlich spricht, geschieht in Bergmanns Augen etwas Unglaubliches: Rudolph bewegt Peters dazu, einzuwilligen, dass die Kinder nachmittags wieder zu Bergmann kommen. Bergmann sitzt dabei und wundert sich wie noch nie in seinem Leben. Denn Rudolph spricht kein Machtwort, er droht Peters nicht und bietet ihr keinen Kuhhandel an. Er redet ruhig und besonnen, argumentiert mit dem Wohle der Kinder und erklärt Peters, dass Kinder beide Eltern brauchen und es ihnen nicht guttut, wenn ihre Eltern sich streiten. Dabei strahlt er etwas sehr Gütiges und Unparteiisches aus. Und Peters erkennt, dass es keinen Schaden für die Kinder darstellt, sich regelmäßig beim Vater aufzuhalten.

Gegen Ende der Verhandlung, die etwa zwei Stunden dauert, erklärt Rudolph, dass die nun gefundene Regelung nur vorläufig sei: »Ich als Richter kann natürlich nicht entscheiden, was das Beste für die Kinder ist, das können nur die Eltern wissen. Ergo müssen sich die Eltern auf eine dauerhafte Lösung verständigen – mit Hilfe der Lebensberatung, die als Vermittler auftritt. Ich bitte Sie, sich dort innerhalb von zwei Wochen getrennt voneinander zu Gesprächen einzufinden.«

Am Ende ergeht kein Beschluss, sondern es gibt ein Sitzungsprotokoll, aus dem hervorgeht, dass Bergmann und Peters sich mit Hängen und Würgen geeinigt haben und nun zur Lebensberatung gehen werden, wo sie ihre Positionen schildern und darlegen sollen, wie sie sich eine Lösung des Konflikts vorstellen. Auch das ist ein klassischer Baustein des Cochemer Modells: Die Mitarbeiter der Lebensberatung entscheiden im Zuge der Beratung völlig autonom über ihr weiteres Vorgehen, sowohl inhaltlich als auch zeitlich, denn das Umgangsverfahren ruht so lange, bis die Eltern eine Vereinbarung zum Wohle ihrer Kinder getroffen haben oder an der Beratung nicht mehr teilnehmen. Weigert sich ein Elternteil, an der Beratung teilzunehmen, prüfen Gericht und Jugendamt, ob Zweifel an seiner Erziehungsfähigkeit oder andere Gründe für die Verweigerung vorliegen. Außerdem überlegen Gericht und Jugendamt, was man alternativ tun könnte: betreuten Umgang anordnen, einen Umgangspfleger bestellen oder einen Verfahrenspfleger. Wenn das alles nichts hilft, droht der Richter den Entzug der elterlichen Sorge an.

Silke Peters ist nach der Gerichtsverhandlung alles andere als begeistert über die Beratungspflicht. Sie und Bergmann waren schon oft bei irgendwelchen Beratungen, und gebracht hat es wenig. Sie denkt: »Würde Bernd, dieser Blödmann, mich und die Kinder doch nur in Ruhe lassen.«

Sie wünscht ihn nach Timbuktu – weit weg, weil das alles so zermürbend ist. Und diese persönlichen Angriffe, denen sie sich vor Gericht ausgesetzt sah, verzeiht sie ihm nicht.

Dennoch nimmt sie die Termine wahr. Nach einigen Gesprächen gehen Bergmann und sie gemeinsam hin, und schon bald kommt es ihr so vor, als bestehe ihre ganze Freizeit nur noch aus Beratung.

»Mein Gott, wann hört das endlich mal auf«, denkt sie, denn der Streit mit Bergmann geht im Beisein des Beraters, Klaus Fischer, immer weiter. Irgendwann ist Peters so wütend auf Bergmann, dass ihr Anwalt ihm schreibt, wenn er nicht mehr Unterhalt zahle, könne er die Kinder nicht mehr sehen.

»Der hat richtig scharf geschossen«, erinnert sich Bergmann. In einer neuerlichen Gerichtsverhandlung, in der um den

Unterhalt gestritten wird, geht Richter Rudolph über die anwaltliche Drohung aber einfach hinweg, indem er sagt, sie sei wohl ein Ausrutscher gewesen. Das soll der Verhandlung die Spannung nehmen.

Und auf Dauer lernt Peters bei der Lebensberatung etwas. Berater Fischer macht ihr den Unterschied zwischen Elternbeziehung und Paarbeziehung klar. »Ich habe gelernt: Okay, wir sind kein Paar mehr, aber wir sind immer noch Eltern«, sagt sie.

Auch habe sie gelernt, einzulenken und sich selbst mit ihren Verletzungen zurückzunehmen.

»Es geht nicht um das Wohl der Eltern, sondern um das der Kinder. Das trichtern die einem da ein. Ich habe mir Ruhe gewünscht, aber Herr Fischer hat gesagt: ›Der Vater ist wichtiger als Ruhe.‹ Ich habe anerkannt, dass Bernd der Vater der Kinder ist und auch bleibt und dass es den Kindern guttut, regelmäßig Kontakt zu ihm zu haben.«

In Peters' Augen hat sich bei ihr auf intellektueller Ebene etwas verändert. Sie musste sich hinterfragen: »Warum reagiere ich so? Instrumentalisiere ich die Kinder aus einer Kränkung heraus?«

Sie sieht inzwischen auch ein, dass es für einen Vater schlimm ist, seine Kinder nur jedes zweite Wochenende zu sehen. »Da muss er das Verhältnis zu ihnen jedes Mal wieder neu aufbauen.«

Vor der Beratung hingegen dachte sie: »Die Kinder waren acht Stunden in der Schule, gehen um 16 Uhr mit ihren Schulranzen zu Bernd, kommen dort an und laden alles ab, wollen zur Ruhe kommen, sich ausruhen und Freunde treffen. Aber nach drei Stunden heißt es schon wieder: ›So Kinder, Ranzen wieder nehmen und Sachen packen, jetzt geht's zur Mutter.‹ Wie soll das funktionieren?«

Bergmann und Peters arbeiten bei der Lebensberatung aber auch auf, warum ihre Beziehung gescheitert ist und wie man nach der Trennung leben kann. Peu à peu gelingt es Fischer, die eisige Stimmung zwischen Peters und Bergmann aufzutauen. Am Ende der Gespräche, die ein gutes Jahr lang alle zwei Wochen stattfinden und für die Ratsuchenden kostenlos sind, einigen sich Peters und Bergmann darauf, die von Richter Rudolph vorgeschlagene Regelung dauerhaft zu installieren. Außerdem lernen beide, einander nicht mehr anzuschreien und sachlich und ohne negative Emotionen zu kommunizieren, wenn auch nur per E-Mail. Das betrachten sie als Fortschritt, wenngleich zumindest Bergmann den Eindruck hat, die Beratung bringe ansonsten nicht viel. In seinen Augen bewegt Peters sich vor allem vor Gericht auf ihn zu. Aber auch die Mitarbeiter des Jugendamtes, mit denen er seit der Pensionierung Strucks zu tun hat, haben ein offenes Ohr für ihn und versuchen, ihm zu helfen, da sie der Meinung sind, es sei gut für die Kinder, ihn täglich zu sehen.

Fest steht: Bei der Lebensberatung haben sich Bergmann und Peters, wie vom Gericht angeregt, darauf geeinigt, die alte Regelung, dass die Kinder nachmittags beim Vater sind, dauerhaft wieder herzustellen.

Seit Sommer 2008 geht das nun so. Peters hat den Eindruck, dass die Kinder den täglichen Wechsel vom Vater zu ihr gut vertragen. Sie findet es zwar erstaunlich, dass ihnen dies keine Probleme zu bereiten scheint. Aber sie ist froh darüber, und sie hat gelernt, dass der Wechsel nicht so schlimm für die Kinder ist wie der Verzicht auf den Vater. Sie merkt es daran, dass sich die Kinder, insgesamt gesehen, gut gefangen haben. Auch Nils ist auf einem guten Weg. Er ist ein bisschen fröhlicher geworden. Und die anderen drei stellen die Situation überhaupt nicht in Frage. Sie sagen nicht: »Mama, ich vermisse den Papa.«

Oder: »Ich würde den Papa jetzt gerne sehen, könnt ihr nicht doch wieder zusammenleben?«

Sie sagen nichts dergleichen, und ihr Sozialverhalten ist vollkommen normal. Wenn sie in der Schule gefragt werden, wie es ist, wenn die Eltern getrennt sind, sagen sie: »Bevor sie sich nur streiten, ist es besser so.«

Peters ist überzeugt davon, dass sie einen Weg gefunden haben, mit der Trennung zu leben. Denn dank der Beratung haben sie noch beide Elternteile.

Sie leidet allerdings darunter, dass ihr nur so wenig Zeit mit den Kindern bleibt – unter der Woche anderthalb Stunden am Abend, und zudem jedes zweite Wochenende. Da kann sie nicht alles auffangen, was Bergmann ihrer Meinung nach nachmittags schulisch versäumt. Das ist der Haken, den sie an der aktuellen Regelung sieht. Sie sucht nach einer Lösung, die in ihren Augen vielleicht so aussehen könnte, dass die beiden Ältesten ebenso wie die beiden Jüngsten, die gut in der Schule sind, in die Ganztagsschule gehen.

Bergmann indessen findet Peters Vorwürfe ungerecht. Er meint, sie unterschätze, wie viel er mit den Kindern lerne. »Sie denkt wahrscheinlich, ich würde gar nichts oder nicht genug in der Hinsicht tun.«

Das sei falsch, und er findet es unfair von Peters. Sie ziehe niemals in Erwägung, sich selbst um die Kinder zu kümmern. Stattdessen habe sie eine Nachhilfekraft engagiert: »Sie ist eigentlich nur dazu da, um zu delegieren. Das ist sie von ihrem Job her gewohnt. Sie hat mehrere Leute unter sich.«

Peters wiederum sagt, dass sie so viel arbeiten muss, weil Bergmann nicht genug Unterhalt zahlt. Dazu meint Bergmann: »Das kann man so sehen. Die Frage ist bloß: Was war zuerst da, das Huhn oder das Ei? Silke war doch auch früher schon immer arbeiten. Der Hausmann, das war ich!«

Peters mache es ihm nicht gerade leicht. Sie sorge dafür, dass er von den Lehrern seiner Kinder wie ein entrechteter Erzeuger behandelt werde: Zum ersten Mal ist es ihm aufgefallen, als Nils eines Tages mit einer Eins in Mathe und einer Fünf in Physik aus der Schule kam. Bergmann dachte: »Da stimmt etwas nicht. Das Kind ist nicht dumm, sondern irgendetwas ist faul.«

Doch als er in der Schule anrief, beschied man ihm: »Sie haben kein Sorgerecht, daher können wir Ihnen keine Auskunft geben.«

Er war perplex, beschwerte sich bei Peters, unternahm aber zunächst nichts. Doch als er zwei Jahre später immer noch keinen Millimeter weiter war, entschied er sich, das Sorgerecht einzuklagen.

Das Unterfangen scheiterte, weil Peters nicht zustimmte. Sie ist zwar nicht grundsätzlich gegen das gemeinsame Sorgerecht, hält es sogar für sehr sinnvoll, weil Bergmann ja nun mal der Vater ist. Aber solange sie das Gefühl hat, dass er sie austricksen oder hintergehen will, fühlt sie sich nicht sicher. So lange möchte sie das alleinige Sorgerecht haben.

»Wenn mal alles geklärt ist und ich wieder so etwas wie Vertrauen zu Bernd habe, kann er gerne das Sorgerecht mit mir teilen. Im Moment empfinde ich es für mich als einfacher, wenn ich das alleinige Sorgerecht habe«, sagt sie.

Immerhin reden die Lehrer seiner Kinder inzwischen wieder mit Bergmann – auch das hat er der Vermittlung von Richter Rudolph zu verdanken.

Der Konflikt um den Unterhalt besteht jedoch auch nach der Einigung um das Umgangsrecht weiter. Peters fordert nach Bergmanns Meinung immer noch zu viel Geld von ihm angesichts der Tatsache, dass er sich mehr als sie um die Kinder kümmert. Seine Anwältin schreibt ans Gericht: »Ich wage es, zu behaupten, wenn es hier der Antragsgegner in seiner Eigenschaft als Mann wäre, der den ganzen Tag in leitender Position tätig wäre, und die Partnerin des Antragstellers würde sich mit einem Nebenerwerb selbst unterhalten und dazu noch vier Kinder betreuen, dass niemand auf die Idee käme, hier Unterhalt für die Kinder zu fordern.«

Bergmann findet, er sei »praktisch moderner, als das Gesetz es vorsieht«, da er noch nicht einmal darüber nachdenke, was er alles für seine Kinder tue. Es sei für ihn selbstverständlich, das zu tun, was er tue. Doch werde das nicht honoriert. Im

Streitfall, so kommt es ihm immer noch vor, ist vom Gesetz für den Vater nur die Rolle des Zahlesels vorgesehen, nicht die Rolle des Erziehers. Das gesetzliche Vehikel dafür ist, dass das Sorgerecht dem nicht verheirateten Vater zunächst nicht zuerkannt wird.

Der zentrale Verdienst des Cochemer Modells ist es indessen, dass für die bestehenden Streitfälle trotz all dieser Widrigkeiten im deutschen Familienrecht Lösungen gefunden werden.

Eine weitere Besonderheit der Gepflogenheiten im Landkreis Cochem, die für den vorliegenden Fall unerheblich, aber dennoch revolutionär ist: Die psychologischen Gutachter im Landkreis Cochem-Zell fertigen nicht, wie vielerorts üblich, Gutachten über die Erziehungsfähigkeit der Eltern an. Sie erstellen auch keine auf diesen Gutachten basierenden Entscheidungsvorlagen für das Gericht, wie es beispielsweise die Gutachter im Fall Widmann/Rohloff getan haben. Eine solche rein diagnostische Aufgabe erzeugt bei den Eltern nämlich Ängste. Sie fragen sich zu Recht, welche Defizite der Gutachter ihnen wohl bescheinigen wird, und bemühen sich, ihre Probleme und Schwächen vor dem Gutachter zu verbergen, um einen möglichst guten Eindruck auf ihn zu machen und bei der anschließenden Gerichtsverhandlung gut dazustehen. Damit ist niemandem geholfen. Deswegen versuchen die psychologischen Sachverständigen in Cochem zunächst, das Vertrauen der Eltern zu gewinnen, um dann gemeinsam mit ihnen Ideen zu entwickeln, wie eine Lösung ihres Falles aussehen könnte. Das Familiengericht, also der Auftraggeber des Sachverständigen, erteilt diesem den Auftrag, lösungsorientiert mit den Eltern zu arbeiten. Wenn eine Lösung gefunden wird, verzichtet der Sachverständige darauf, ein schriftliches Gutachten anzufertigen. So werden die Defizite der Eltern nicht formuliert, und sie werden nicht bloßgestellt. Sehr oft führt dieses Vorgehen selbst in zunächst scheinbar aussichtslosen und extrem zerstrittenen Fällen zu erstaunlichen Erfolgen. Ein Grund dafür ist sicherlich, dass die Eltern merken: Nicht nur mein Anwalt, der Familienrichter und das Jugendamt, sondern selbst der psychologische Gutachter beharrt darauf, dass wir eine gemeinsame Lösung finden müssen und dass das »Gewinner-Verlierer-Spiel« nicht zum erhofften Sieg führt.

Alle diese »Säulen« des Cochemer Modells zusammengenommen führen zu einem unglaublichen, aber wahren Ergebnis: Bis zum heutigen Tag, so Richterin Schmitz, gab es in Cochem nur einen Fall, in dem am Ende ein Umgangsausschluss stand: Ein vierzehnjähriger Junge, der beim Vater lebte, wollte seine Mutter im Zuge eines hocheskalierten Konflikts zwischen seinen Eltern nicht mehr sehen. Sämtliche Einigungsversuche waren gescheitert. Daher hat Richterin Schmitz eine zweijährige Umgangssperre gegen die Mutter beschlossen.

Fälle, in denen ein Elternteil seinen Antrag auf Umgang freiwillig zurückzog und die so die Statistik geschönt hätten, gab es nicht.

Und in der Regel gewinnen durch das Verfahren alle Beteiligten. Die Vorteile für die Kinder: Ihre Bedürfnisse stehen im Mittelpunkt, da können sich ihre Eltern streiten, so lange sie wollen. Die Vorteile für die Eltern: Jemand sagt ihnen, was das Beste für ihre Kinder ist und was sie tun müssen, um die Trennungsfolgen so gering wie möglich zu halten. Jemand hilft ihnen dabei, trotz der Trennung gute Eltern zu bleiben oder zu werden.

Die Vorteile für die Mitarbeiter des Jugendamtes: Sie werden von den betroffenen Eltern auf einmal nicht mehr – wie noch der inzwischen pensionierte Günther Struck – feindselig betrachtet, sondern als Helfer in der Not angesehen.

Die Vorteile für den Staat: deutlich niedrigere Folgekosten nach der Trennung der Eltern. Sozial- und Jugendhilfe muss nur selten gezahlt werden, weil die Väter erstens nicht enttäuscht werden und den Kindesunterhalt weiterhin zahlen und weil sie zweitens nicht entsorgt und dadurch krank, das heißt arbeitsunfähig werden. Das alles geschieht in Cochem durch Vernetzung vorhandener Ressourcen, das heißt, ohne dass im Jugendamt auch nur ein einziger zusätzlicher Mitarbeiter eingestellt worden wäre.

Die Vorteile für die Anwälte: weniger Schreibarbeit durch die Verlagerung der Diskussion ins mündliche Gerichtsverfahren und zufriedene Mandanten.

Trotz dieser Erfolge, die keine zusätzlichen Kosten hervorrufen, alle Beteiligten zufriedener machen und inzwischen auch schon von einigen Gerichtsbezirken kopiert werden, wird man in Cochem häufig mit dem Einwand konfrontiert, das Cochemer Modell sei nicht ohne weiteres auf andere Regionen übertragbar. Das können die Mitglieder des Arbeitskreises nur bedingt nachvollziehen. Der pensionierte Richter Jürgen Rudolph ist zwar der Meinung, dass »die vorgefundene personelle Konstellation aller Beteiligten die Gründung und den Fortbestand des Arbeitskreises überhaupt erst ermöglicht oder zumindest erleichtert« habe. Generell aber mag man in Cochem nicht glauben, dass Vergleichbares nicht überall wiederholt werden könnte. Schließlich hat man erfolgreich vorgemacht, dass es möglich ist.

Richterin Schmitz etwa glaubt, dass es ihren Kolleginnen und Kollegen »an der inneren Überzeugung fehlt«, wenn sie die Cochemer Regelung für nicht praktizierbar halten. »Da herrscht oft noch das alte Denken in den Köpfen, dass man mit der Scheidung nicht nur materielle Güter, sondern auch die Kinder verteilt.« Die wenigsten Richter bildeten sich auch psychologisch weiter, in Cochem dagegen nähmen die Familienrichter regelmäßig an Fortbildungen aus dem Bereich der Bindungsforschung teil. »Wir sind selbst zutiefst davon überzeugt, dass die Kinder beide Eltern brauchen und dass wir in diesem Sinne handeln müssen«, sagt sie, »und das spüren die Eltern, die zu uns kommen. Deswegen gehen sie zur Beratung, und deswegen tun sie, was wir sagen.«

In Daun, Mayen, Alzey und Sinzig (Rheinland-Pfalz), in Freiburg, Emmendingen, Baden-Baden, Mannheim, Heidelberg, im Bodenseekreis, im Ostalbkreis und in Ravensburg (Baden-Württemberg), in Augsburg, München, Ebersberg, Fürstenfeldbruck und Hof (Bayern), in Kassel, Stralsund, Dresden, Leipzig, Halle, Hannover, Cuxhaven, Osterode, Warendorf, Iserlohn, Hatten und Münster gibt es inzwischen ähnliche Modelle wie in Cochem. Außerdem auch in Teilen von Berlin. Andere Gerichtsbezirke hingegen haben sich mit dem Modell beschäftigt, dann aber abgewunken: nicht praktikabel, so die Einschätzung. Cochem sei ein ländlicher Bezirk, auf Großstädte sei so etwas nicht übertragbar. Richterin Schmitz glaubt das nicht. Allerdings ist ihr während ihrer gesamten zehnjährigen Amtszeit in Cochem noch kein Fall untergekommen, in dem ein wegen sexuellen Kindesmissbrauchs verurteilter Vater einen Antrag auf Umgang mit seinem Kind gestellt hätte: »Die sind ja ohnehin in Haft, und außerdem sehen sie oft auch ein, dass sie ihrem Kind geschadet haben, und wollen von sich aus keinen Kontakt mehr.« Wenn sie aber einen solchen Vater hätte, der sein Kind trotzdem sehen wollte, würde sie sich den Fall genau ansehen und über begleiteten Umgang nachdenken, wenn das Interesse des Kindes dem nicht entgegenstünde.

Antragsteller mit hohem Gewaltpotential gibt es dagegen in Cochem schon – auch solche, von denen sich Richterin Schmitz schon persönlich bedroht sah. Sie nennt das Beispiel eines Iraners, der sie als weibliche Richterin gar nicht ernst genommen habe: »Da habe ich mir erst mal einen Schupo in den Gerichtssaal gestellt und den Iraner dann die ganze Zeit sehr grimmig angeguckt. Und nach der Verhandlung habe ich seine Eltern und die ganze Großfamilie ins Boot geholt. So erreicht man mehr, als wenn man nur auf seine Autorität pocht.«

Generell kann man wohl sagen, dass man in Cochem mit

sehr viel Menschenliebe, Kreativität und Enthusiasmus zu Werke geht. Richterin Schmitz drückt es so aus: »Ich will, dass alle Kinder Umgang mit beiden Eltern haben. Ich will das einfach. Und ich tue alles dafür, dass das klappt. Ich gucke mir jeden Fall genau an, und im Arbeitskreis und gemeinsam mit den Eltern findet sich dann fast immer eine Lösung, die das Kind ins Zentrum der Aufmerksamkeit zurückbringt und den Kontakt zu beiden Eltern gewährleistet. Ein ganz wichtiger Baustein dafür ist aber, dass wir die streitenden Parteien sehr früh zusammenführen und nach ihren Bedürfnissen gucken.«

Anderswo ist man mit weniger Herzblut bei der Sache. So sagt etwa eine Frankfurter Familienrichterin: »Klar tun mir die entsorgten Männer leid. Aber an manche umgangsvereitelnden Frauen kommen wir einfach nicht ran.« Und dann führt sie aus, dass es ihr leider nicht möglich sei, Umgangsverfahren innerhalb von zwei Wochen zu verhandeln, weil sie nie wisse, welcher der insgesamt 150 Frankfurter Jugendamtsmitarbeiter in den acht Sozialrathäusern nun gerade für das betreffende Verfahren zuständig sei.

Obwohl ein Blick in die Akten genügen würde, um dies herauszufinden.

Immerhin: Seit 1. September 2009 gilt in ganz Deutschland das »Gesetz zur Erleichterung familiengerichtlicher Maßnahmen bei Gefährdung des Kindeswohls«, dessen wichtigster Baustein besagt, dass Verhandlungen in Umgangsverfahren innerhalb von vier Wochen anberaumt werden sollen. Und das, so die Frankfurter Richterin, sei auch in Frankfurt zu schaffen.

Weitere wichtige Neuerungen sind: In schwierigen Fällen wird das Kind nun regelmäßig von einem vom Gericht bestellten Verfahrensbeistand unterstützt, der zwar eine ähnliche Ausbildung, aber mehr Rechte hat als der bisherige Verfahrenspfleger. So kann er auf Anordnung des Gerichts eine aktive Rolle in dem Konflikt übernehmen und zwischen den zerstrittenen Parteien vermitteln, während der Verfahrenspfleger nur das Kind beraten und informieren konnte. Kinder, die älter als vierzehn Jahre sind, können sich zur Durchsetzung ihrer Rechte nun sogar selbst vertreten. Auch ist es nun möglich, einen Umgangspfleger zu bestellen.

Wirkungsvoll könnte auch diese Neuerung sein: Frauen und Männer, die den richterlich angeordneten Umgang verweigern, werden konsequenter bestraft. Bisher konnten die Gerichte lediglich Zwangsmittel verhängen, und die wirkten nicht rückwirkend. Wenn etwa eine Frau das Kind, anders als vereinbart, nicht über Ostern zum Vater ließ, musste das Gericht das Zwangsgeld noch während der Osterfeiertage verhängen. Das war ziemlich unrealistisch und hat sich im September 2009 ebenfalls geändert: Nun kann das Gericht nach Ostern ein Ordnungsgeld verhängen – und das muss die Frau auch bezahlen, wenn Ostern schon vorbei ist[72].

7. WARUM MÄNNER WENIGER RECHT BEKOMMEN

Letzten Endes werden Väter entsorgt, weil Mütter den gerichtlich angeordneten Umgang vereiteln und weder von Psychologen so unterstützt noch vom Gesetzgeber so schwer bestraft werden, dass sie dies unterlassen. Dass die Gerichte seit dem 1. September 2009 die Möglichkeit haben, ein Ordnungsgeld zu verhängen, ist ein Schritt in die richtige Richtung. Vieles wird davon abhängen, wie hoch diese Ordnungsgelder sein werden und wie häufig sie verhängt werden.

Auch dauerte es in der Vergangenheit viel zu lange, bis es überhaupt zu Umgangsverfahren kam. Die Kinder waren dem Vater schon entfremdet, bevor er das Recht auf Umgang erwirkt hatte. Dass sich dies wirklich schlagartig bessert und Umgangsverfahren seit September 2009 innerhalb von vier Wochen terminiert werden, ist zu hoffen, aber nicht zu glauben. Denn im Gesetz steht, das Gericht »solle« sich so verhalten. Von »müssen« ist hier keine Rede.

Ein weiterer Punkt, der es Müttern möglich macht, Väter zu entsorgen, ist Geld. Wenn eine Mutter mit den Kindern weit weg zieht und der Vater gleichzeitig Unterhalt zahlen muss, bleibt ihm nicht mehr viel, um die Reisekosten zu decken. Insbesondere dann nicht, wenn er in der glücklichen Lage ist, sein Kind sogar über Nacht bei sich zu haben. Dann müsste er am neuen Wohnort des Kindes eine Zweitwohnung oder ein Hotelzimmer nehmen, wollte er die Reisekosten nicht noch einmal verdoppeln und das Kind abholen und zurückbringen. Schließlich gibt es das weite Feld der fachlichen Inkompetenz. Davon können Mitarbeiter des Jugendamtes betroffen sein, aber auch psychologische Gutachter, Verfahrensbeistände oder Richter. Insbesondere, wenn es darum geht, die Auswirkungen des Parental Alienation Syndroms auf Kinder zu erkennen, können entfremdete Väter nicht in jedem Fall damit rechnen, dass die für ihren Fall zuständigen Personen hier entsprechend (weiter-)gebildet sind und die richtigen Entscheidungen treffen. Eine 2002 veröffentlichte Studie belegt, dass zu diesem Zeitpunkt jeder dritte Jugendamtsmitarbeiter noch nie von den Begriffen PAS oder Elternentfremdung gehört hatte[73].

In das Feld der fachlichen Inkompetenz fällt aber auch der Umstand, dass manche Entscheidungsträger im Umgangsrecht noch immer der Meinung sind, die Kinder gehörten im Zweifel zur Frau – und nicht, abwechselnd, zu beiden Eltern (Stichwort Wechselmodell). Teilweise prägen spätfeministische Vorurteile das Vorgehen von Jugendämtern und Familiengerichten. In den Jugendämtern hat man es bisweilen mit durch die Genderforschung sozialisierten Sozialpädagoginnen zu tun, die besonders Unterschichtmännern gern die Rolle der Täter zuweisen. Während juristisch längst das Zerrüttungsprinzip in Kraft ist, bildet das »Täter-Opfer-Denken« manchmal noch das gängige Schema zur Handhabung von Scheidungsfällen. Alleinerziehende Mütter werden dann pauschal als Opfer betrachtet.

Der Gesetzgeber konnte sich bislang nicht dazu durchringen, Kinder nicht verheirateter Eltern den Kindern verheirateter Eltern gleichzustellen. So können unverheiratete Väter in Deutschland das Sorgerecht nur dann bekommen, wenn die Mutter zustimmt. In den meisten anderen europäischen Staaten ist dies anders. Dort bekommt der unverheiratete Vater schon dann ebenfalls das Sorgerecht, wenn er die Vaterschaft anerkennt. Deutschland ist neben Dänemark, Finnland und der Schweiz[74] das einzige Land, in dem unverheiratete Väter generell auf die Zustimmung der Mütter angewiesen sind – der Europäische Gerichtshof für Menschenrechte in Straßburg hat dem deutschen Gesetzgeber im Dezember 2009 bescheinigt, dass dies diskriminierend sei, und die Bundesregierung hat daraufhin angekündigt, künftig im Einzelfall von dieser Regelung abweichen zu wollen (Stand Dezember 2009). Lediglich in der Türkei werden Männer noch mehr benachteiligt als in Deutschland. Dort können unverheiratete Männer nur dann das Sorgerecht erhalten, wenn es der Mutter zuvor entzogen wurde. Selbst Länder wie Bulgarien, Russland oder die Ukraine, auf die wir in anderen Bereichen gern herabblicken, sind in puncto Sorgerecht also fortschrittlicher als wir[75].

Ohne gemeinsame elterliche Sorge aber ist die Aussicht auf regelmäßigen Umgang des Mannes mit dem Kind in der Praxis deutlich geringer: Eine Untersuchung des Justizministeriums hat ergeben, dass Väter seltener den Kontakt zu ihren Kindern verlieren, wenn sie das Sorgerecht nach der Trennung behalten[76].

Eine psychologische Beratungspflicht für Eltern, die um den Umgang mit ihren Kindern streiten, gibt es in Deutschland nicht. Das wäre aber insofern wichtig, als selbst der fairste Gerichtsbeschluss nicht zu einem dauerhaft vernünftigen Ergebnis führen kann, wenn die Eltern ihn nicht mittragen. Nur wenn die Eltern selbst erarbeiten, welches elterliche Verhalten dem Wohle ihrer Kinder zuträglich ist, werden sie ihren Konflikt zumindest so weit beilegen, dass ein geregelter Umgang der Kinder mit Mutter *und* Vater gewährleistet sein wird.

Auch was die Aufteilung des Umgangs zwischen den Eltern angeht, gehört Deutschland nicht zu jenen Ländern, die besonders fortschrittlich sind. Bei uns ist es so: Nur wenn Vater und Mutter es wollen, können die Kinder gleich viel Zeit bei beiden Elternteilen verbringen. Die Kinder von Bernd Bergmann und Silke Peters etwa – auch hier ist der Landkreis Cochem vorbildlich – leben nach diesem sogenannten Wechselmodell, da sie morgens von der Wohnung der Mutter aus zur Schule gehen, den Nachmittag beim Vater verbringen und am Abend zurück zur Mutter gehen. Andere Kinder verbringen etwa den ersten Teil der Woche beim Vater und den zweiten bei der Mutter, oder sie wechseln wochen- oder monatsweise den Wohnsitz. So weit, so gut. Die Regel ist das aber in Deutschland nicht, und das liegt daran, dass die Gerichte dies nicht einfach verfügen können, sondern dass beide Eltern zustimmen müssen. In Fällen von Umgangsboykott ist das also nicht durchzusetzen.

Andere europäische Länder sind auch hier weiter: In Belgien etwa ist es mittlerweile üblich, dass Vater und Mutter, zumindest wenn sie sich das Sorgerecht teilen, die Kinder zu gleichen Teilen betreuen. In England, Frankreich, Griechenland, Litauen und Schweden ist es zumindest möglich und wird von den Richtern auch gern gesehen. Lediglich in Bulgarien, Österreich und Russland ist das Wechselmodell verpönt und wird als schädlich für das Kind angesehen. In den übrigen europäischen Ländern – also auch bei uns – ist es zwar theoretisch möglich, kommt aber selten bis gar nicht vor[77].

Und schließlich gibt es in Deutschland keine unabhängige Instanz, der Jugendamtsmitarbeiter unterstellt sind. Das Fatale daran ist: Ihr Wort gilt bei Gericht sehr viel, weil sich die wenigsten Richter selbst ein Bild von der Lage machen (können). Wenn sie, warum auch immer, falsch liegen, hat ein Mann, der entsorgt werden soll, kaum noch eine Chance, dies zu verhindern.

Daraus folgt: Wenn ein Elternteil den anderen die gemeinsamen Kinder nicht mehr sehen lässt, sollten beide Eltern von den Familiengerichten dazu gezwungen werden, sich psychologisch beraten zu lassen. Zwar würden Vater und Mutter widerwillig in diese Beratung gehen. Doch bestünde dort die Chance, dass sie ihre Sichtweise ändern würden – siehe Cochemer Modell.

Außerdem sollte konsequenter Umgangsboykott hart bestraft werden. Denkbar wären Freiheitsstrafen. In Frankreich hatte man eine andere Idee, die ebenfalls zu einem deutlichen Rückgang der Umgangsstreitigkeiten geführt hat: Dort ist gesetzlich festgelegt, dass der Elternteil, der vom anderen des Umgangsboykotts bezichtigt wird, vor Gericht seine Unschuld beweisen muss. Das heißt: Der Täter oder die Täterin gilt nicht bis zum Beweis des Gegenteils als unschuldig, sondern eine bloße Behauptung des (angeblichen) Opfers genügt, um sie oder ihn vor Gericht zu bringen. Kann er oder sie dort nicht beweisen, dass der Umgang regelmäßig stattgefunden hat, wird ein Bußgeld verhängt.

Wenn die Mutter ihrem Expartner zu Unrecht vorwirft, dass er das gemeinsame Kind sexuell missbraucht habe, sollte ihr Sorgerecht eingeschränkt werden: Das Kind sollte dann beim Vater leben.

Unverheiratete Väter sollten mit der Anerkennung der Vaterschaft auch das Sorgerecht erhalten. Der von alleinerziehenden Müttern stets gebrauchte Einwand, ihre Exmänner könnten sich, hätten sie das Sorgerecht, selbst dann in wichtige Entscheidungen einmischen, wenn sie sich ansonsten nicht um das Kind kümmerten, ist zwar ernst zu nehmen. Es ist allerdings fraglich, ob er schwerer wiegt als der drohende Verlust des Umgangs zwischen Vater und Kind, der bei fehlendem väterlichen Sorgerecht nachweislich häufiger vorkommt als bei vorhandenem väterlichen Sorgerecht.

Die Reisekosten zur Durchführung des Umgangs sollten geteilt werden, sofern sich die Eltern nicht selbst einigen können. In Kalifornien ist man hier noch weiter gegangen: Dort muss der Elternteil, der nach der Trennung weiter als 50 Meilen vom anderen wegzieht, die Kinder beim Expartner belassen – sofern die Eltern sich nicht anderweitig einigen. Diese Regelung gilt für alle Paare, die das gemeinsame Sorgerecht haben – auch, wenn sie nicht verheiratet waren. Sie hat dazu geführt, dass die Expartner die räumliche Nähe zum anderen auch nach der Trennung meist beibehalten – im Interesse der Kinder.

Alle Menschen, die beruflich mit Sorge- oder Umgangsrecht zu tun haben, sollten dazu verpflichtet werden, eine entsprechende psychologische Ausbildung zu machen. Bislang ist es so, dass ein Richter, der bisher zum Beispiel Baurecht oder Strafrecht gemacht hat, von heute auf morgen Familienrichter wird. Das ist gängige Praxis. Eine spezifische Ausbildung zum Familienrichter gibt es nicht, und eine Weiterbildung, die auf einem von Fachleuten einheitlich definierten Lernkonzept beruht, auch nicht. Auch das ist anderswo besser geregelt: Schwedische Familienrichter werden beispielsweise verpflichtet, sich zwei Monate im Jahr fortzubilden. Sinnvoll wäre für deutsche Richter etwa die Beschäftigung mit familiensystemischen Ansätzen, der Psychodynamik von Trennungskonflikten und Entfremdungsprozessen sowie der Psychopathologie entfremdender Elternteile. Durchführen müssten diese Aus- und Weiterbildung alle mit dem Familienkonflikt befassten Professionen gemeinsam, damit sich deren Protagonisten zusätzlich gegenseitig befruchten könnten.

Wenn ein Vater oder eine Mutter entsorgt wird, liegt das fast immer daran, dass es einen Konflikt mit dem Partner gibt, der nicht bewältigt wurde. Ursache dafür ist ein Kommunikationsdefizit – manchmal selbst bei sehr gebildeten oder sprachlich geschulten Partnern. Sinnvoll wäre es daher, Paare mit Kindern in der Trennungsphase sozusagen vorauseilend zu beraten. Das geschieht in einigen Jugendämtern bereits und kann dazu führen, dass Umgangskonflikte gar nicht erst so weit eskalieren, dass es zu Umgangsstreitigkeiten kommt. Die Regel ist es allerdings bislang, dass die Gerichte nicht vorsorglich eingreifen und etwa eine Mediation anordnen, sondern dass die Ex-Partner, sobald der Streit eskaliert, ihre Anwälte aufeinander losjagen. So verschärft sich der Konflikt.

Die Jugendämter müssten umstrukturiert werden. Die Bereiche, die mit Familiengerichten kooperieren, müssten dem unmittelbaren Kontroll- und Weisungsrecht der Familiengerichte unterstellt werden – vorausgesetzt, die Familienrichter wären entsprechend ausgebildet. Auch das ist in Kalifornien der Fall.

Geschähe dies alles, würden wir in einem gerechteren Deutschland leben.

ANHANG

DANKSAGUNG

Ohne Hilfe hätte ich dieses Buch nicht schreiben können. Ich musste Menschen finden, die mir ihre Geschichten erzählen. Ich brauchte Hintergrundwissen, um die richtigen Fragen stellen zu können. Ich musste die aktuelle Gesetzeslage studieren und verstehen. Und ich wollte Lösungen aufzeigen. Das alles wäre mir nicht gelungen, wenn folgende Leute mir nicht geholfen hätten:

Alle Betroffenen, die mir ihre Fälle geschildert haben und die leider auch an dieser Stelle anonym bleiben müssen.

Der Filmemacher Douglas Wolfsperger hat den Kontakt zu Ralf Koch hergestellt.

Jürgen Rudolph, Anwalt und ehemaliger Familienrichter am Amtsgericht Cochem, war einer der Mitbegründer der Cochemer Praxis und hat mir viele wertvolle Hinweise für Kapitel 7 gegeben.

Regina Schmitz, Familienrichterin am Amtsgericht Cochem, hat meine Fragen zum Cochemer Modell beantwortet.

Dr. Rebecca Göpfert, meine Agentin von der Agentur Graf&Graf, hatte die Idee zu diesem Buch.

Ann-Kathrin Schwarz, meine Lektorin, hatte wie immer viele gute Ideen, was das Manuskript angeht, ebenso Michael Allmaier und Josefine Janert.

Dr. Wilfrid von Boch-Galhau, Arzt und Buchautor, hat mir zusätzliche Anregungen zum Kapitel über PAS gegeben.

Astrid von Friesen, Journalistin, Diplom-Pädagogin, Psychotherapeutin und Buchautorin, und Angela Hoffmeyer vom Bundesvorstand des Väteraufbruch für Kinder haben mir ebenfalls geholfen.

Weitere Informationen bekam ich vom Väteraufbruch für Kinder in Wiesbaden, vom Väteraufbruch für Kinder in Münster und vom Väteraufbruch für Kinder in Frankfurt.

ANMERKUNGEN

1 Globus Infografik: »Drum prüfe, wer sich ewig bindet«
2 Statistisches Bundesamt, Pressemitteilung vom 28. 8. 08 – 317/08 – S. 2.
3 Statistisches Bundesamt, Pressemitteilung vom 28. 8. 08 – 317/08 – S. 2.
4 Statistisches Bundesamt
5 Statistisches Bundesamt, VI A, Tabelle 6.8.: Ehescheidungen nach der Entscheidung in der Ehesache und dem Antragsteller, Wiesbaden, 2007
6 Statistisches Bundesamt: Familiengerichte. Fachserie 10 Reihe 2.2 – 2007. Geschäftsanfall und -erledigung der Familiensachen vor den Amts- und Oberlandesgerichten nach Ländern sowie u. a. nach Verfahrensgegenstand, Erledigungsart und Verfahrensdauer. Wiesbaden 2008, S. 46. Abrufbar im Internet: https://www-ec. destatis.de/csp/shop/sfg/bpm. html.cms.cBroker.cls?cmspath= struktur,vollanzeige.csp&ID= 1022678. Siehe dazu auch: Dokumentation zur Fachtagung vom 14. 9. 2000. Die Umsetzung der Kindschaftsrechtsreform. Hrsg: Diakonisches Werk, Bonn. Befragt wurden 7008 Eltern, das waren 36.3 Prozent aller Eltern, deren Ehe im 1. Quartal 1999 von einem deutschen Familiengericht rechtskräftig geschieden wurde. Zitiert aus: http://www.dw-bonn. de/Downloads/Fachtagung.doc: »Soweit die Eltern die alleinige Sorge haben, haben fast ausschließlich die Mütter die alleinige Sorge. 84,8 % der ersten Kinder und 84,9 % der zweiten Kinder leben bei der Mutter, 12,6 % der ersten und 9,9 % der zweiten Kinder leben beim Vater.«
7 Der Vater kann gegen den Willen der Mutter nur dann das Sorgerecht erhalten, wenn ihr die elterliche Sorge entzogen wird (§ 1680 Abs. 3 i.V.m. § 1666 BGB), sie tatsächlich verhindert ist (§ 1678 Abs. 2 BGB) oder stirbt (§§ 1680, 1681 BGB). Die elterliche Sorge kann der Mutter nach § 1666 BGB entzogen werden, wenn das körperliche, geistige oder seelische

Wohl des Kindes durch Sorgerechtsmissbrauch, durch Vernachlässigung des Kindes, durch unverschuldetes Versagen der Mutter oder durch das Verhalten eines Dritten gefährdet ist und wenn darüber hinaus andere Maßnahmen erfolglos geblieben sind oder anzunehmen ist, dass sie zur Abwehr der Gefahr nicht ausreichen. Wird der Mutter die elterliche Sorge entzogen, wird sie dem Vater dann übertragen, wenn dies dem Wohl des Kindes dient (§ 1680 Abs. 2 und 3 BGB).

[8] Gedeckt durch die Gesetzgebung ist dieses vierzehntägige Umgangsrecht nicht. Im Bürgerlichen Gesetzbuch ist lediglich festgelegt, dass die Kinder das Recht auf die Liebe und Sorge ihrer Eltern haben. Vierzehntägiger Umgang ist eine reine Erfindung der auf mütterverehrenden Ansichten basierenden Rechtsprechung und zeigt, dass Väter als für die Erziehung ihrer Kinder verzichtbar angesehen werden.

[9] Dokumentation zur Fachtagung vom 14. 9. 2000. Die Umsetzung der Kindschaftsrechtsreform. Hrsg: Diakonisches Werk, Bonn. Befragt wurden 7008 Eltern, das waren 36.3 Prozent aller Eltern, deren Ehe im 1. Quartal 1999 von einem deutschen Familiengericht rechtskräftig geschieden wurde. Zitiert aus: http://www.dw-bonn. de/Downloads/Fachtagung.doc

[10] Siehe dazu auch: Irene Mariam Tazi-Preve: »Scheidung vom Kind? – Warum Scheidungsväter keinen Kontakt mehr zu ihren Kindern haben.« Zitiert aus: Das Online-Handbuch des Staatsinstituts für Frühpädagogik, zitiert aus: http://www. familienhandbuch.de/cmain/ f_Aktuelles/a_Trennung_ Scheidung/s_2714.html: »Der Abbruch des Vater-Kind-Kontakts kann in direktem Zusammenhang mit bestehenden Konflikten zwischen den Expartnern stehen. Da Paare in Trennung diese Krise in der Realität häufig schlecht bewältigen können, kommt es zu einer Vermischung der Paar- und Elternebene.«

[11] In der Studie heißt es wörtlich: »Es könnte sein und wäre dann auch plausibel, dass Mütter und Väter ohne Sorge, ohne Kinder erneut Verletzungen und Entwertungen spüren, die sie entweder den Konflikt verschärfen oder resignieren lassen. Das ist und bleibt eine Herausforderung für die Jugendhilfe. Hier könnten möglicherweise Weichen zur Förderung oder zur Belastung des Kindeswohles gestellt werden.«

[12] Wolfgang Klenner. »Rituale der Umgangsvereitelung bei getrenntlebenden oder geschiedenen Eltern«. Zeitschrift für das gesamte Familienrecht, 42. Jahrgang Heft 2a, 15. 12. 95, S. 1529ff, zitiert nach: http://www.vev.ch/ presse/fa151295.htm

[13] Es handelt sich um das von Max Wertheimer 1923 formulierte

3. Gestaltgesetz, zitiert nach: W. Metzger, Figural-Wahrnehmung, in: Handbuch der Psychologie, 1. Band, 1. Halbband, 1966, S. 700.

[14] Siehe Anm. 12.

[15] Irene Mariam Tazi-Preve: »Scheidung vom Kind? – Warum Scheidungsväter keinen Kontakt mehr zu ihren Kindern haben.« Zitiert aus: Das Online-Handbuch des Staatsintituts für Frühpädagogik, zitiert aus: http://www.familienhandbuch.de/cmain/f_Aktuelles/a_Trennung_Scheidung/s_2714.html

[16] Anneke Napp-Peters: »Familien nach der Scheidung.« Verlag Antje Kunstmann, München 1995.

[17] Quelle: dpa

[18] F.A.Z. vom 4. 12. 09

[19] http://www.bundesverfassungsgericht.de/entscheidungen/ls20030129_1bvl002099.html

[20] Siehe Anm. 12.

[21] Siehe die VAMV-Veröffentlichung »Allein erziehend. Tipps und Informationen«, Koblenz 1999, S. 16: »Die Argumentation mit der Unterstellung, der betreuende Elternteil würde die ablehnende Haltung des Kindes erzeugen, entbehrt jeder wissenschaftlichen Grundlage und wird rein strategisch eingesetzt. Wenn Sie mit dieser Argumentation konfrontiert werden, sollten Sie sich unbedingt anwaltliche Hilfe suchen.« Die Broschüre wurde inzwischen überarbeitet, der VAMV hat sich von diesen Positionen aber nie erkennbar distanziert.

[22] http://www.kofra.de/htm/PDF/ak%20M%FCtter/VAMV%20Stellungnahme%20z.BVG%20Urteil11-02.pdf

[23] Quelle: Pressestelle des Ministeriums

[24] Zitiert aus: http://www.aufenthaltstitel.de/unkinderrechtskonvention.html#5, Darin Artikel 5: Respektierung des Elternrechts. »Die Vertragsstaaten achten das Recht des Kindes, das von einem oder beiden Elternteilen getrennt ist, regelmäßige persönliche Beziehungen und unmittelbare Kontakte zu beiden Elternteilen zu pflegen, soweit dies nicht dem Wohl des Kindes widerspricht.«

[25] Quelle: Statistisches Bundesamt und F.A.S. vom 1. 11. 09, S. 40, im Internet unter http://www.faz.net/s/Rub0E9EEF84AC1E4A389A8DC6C23161FE44/Doc~E68E401E8F750478FBE79010B42CFDE4BATpl~Ecommon~Sspezial.html

[26] Quelle: Bundestagsrede von Sabine Leutheusser-Schnarrenberger vom 1. 7. 09, BT-Plenarprotokoll, 16/230, 02. 07. 2009, S. 25945. Darin heißt es: »Das Bundesjustizministerium hat eine nicht repräsentative Umfrage bei Jugendämtern und Rechtsanwälten durchgeführt. Das Ergebnis dieser nicht repräsentativen Studie ist einzig und allein die Feststellung, dass 45 Prozent der nicht

miteinander verheirateten Eltern die gemeinsame Sorge durch Sorgerechtserklärung begründen.«

[27] Siehe Anm. 12.

[28] Mechthild Gödde: »Wenn Väter zu Fremden werden«, in: Das Familienhandbuch des Staatsinstituts für Frühpädagogik (IFP), zitiert aus: http://www.familienhandbuch.de/cmain/f_Aktuelles/a_Trennung_Scheidung/s_553.html

[29] Aus einer Umfrage des Bundesministeriums für Justiz bei Jugendämtern und Rechtsanwälten zur gemeinsamen Sorge nicht miteinander verheirateter Eltern vom Sommer/Herbst 2006. Befragt wurden 630 Jugendämter und 6000 Rechtsanwälte, geantwortet haben 440 Jugendämter und 109 Rechtsanwälte. Die Zusammenfassung der Studie kann nur bei der Pressestelle des Ministeriums erbeten werden, ihr Name lautet: »Umfrage des Bundesministeriums der Justiz bei Jugendämtern und Rechtsanwälten zur gemeinsamen Sorge nicht miteinander verheirateter Eltern«.

[30] http://www.bundesverfassungsgericht.de/entscheidungen/ls20030129_1bvl002099.html

[31] Siehe Anm. 12.

[32] Hans-Gerd Gerhards: »Zwischenbilanz zur Fallstudie ›Umgangsverweigerung‹«, zitiert nach: http://www.vaeterhilfe-dueren.de/media/pdf/Zwischenbilanz_zur_Fallstudie.pdf. Ausgewertet wurden 800 Fragebögen, 95 %

davon waren von Männern ausgefüllt worden. Siehe dazu auch: Dokumentation zur Fachtagung vom 14. 9. 2000: »Die Umsetzung der Kindschaftsrechtsreform.« Hrsg: Diakonisches Werk, Bonn. Befragt wurden 7008 Eltern, das waren 36.3 Prozent aller Eltern, deren Ehe im 1. Quartal 1999 von einem deutschen Familiengericht rechtskräftig geschieden wurde. Zitiert aus: http://www.dw-bonn.de/Downloads/Fachtagung.doc: »Nur selten Kontakt oder gar keinen Kontakt mit ihren Kindern haben 6,4 % der Väter und 9,7 % der Mütter mit gemeinsamem Sorgerecht, aber 31,2 % der Väter und 28,3 % der Mütter mit alleinigem Sorgerecht. 54,9 % der Väter und 42,1 % der Mütter mit gemeinsamem Sorgerecht geben an, dass die Kinder »regelmäßig« beim anderen Elternteil übernachten, aber nur 24,5 % der Väter und 20,9 % der Mütter mit alleinigem Sorgerecht. Fast 45 % mehr Väter mit gemeinsamem Sorgerecht mit Kindern als Väter mit alleinigem Sorgerecht sagen, dass sie keine Umgangsprobleme haben (70,5 % zu 48,8 %).«

[33] Anneke Napp-Peters: »Familien nach der Scheidung.« Verlag Antje Kunstmann, München 1995. Siehe auch: Mechthild Gödde: »Wenn Väter zu Fremden werden«, In: Das Familienhandbuch des Staatsinstituts für Frühpädagogik (IFP), zitiert aus:

http://www.familienhandbuch.de/ cmain/f_Aktuelles/a_Trennung_ Scheidung/s_553.html. Siehe auch: Irene Mariam Tazi-Preve: »Scheidung vom Kind? – Warum Scheidungsväter keinen Kontakt mehr zu ihren Kindern haben.« Zitiert aus: Das Online-Handbuch des Staatsintituts für Frühpädagogik, zitiert aus: http://www.familienhandbuch.de/ cmain/f_Aktuelles/a_Trennung_ Scheidung/s_2714.html

[34] vgl. Matthias Matussek. »Die vaterlose Gesellschaft. Überfällige Anmerkungen zum Geschlechterkampf.« Rowohlt Verlag, Reinbek, 1998.

[35] Dokumentation zur Fachtagung vom 14. 9. 2000. »Die Umsetzung der Kindschaftsrechtsreform.« Hrsg: Diakonisches Werk, Bonn. Befragt wurden 7008 Eltern, das waren 36.3 Prozent aller Eltern, deren Ehe im 1. Quartal 1999 von einem deutschen Familiengericht rechtskräftig geschieden wurde. Zitiert aus: http://www.dw-bonn.de/ Downloads/Fachtagung.doc

[36] Siehe Anm. 35.

[37] http://www.spiegel.de/panorama/ gesellschaft/0,1518,552331,00. html

[38] http://www.bmfsfj.de/ RedaktionBMFSFJ/Abteilung4/ Pdf-Anlagen/studie-gewalt-maenner-langfassung.pdf

[39] Siehe Berliner Zeitung (Magazin) vom 22. 11. 2003, Artikel von Barbara Richter

[40] Siehe Anm. 12.

[41] Siehe Anm. 12.

[42] J. Bowlby, Das Glück und die Trauer, S. 66f.

[43] http://manndat.abplesk01.de/ index.php?id=555

[44] Siehe Anm. 12.

[45] Hans-Gerd Gerhards: »Zwischenbilanz zur Fallstudie ›Umgangsverweigerung‹«, zitiert nach: http://www.vaeterhilfe-dueren. de/media/pdf/Zwischenbilanz_ zur_Fallstudie.pdf. Ausgewertet wurden 800 Fragebögen, 95 % davon waren von Männern ausgefüllt worden.

[46] Siehe Anm. 12.

[47] Walter Andritzky: »Problematik kinderärztlicher Atteste bei Umgangs- und Sorgerechtsstreitigkeiten – Mit Ergebnissen einer Befragung«. In: Der Kinder-und Jugendarzt 33 (11): 885–889 und 33 (12): 984–990. Zitiert nach: http://www.vafk.de/themen/ recht/kinderar.pdf. Es handelt sich um eine schriftliche Befragung von 176 Kinderärzten (Rücklaufquote: 45,2 %) aus sieben Großstädten.

[48] Gerhard Amendt: »Väterlichkeit, Scheidung und Geschlechterkampf.« In: Aus Politik und Zeitgeschichte (B 19/2004).

[49] Siehe Anm. 28.

[50] Richard. A. Gardner:» The Parental Alienation Syndrome«, 1992.

[51] Siehe Anm. 28.

[52] Siehe Anm. 35.

[53] Das wird untersucht im Parental Alienation Syndrome (Elterliches

Entfremdungssyndrom); vgl. auch Ira Daniel Turkat: »Divorce Related Malicious Mother Syndrome« (Bösartigkeitssyndrom von Scheidungsmüttern), in: Journal Of Family Violence, 10 (1995) 3, S. 253–264.

[54] Siehe Anm. 47.

[55] Siehe Anm. 47.

[56] Anneke Napp-Peters: »Familien nach der Scheidung«. Verlag Antje Kunstmann, München 1995.

[57] Heinrich Kupffer. »Aufklärung oder Hexenjagd? Eine Pathologie der Abwehrmechanismen«. Referat Bad Boll, 28. 5. 1995, zitiert nach: http://www.pappa.com/ mmdm/kupff_bb.htm

[58] Herbert Pagels: »Verlassene Väter: Die innerseelische Situation und das Bewältigungsverhalten von Männern nach einer ungewollten Trennung von Frau und Kindern; eine empirische Untersuchung auf der Basis von Gesprächen und einer Fragebogen-Erhebung«, 114 befragte verlassene Väter, 2002, zitiert aus: http://www.sub.uni-hamburg.de/ opus/volltexte/2002/694/

[59] Gerhard Amendt: »Geschiedene Väter in Zahlen« (Abschlussbericht), 2004, (www.igg.uni-bremen.de)

[60] Siehe Anm. 47.

[61] Rheinische Post vom 26. 3. 1994, zitiert nach: http://www. pappa.com/mmdm/willut94.htm

[62] Professor Dr. Burkard Schade, Universität Dortmund: »Nach

unserer eigenen Statistik auf der Basis von etwa 250 Sachverständigengutachten wegen sexuellen Mißbrauchs in familiengerichtlichen Verfahren sind es noch keine 10 %, in denen wir den Verdacht bestätigen konnten.« In: Tagungsdokumentation der Evangelischen Akademie Bad Boll, »Zu den Folgen des Vorwurfs ›Kindesmißbrauch‹«, epd-Dokumentation Nr. 40/95, 25. 9. 1995, Seite 36

[63] Siehe Anm. 12.

[64] Dies geht hervor aus einem Schreiben der Verwaltungsabteilung des Oberlandesgerichts Hamm, Dezernat 10, vom 11. 2. 2003, Vorgang 5606 E – 5a. 4048. Bd. 75.

[65] Landtag von Baden-Württemberg, 13. Wahlperiode, Drucksache 13/4610 vom 19. 08. 2005, S. oder im Internet unter http://www.system-familie.de/ 13_4610_D.pdf.

[66] Siehe Anm. 57.

[67] Siehe Anm. 57.

[68] Walter Andritzky: »Verhaltensmuster und Persönlichkeitsstruktur entfremdender Eltern«. Psychotherapie 7. Jahrg. 2002, Bd. 7, Heft 2, CIP-Medien, München

[69] Siehe Anm. 68.

[70] Broschüre »Das Kindschaftsrecht« des Bundesministeriums für Justiz, S. 25

[71] Ebenda, S. 26

[72] siehe http://www.bmj.bund.de/ files/-/3203/Gesetz%20zur%20 Erleichterung%20familien

gerichtlicher%20Ma%C3%9
Fnhamen%20bei%20Gef%
C3%A4hrdung%20des%20
Kindeswohls_BgBl%202008%
20I%20S.%201188.pdf

[73] Künneth: »Das Parental Alienation Syndrom. Einflussfaktoren
der zwischenmenschlichen Beziehungen unter sozialpsychologi-
schen Aspekten«. Magisterarbeit
angefertigt im Hauptfach Soziale
Verhaltenswissenschaften an der
Fern-Universität – Gesamthoch-
schule – Hagen (Vorgelegt am
10. Dezember 2002).

[74] Die Rechtslage in der Schweiz
sieht so aus, dass das gemeinsame
Sorgerecht von Vater und Mutter
von einem gemeinsamen Antrag
der Eltern und dem Vorliegen
einer Konvention abhängt.
Gegen den Willen der Mutter hat
der Vater damit – trotz Anerkennung des Kindes – keine Aussicht
darauf, das Sorgerecht zu erhalten. Diese »offensichtliche
Benachteiligung der Väter« war

denn auch nach Auskunft des Eid-
genössischen Justiz- und Polizei-
departements im Jahr 2009
Gegenstand einer laufenden Revi-
sion des Zivilgesetzbuches.

[75] Aus einer internen Studie des Bundesjustizministeriums (Stand:
2004), die bei der Pressestelle
angefordert werden kann. Sie
heißt »Regelung zum Sorgerecht
nicht miteinander verheirateter
Eltern« und bietet einen Über-
blick in tabellarischer Form über
fast alle EU-Staaten.

[76] Broschüre »Das Kindschaftsrecht« des Bundesministeriums für
Justiz, S. 15.

[77] zitiert nach der Homepage der
Commission on European Family
Law, http://www2.law.uu.nl/priv/
cefl/. Die Daten sind 2007 auch in
Buchform erschienen, das Werk
heißt: »Principles of European
Family Law regarding Parental
Responsibilities« (siehe Literatur-
liste).

LITERATUR

Alteck, Thomas: Unsere Kinder siehst DU nicht. Verlag Ulmer Manuskripte, Blaubeuren 2006, 213 S.

Amendt, Gerhard: Scheidungsväter. Wie Männer die Trennung von ihren Kindern erleben. Campus Verlag, Frankfurt/New York 2006, 308 S.

Balloff, Rainer/Koritz, Nikola: Handreichung für Verfahrenspfleger. Rechtliche und psychologische Schwerpunkte in der Verfahrenspflegschaft. Kohlhammer, Stuttgart 2005, 208 S.

Bäuerle, Siegfried/Moll-Strobel, Helgard: Eltern sägen ihr Kind entzwei. Trennungserfahrungen und Entfremdung von einem Elternteil. Auer Verlag, Donauwörth 2007, 172 S.

Beck, Axel: Jedes zweite Wochenende: Ehe, Trennung, Neubeginn. Books on Demand, Norderstedt 2007, 152 S.

Boch-Galhau, Wilfrid/Kodjoe, Ursula/Andritzky, Walter/Koeppel, Peter (Hg.): Das Parental Alienation Syndrom (PAS). Eine interdisziplinäre Herausforderung für scheidungsbegleitende Berufe. Vwb Verlag, Berlin 2003, 392 S.

Boele-Woelki, Katharina; Ferrand, F.; González-Beilfuss, Cristina; Jänterä-Jareborg, Maarit; Lowe, Nigel; Martiny, Dieter; Pintens, Walter: Principles of European Family Law regarding Parental Responsibilities. Publiziert von der Commission on European Family Law (Volume 16). Intersentia Publishing, Mortsel (Belgien) 2007, 323 S.

Büte, Dieter: Das Umgangsrecht bei Kindern geschiedener oder getrennt lebender Eltern. Ausgestaltung – Verfahren – Vollstreckung. Erich Schmidt Verlag, Berlin 2005, 285 S.

Czernin, Monika/Largo, Remo H.: Glückliche Scheidungskinder: Trennungen und wie Kinder damit fertig werden. Piper, München 2008, 334 S.

Dietrich, Peter/Fichtner, Jörg/Friedrich, Vanessa/Fthenakis, Wassilios E. (Hg.): Begleiteter Umgang von Kindern: Handbuch für die Praxis. Beck Juristischer Verlag, München 2008, 566 S.

Dettenborn, Harry: Kindeswohl und Kindeswille. Psychologische und rechtliche Aspekte. Bodet Verlag, München 2007, 160 S.

Eifler, Stefan: Das Problem der Vaterentbehrung: Möglichkeiten der Prävention und Kompensation. Verlag Dr. Müller, Saarbrücken 2007, 117 S.

Figdor, Helmuth: Kinder aus geschiedenen Ehen. Zwischen Trauma und Hoffnung: Wie Kinder und Eltern die Trennung erleben. Psychosozial-Verlag, Gießen 2004, 251 S.

Figdor, Helmuth: Scheidungskinder. Wege der Hilfe. Psychosozial-Verlag, Gießen 2000. 272 S.

Forward, Susan: Vergiftete Kindheit. Vom Missbrauch elterlicher Macht und seinen Folgen. Goldmann, München 2008, 316 S.

von Friesen, Astrid: Schuld sind immer die anderen! Die Nachwehen des Feminismus. Frustrierte Frauen und schweigende Männer. Ellert & Richter, Hamburg 2006, 160 S.

Fthenakis, Wassilios E./Hofer, Markus/Rohr, Richard (Hg.): Vater, Sohn und Männlichkeit. Wie der Mann zum Mann wird. Topos Plus Verlag, Kevelaer 2008, 126 S.

Gardner, Richard A: Das elterliche Entfremdungssyndrom. Anregungen für gerichtliche Sorge- und Umgangsregelungen. Eine empirische Untersuchung. Vwb Verlag, Berlin 2002, 94 S.

Gogolin, Wolfgang A.: Der Puppenkasper: Weibliche Macht – Männliche Ohnmacht. Books on Demand, Norderstedt 2004, 128 S.

Heyne, Claudia: Täterinnen. Offene und versteckte Aggressionen von Frauen. Droemer Knaur, München 1996, 358 S.

Hirigoyen, Marie-France: Die Masken der Niedertracht: Seelische Gewalt im Alltag und wie man sich dagegen wehren kann. Dtv, München 2002, 240 S.

Jäckel, Karin: Der gebrauchte Mann. Abgeliebt und abgezockt – Väter nach der Trennung. dtv premium, München 1997, 279 S.

Kricheldorf, Beate: Verantwortung: Nein danke! Weibliche Opferhaltung als Strategie und Taktik. R. G. Fischer Verlag, Frankfurt am Main 1998, 108 S.

Löhnig, Martin: Das Recht des Kindes nicht miteinander verheirateter Eltern. Abstammung, Sorgerecht, Umgangsrecht, Namensrecht, Unterhalt. Erich Schmidt Verlag, Berlin 2004, 136 S.

Matussek, Matthias: Die vaterlose Gesellschaft. Briefe, Berichte, Essays. Rowohlt Taschenbuch Verlag, Reinbek 1999, 345 S.

Matussek, Matthias: Die vaterlose Gesellschaft. Überfällige Anmerkungen zum Geschlechterkampf. Rowohlt Taschenbuch Verlag, Reinbek 1998, 269 S.

Napp-Peters, Anneke: Familien nach der Scheidung. Kunstmann, München 1995, 174 S.

Pagels, Herbert: Väter und ungewollte Trennungen. Trennungsverläufe, Gefühle und Bewältigungsversuche. Verlag Dr. Müller, Saarbrücken 2007, 436 S.

Petri, Horst: Das Drama der Vaterentbehrung. Chaos der Gefühle – Kräfte der Heilung. Herder, Freiburg 2006, 224 S.

Rabaa, Volker: Trennung, Scheidung, Scheidungsfolgen. Rat vom Scheidungsanwalt. Printsystem Medienverlag, Pforzheim 2008, 244 S.

Regber, Anke: Glaubhaftigkeit und Suggestibilität kindlicher Zeugenaussagen unter Einbeziehung entwicklungspsychologischer Aspekte. Verlag für Polizeiwissenschaft, Frankfurt am Main 2006, 81 S.

Rückert, Sabine. Unrecht im Namen des Volkes. Ein Justizirrtum und seine Folgen. Goldmann, München 2008, 315 S.

Rudolph, Jürgen: Du bist mein Kind. Die Cochemer Praxis – Wege zu einem menschlicheren Familienrecht. Schwarzkopf & Schwarzkopf, Berlin 2007, 124 S.

Schilling, Herbert/Weber, Matthias (Hg.): Eskalierte Elternkonflikte. Beratungsarbeit im Interesse des Kindes bei hoch strittigen Trennungen. Juventa Verlag, Weinheim 2006. 292 S.

Schmidt, Andreas: Mehr Vater fürs Kind – auch nach Trennung oder Scheidung. Beltz, Weinheim 1998, 332 S.

Schmidt, Elisabeth; Mees, Allard: Vergiss, dass es Dein Vater ist! Ehemals entfremdete Kinder im Gespräch. Books on Demand, Norderstedt 2006, 80 S.

Schwithal, Bastian: Weibliche Gewalt in Partnerschaften: Eine synontologische Untersuchung. Books on Demand, 2005, 404 S.

Sprünken, Dirk M.: Die schmutzigsten Scheidungstricks. Und wie man sich dagegen wehrt. C.H.Beck, München 2001, 130 S.

Tazi-Preve, Miriam et al.: Väter im Abseits. Zum Kontaktabbruch der Vater-Kind-Beziehung nach Scheidung und Trennung. Vs Verlag, Wiesbaden 2007, 296 S.

TenHövel, Gabriele: Liebe Mama, böser Papa, Kösel Verlag, München 2003, 200 S.

Vilar, Esther: Der dressierte Mann. Das polygame Geschlecht. Das Ende der Dressur. Dtv, München 1998, 403 S.

Wallerstein, Judith S./Blakeslee, Sandra/Lewis, Julia M.: Scheidungsfolgen. Die Kinder tragen die Last. Eine Langzeitstudie über 25 Jahre. Juventa Verlag, Weinheim 2002, 337 S.

Westhoff, Karl/Kluck, Marie-Louise: Psychologische Gutachten. Schreiben und beurteilen. Springer Verlag, Berlin 2008, 280 S.

VEREINE

Interessenverband Unterhalt und Familienrecht e.V. (ISUV/VDU)
www.isuv.de

Bundesgeschäftsstelle Nürnberg
Postfach 21 01 07, 90119 Nürnberg
Tel. 09 11/55 04 78, 09 11/53 56 81, Fax 09 11/53 30 74
Sulzbacher Straße 31, 90489 Nürnberg
info@isuv.de

Gemeinnütziger Interessenverband für alle Bereiche des Familienrechts. Besonders sollen unterhaltspflichtige, getrennt lebende oder geschiedene Väter und Mütter, wiederverheiratete Väter und Mütter sowie deren Ehepartner, Partner nichtehelicher Lebensgemeinschaften und Väter nichtehelicher Kinder sowie die Kinder des genannten Personenkreises durch Information und Aufklärung vor Willkür und Benachteiligungen im Familien- und Unterhaltsrecht geschützt werden.

Kinder brauchen beide Eltern e.V
www.kbbe.de

Im Bans 15
25421 Pinneberg
info@kbbe.de

Hilfe-Netzwerk für Trennungskinder-, väter, -mütter und Großeltern, das sich für die Beseitigung der traditionellen Rollenverteilung einsetzt. Man will Ansprechpartner sein für Eltern und Großeltern, die sich um eine aktive Elternschaft bemühen und es den Kindern ermöglichen wollen, den Kontakt mit den Großeltern zu erhalten. Eltern in Trennungssituationen soll geholfen werden, die gemeinsame Betreuung der Kinder zu ermöglichen. Es gibt Gesprächsabende, Fachtagungen, Arbeitskreise, Eltern-Kind-Veranstaltungen und Selbsthilfegruppen.

PAS-Eltern e.V.

www.pas-eltern.de
Torgasse 4
97250 Erlabrunn

Der Verein hat vor allem entsorgte Mütter im Blick und setzt sich für einen angemessenen Umgang der Kinder nach der Trennung der Eltern mit allen Verwandten und allen wichtigen Bezugspersonen ein.

Väteraufbruch für Kinder e.V.

www.vafk.de
Väteraufbruch für Kinder e.V.
Palmental 3, 99817 Eisenach,
Tel. 03691/880974, Fax 03691/7339077

Gemeinnütziger Verein mit dem Ziel der Gleichstellung von Männern im Familienrecht. Ziele sind außerdem die Aufrechterhaltung der Beziehung der Kinder zu beiden Eltern nach einer Trennung und die Gleichstellung nichtehelicher und ehelicher Kinder. Es gibt eine umfassende Homepage mit Forum sowie Nachrichten und Informationen zu den Themen Recht, Politik und Wissenschaft. Zahlreiche Aktionen wie Väterkongresse, Demos, Petitionen und »Betten für Eltern« (die den Umgangskontakt nur an einem Ort fern ihrer Heimat durchführen können und ansonsten ein Hotelzimmer bräuchten. Die Übernachtungsmöglichkeit wird meist von ebenfalls betroffenen Elternteilen angeboten).

LINKS

www.ak-cochem.de
Homepage des Cochemer Modells

www.allein-erziehend.net
Forum für alleinerziehende Mütter und Väter mit Chat und Forum. Die Seite will Ratgeber zu Themen wie Unterhalt, Umgangsrecht und Sorgerecht sein sowie Information und Hilfe rund um Rechte und Pflichten Alleinerziehender bieten.

www.pappa.com
Gemeinnütziger Verein und extrem informative Homepage mit Unterstützungs- und Beratungsangeboten für Väter, die in Trennung leben und den Kontakt zu ihren Kindern verloren haben oder zu verlieren drohen. Mit Forum, Archiv, Selbsthilfegruppen, zahlreichen Links und Literaturhinweisen, Lässt eigentlich keine Fragen offen.

www.trennungsfaq.de
Die wichtigsten Fragen, die Väter nach Trennung und Scheidung haben, werden aus Betroffenensicht beantwortet. Äußerst übersichtliche, umfassende und sicherlich sehr hilfreiche Seite.

Gemeinsam alt sein. Ein berührender Bericht über Liebe und Vergessen

Katrin Hummel
GUTE NACHT, LIEBSTER
Demenz.
Ein berührender Bericht
über Liebe und Vergessen
Erfahrungen
288 Seiten
ISBN 978-3-404-61646-6

Hilda und Hans sind seit dreißig Jahren verheiratet. Da beginnt Hans sich zu verändern. Zuerst wundert sich Hilda über ihn, findet manches unverschämt. Als ein Neurologe Hans dann fragt: »Wie heißen ihre Töchter?«, weiß er die Antwort nicht. Die erschreckende Diagnose: Demenz. Schon bald kann er Hilda kein Partner mehr sein und wird zum Schwerstpflegefall. Obwohl die Belastung fast unmenschlich erscheint, entscheidet Hilda, dass sie sich um ihren Mann kümmern wird. In diesem sehr persönlichen Buch spricht sie über ihren Alltag, ihre Ängste und ihre intimsten Gedanken. Es ist ein bewegendes Plädoyer für die Liebe.

Bastei Lübbe Taschenbuch

»Die medizinische Forschung hat so viele Fortschritte gemacht, dass es überhaupt keine gesunden Menschen mehr gibt.«

ALDOUS HUXLEY

Bert Ehgartner
GESUND BIS DER ARZT
KOMMT
Ein Handbuch zur
Selbstverteidigung
320 Seiten
ISBN 978-3-7857-2398-2

Was ist für das Gesundheitssystem noch lukrativer als ein Kranker? Richtig: ein Gesunder, der krank werden könnte. Das Zauberwort Prävention nämlich rechtfertigt unzählige und vor allem unsinnige Behandlungen und vermag die Anzahl der Patienten ins Unendliche zu steigern. Dabei sind viele Therapien nicht nur nutzlos, sondern sogar schädlich. Und auch vor »echten« Kranken macht der Renditezwang nicht halt: Er führt zu falschen Diagnosen, zu falschen Medikamenten und zu bösem Pfusch.
Durchschauen Sie die Gesetzmäßigkeiten des Gesundheitswesens und erkennen Sie die Eigeninteressen der Pharmaindustrie und Medizingeräte-Hersteller, der Ärzte und Krankenhäuser. Finden Sie heraus, was wirklich sinnvoll für Ihre Gesundheit ist!

Lübbe Hardcover

Eine Mutter entscheidet sich, ihr Kind wegzugeben. Sie verstößt gegen alle Tabus – um ihre Familie zu retten

Julia Hollander
WENN DU SPÜRST
ES GEHT NICHT MEHR
Eine Mutter und ihr
schwerstbehindertes Kind.
Die härteste Entscheidung
ihres Lebens.
Erfahrungen
336 Seiten
ISBN 978-3-404-61645-9

Frisch verheiratet, eine kleine Tochter, das Haus auf dem Lande und schwanger mit dem zweiten Kind – Julias Leben scheint perfekt. Doch als das Baby auf die Welt kommt, ist alles anders als beim ersten Mal. Es gibt Komplikationen. Und als sie ihr Baby zum ersten Mal im Arm hält, spürt Julia vor allem eines: tiefe Angst.

Wenn du spürst, es geht nicht mehr ist die bewegende Geschichte eines Verlusts. Und die Geschichte einer Frau, die eine Entscheidung treffen musste – mit der Liebe, der Kraft und dem Mut einer Mutter.

Bastei Lübbe Taschenbuch